Identität und Relevanz

Identität und Relevanz

Glaube und Kirche an der Schnittstelle zu Staat und Gesellschaft

Herausgegeben von Bernhard Nacke

Autoren:
Joseph Kardinal Höffner (†)
Franz Kamphaus
Franz-Xaver Kaufmann
Karl Kardinal Lehmann
Reinhard Kardinal Marx
Gerhard Robbers
Anton Schlembach
Hermann Josef Spital (†)
Franz-Peter Tebartz-van Elst
Joachim Wanke
Karl-Heinz Wiesemann

Redaktion: Dieter Skala

Altius Verlag

Für die finanzielle Unterstützung des Werkes sei der Pax-Bank, Köln und der LIGA-Bank, Ludwigshafen gedankt.

Pax-Bank
seit 1917 Bank für Kirche und Caritas

LIGA BANK
Dienstleister für die Kirche
- seit 1917 -

Bibliografische Information der Deutschen Nationalbibliothek
Die Deutsche Nationalbibliothek verzeichnet diese Publikation in der Deutschen Nationalbibliografie; detaillierte bibliografische Daten sind im Internet über http://dnb.d-nb.de abrufbar.

Umschlaggestaltung: Günter Vanecek, Kasel
Satz: Anne Lehmann, Leipzig
Herstellung: Krüger Druck+Verlag, Dillingen/Saar
Printed in Germany
ISBN 978-3-932483-32-5

Inhalt

C. Gesellschaft und Glaube

D. Staat und Kirche

E. Europa und Christentum

F. Politik und Religion

G. Handeln an der Schnittstelle

Vorwort

Bernhard Nacke

Das Gespräch der Kirche an der Schnittstelle zu Staat und Gesellschaft hat einen eigenständigen Charakter. Es hat sich auf den Glauben zu beziehen und die damit gegebene Bedeutung für das gesellschaftspolitische Feld den Hörern verständlich zu machen. Unter dem Titel *Identität und Relevanz* sind es vornehmlich Ansprachen der Bischöfe der rheinland-pfälzischen Diözesen aus der mehr als 25-jährigen Tradition des St. Martins-Jahresempfangs des Katholischen Büros Mainz, die hier vorlegt werden. Sie versammeln damit Aussagen der Kirche aus einem Vierteljahrhundert, die Impulsgeber für das politische Gespräch waren und sein wollen.

Herzlich danke ich allen Autoren, dass sie ihre Ansprachen zur Verfügung gestellt haben. Allen Ansprachen ist ein kurzer Text, der einen Zeitbezug herstellen soll und der von Dieter Skala verfasst wurde, vorangestellt; auch ihm gilt mein herzlicher Dank wie auch allen anderen Mitarbeiterinnen und Mitarbeitern im Katholischen Büro für ihre engagierte Mitarbeit bei der Erstellung dieses Bandes. Nicht vergessen möchte ich dankend zu erwähnen, dass mein Vorgänger im Amt, Herr Prälat Gerhard Fischer mit seinem damaligen pädagogischen Referenten, Herrn Karl Heinz Reininger, den Impuls für diese alljährliche Veranstaltung gegeben hat.

Über Identität und Relevanz des Glaubens im Horizont politischer Orientierung – Vergewisserungen

Eine Einleitung

Bernhard Nacke

Als Walter Kardinal Kasper Mitte der siebziger Jahre des letzten Jahrhunderts neben Hans Küng und Edward Schillebeeckx als einer der Lehrer der Systematischen Theologie nach jahrzehntelangen biblischen Forschungen der Exegese seine Christologie, seine Lehre von Jesus Christus als Kernstück der christlichen Theologie vorlegte, begann er seine Ausführungen mit der Thematisierung eines grundlegenden Dilemmas: Identität und Relevanz. Mit Verweis auf Jürgen Moltmann stellte er fest: Bemüht sich die Kirche „um Identität, droht sie ihre Relevanz zu verlieren; bemüht sie sich dagegen um Relevanz, droht sie ihrer Identität verlustig zu gehen"[1]. Die Frage nach dem, was wir eigentlich glauben, kann zu Antworten führen, die kaum noch erkennen lassen, welche Bedeutung der Glaube für Leben, Gesellschaft und Politik hat. Und die Frage nach der Bedeutung des Glaubens für Leben, Gesellschaft und Politik kann zu Antworten führen, die kaum noch erkennen lassen, was wir eigentlich glauben. Identität und Relevanz des Glaubens sind zwei Teile eines Ganzen, das um der Glaubwürdigkeit des Glaubens willen nicht auseinanderfallen darf. Beide Teile beziehen sich nicht nur auf den Glauben, sondern auch auf die Kirche. Dabei geht es generell um *Glaubwürdigkeit der Kirche*, nicht nur aufgrund der aktuellen Offenlegungen von sexuellem Missbrauch innerhalb der Kirche und ihrer Einrichtungen. Und *Glaubwürdigkeit des Glaubens* lässt sich eben „nicht rein abstrakt und intellektuell aufweisen. Sie ist der Gemeinschaft der Glaubenden zugelastet. Sie hängt entscheidend ab von der Glaubwürdigkeit der Kirche."[2]

---

1 Walter Kasper: Jesus der Christus, Mainz ^{4}1975, 13; siehe auch Jürgen Moltmann: Der gekreuzigte Gott. Das Kreuz Christi als Grund und Kritik christlicher Theologie, Gütersloh ^{6}1993, 12–33; vgl. auch Walter Kasper: Theologie und Kirche, Mainz 1987, 197.

2 Walter Kasper: Einführung in den Glauben, Mainz ^{3}1973, 64.

Die Glaubwürdigkeit wird umso wichtiger, je mehr wir uns vor Augen führen, dass die eine frohe Botschaft durch die Zeit in die sich wandelnden menschlichen und gesellschaftlichen Situationen hineingesprochen werden will, als ein fortwährender Inkulturationsprozess in veränderte Kontexte hinein. Diese generelle Orts- und Zeitabhängigkeit der Rede der Kirche gilt auch für die in diesem Band zusammengetragenen und in einem Zeitraum von mehr als 25 Jahren vorgetragenen Ansprachen der Bischöfe der rheinland-pfälzischen Diözesen. Dabei gilt, dass Glaube und Kirche an ihren Ursprung, an ihre Identität und Relevanz gebunden sind, wenn beide die eine und selbe Kernbotschaft durch die Zeit tragen wollen. Sowohl die Relevanz ihrer Kernbotschaft muss sich unter den veränderten gesellschaftlichen Wahrnehmungen und Bedingungen immer wieder neu ausdrücken – das heißt auch immer wieder neu erarbeitet werden – als auch ihre Identität selbst, wenn sie nicht aufgrund der gesellschaftlichen Veränderungs- und damit veränderten Verständigungsprozesse verloren gehen sollen.

I.

Um die Bedeutung des Zusammenhangs von Identität und Relevanz für die Bedingungen der Kirche in Staat und Gesellschaft heute beachten zu können, bedarf es einer Präzisierung im Hinblick auf Personen, Inhalte und Institutionen. Identität heißt „Übereinstimmung“[3]. Sie bedeutet „die Gleichheit von etwas (eines Dinges, einer Person, eines Satzes usw.) mit sich selbst“[4]. Beim Begriff Relevanz geht es „um Bedeutsamkeit, Signifikanz u. inhaltl. Gültigkeit“[5]. Die Übereinstimmung mit sich selbst also will ihre Gültigkeit über die Zeit bewahren, damit das Identische einschließlich seiner Relevanz erkennbar und identifizierbar bleibt. Angesichts von Veränderungen sowohl im Denken und Handeln der Menschen als auch in den gesellschaftlichen Strukturen, liegt hier eine ständige Aufgabe der Identitäts- und Relevanzarbeit.

Auf die *Person* bezogen geht es um die Wahrnehmung dieser Person hinsichtlich ihrer Unverwechselbarkeit. Da die Menschen in immer neuen Situa-

---

[3] Art. Identität, in: Friedrich Hauck/Gerhard Schwinge: Theologisches Fach- und Fremdwörterbuch, Göttingen [9]2002, 92.

[4] Art. Identität, in: Lexikon zur Soziologie, hg. v. Werner Fuchs-Heinritz u. a., Bd. 1, Reinbek bei Hamburg 1975, 286.

[5] Art. Relevanz, in: LThK, Bd. 8, Sonderausgabe, Freiburg i. Br. [3]2006, 1033.

tionen neu zu handeln haben und dabei um der Glaubwürdigkeit willen als dieselbe Person erkannt und verstanden werden wollen, ist die Arbeit an ihrer Identität, wer sie sind und wer sie selbst und anderen gegenüber sein wollen, eine „lebenslange Aufgabe“[6], die jedem Menschen aufgegeben ist. Weil Identität „nicht etwas naturhaft Gegebenes“[7] ist, sondern vielmehr durch die Person in der je konkreten Zeit erarbeitet werden muss, bleibt die Identität immer unvollendet und stets neue Herausforderung. Das gilt eben auch für die Menschen in der Kirche. Diese Unvollendetheit der Identitätsarbeit zeigt sich einmal im Bereich des mitmenschlichen Handelns im Gegensatz zum technischen Handeln des Menschen. Hier geht es um Identitätsarbeit im Hinblick auf Fremdwahrnehmung. Auf der anderen Seite steht die Selbstwahrnehmung der Person. Ort dieser Identitätsarbeit ist das Gewissen, denn: „Im Gewissen geht es um die personale Identität des Menschen“[8]. Gibt es für den Christen Anlass zur Umkehr, dann ist Umkehr das christliche Element dieser Identitätsarbeit. Denn „die Identität des Christen“[9] als Zugehörigkeit zu Christus gebietet, dass der christliche Glaube Relevanz für das Leben mit einschließt.

Auch *Institutionen* gewinnen oder erhalten ihre Glaubwürdigkeit immer wieder dadurch, dass sie ihre Identität über die Zeit hinweg bewahren, indem in ihnen an ihr gearbeitet wird. Das gilt sowohl für formale Institutionen wie Verfassung, Demokratie, Staat, Recht als auch für Institutionen wie Vereine, Verbände, Parteien etc. Mit anderen Worten, ihre Unverwechselbarkeit zeigt sich beim Handeln in veränderten Situationen. Wenn beispielsweise der Artikel 1 unserer Verfassung: „Die Würde des Menschen ist unantastbar“ auf eine Weise neu interpretiert wird, dass der ehemalige Verfassungsrichter Ernst-Wolfgang Böckenförde davon spricht, dass die Würde des Menschen unantastbar *war*[10], dann geht es um Identitätsarbeit an unserer Verfassung. Wenn in unserer Demokratie, wie in den letzten Jahren mehrfach geschehen,

6 Art. Identität, in: LThK, Bd. 5, Sonderausgabe, Freiburg i. Br. ^{3}2006, 402.

7 Ebd.

8 Eberhard Schockenhoff: Wesen und Funktion des Gewissens aus der Sicht der katholischen Moraltheologie, in: Bernhard Nacke (Hg.): Orientierung und Innovation. Beiträge der Kirche für Staat und Gesellschaft, Freiburg i. Br. 2009, 294.

9 Franz-Peter Tebartz-van Elst: Inhalte brauchen Zeugen. Mission braucht Mut zum Inhalt, Limburg 2009 (= Positionen und Perspektiven 1), 51.

10 Vgl. Ernst-Wolfgang Böckenförde: Die Würde des Menschen war unantastbar. Abschied von den Verfassungsvätern: Die Neukommentierung von Artikel 1 des Grundgesetzes markiert einen Epochenbruch, in: Frankfurter Allgemeine Zeitung, 3. September 2003, 33.

für komplexe Probleme Kommissionen Lösungsansätze erarbeiten (Rürup-Kommission, Herzog-Kommission, Hartz-Kommission etc.), die dann im Parlament vornehmlich nur zu bestätigen sind, dann wird im Sinne von Identitätsarbeit darüber diskutiert, ob unsere Demokratie noch in der Lage ist, die Herausforderungen heute zu bewältigen. Auch Reflexionen beispielsweise über die Aufgaben staatlicher Institutionen wie Schule, Kindergarten, Gefängnis, Bundeswehr etc. sind unter anderem Identitätsarbeiten, damit wir bewusst halten, was ihre Aufgaben sind. Erinnert sei zum Beispiel an die immer wieder aufkommende Diskussion über Fragen, dass sich schulische Bildung nicht in der Vermittlung von Verwertungswissen erschöpfen darf. Ein Gemeinwesen braucht eben einen genügenden Grad an Klarheit über seine Institutionen. Auch Kirche ist soziologisch gesprochen eine Institution und hat Identitätsarbeit zu leisten; dabei muss sie ihre Maßstäbe, die sie immer wieder zur Orientierung in die Gesellschaft eingebracht hat, auch sich selbst gegenüber als gültig annehmen, wie dies zum Beispiel Kardinal Lehmann in der aktuellen Missbrauchsdebatte deutlich gemacht hat[11]. Auch die Kirche muss sich um ihre Identität bemühen, damit durch die Zeit erkennbar bleibt, um was es im Glauben eigentlich geht. Kirchliche Identitätsarbeit steht im Dienst der Glaubwürdigkeit. Es geht um Verständlichkeit und darum, für die Menschen relevant zu bleiben.

Neben Person und Institution bezieht sich die Frage nach Identität und Relevanz auch auf den *Inhalt*, auf die Sachfragen. Ist das, was inhaltlich gemeint ist, über die Zeit hinweg noch dasselbe? Um ihre Identität nicht zu verlieren, schreiben Parteien ihre Parteiprogramme immer wieder neu. Damit reagieren sie darauf, dass ihre bisherigen Inhalte heute keine Rolle mehr spielen oder dass sich das Verständnis der Inhalte verändert hat auf Grund veränderter gesellschaftlicher Bedingungen. Aussagen, die bestimmte Inhalte ausdrücken sollen, können auf Grund veränderter Bedingungen oder Sprachgewohnheiten hohl und leer klingen. Identität und Relevanz, Sein und Bedeutung eines Inhalts, einer Sache dürfen nicht auseinanderfallen und müssen im inneren Zusammenhang verständlich bleiben, sonst entstehen Missverständnisse, Scheinwirklichkeiten. Manchmal braucht nur mit neuer Sprache der bisherige Inhalt seinen Ausdruck finden, um verstanden zu werden.

---

[11] Karl Kardinal Lehmann: Kirche der Sünder, Kirche der Heiligen, in: Frankfurter Allgemeine Zeitung, 1. April 2010, 6.

II.

Was bedeutet diese Identitäts- und Relevanzarbeit für *Christen* und *Glaube* sowie für *Kirche?* Christliche Identitätsfragen zielen im Kern auf den *Ausgangspunkt des christlichen Glaubens.* Er ist nicht eine Buchreligion, wie der Islam es für sich in Anspruch nimmt, sondern Christen glauben einer *Person: Jesus von Nazareth*, der als Jude – von vielen in der Tradition der Propheten gesehen – die Gottesbotschaft predigte und über den Tod hinaus als Lebender erfahren wurde. „Jesus Christus zeigt uns in besonderer Weise, wer und was der Mensch ist. In ihm sehen wir die letzte Größe und Würde des Menschen, daß er nicht nur gottebenbildlich ist, sondern daß er in der Wurzel seines Wesens sogar die Möglichkeit hat, Gottes eigenes Wesen zu empfangen“[12]. Für Christen ist er *der* Sohn Gottes und wir Menschen Kinder Gottes. Seine Reich-Gottes-Verkündigung spricht von einem Gott, der Liebe ist und den Menschen Hoffnung gibt. Jesus von Nazareth macht seine Gottesverkündigung zum Maßstab seines eigenen Handelns. Diese Verkündigung fordert da zur Umkehr auf, wo dieser Botschaft nicht entsprochen wird. Mit Jesu Kreuzigung und mit der Ostererfahrung der Jünger gibt der Auferstehungsglaube dem Leben eine andere und neue Perspektive, wodurch in „manchem scheinbaren Mangel eine verborgene tiefere Fülle“[13] entdeckt, aber auch die vorösterliche Verkündigung Jesu bestätigt wird. Jesu „Erscheinen ist die verborgene Geburtsstunde des Glaubens der Jünger an ihn“[14]. Dieses Zeugnis der im Neuen Testament beglaubigten ersten Zeugen ist für die Nachkommen im Glauben bleibender Anfang und zentrale Grundlage des christlichen Glaubens und seiner Relevanz für das Leben. Man kann sich nur auf die Erfahrung der Verfasser dieser biblischen Quellen „einlassen, in sie einschwingen und sich die befreiende Botschaft von der prinzipiellen Überwindung des Todes zueigen machen“[15]. Glauben heißt dann, sich von Jesus „in sein eigenes Gottesverhältnis einführen lassen“[16]. Diese befreiende Botschaft gilt jedem

---

[12] Karl Lehmann: Glauben bezeugen, Gesellschaft gestalten. Reflexionen und Positionen, Freiburg i. Br./Basel/Wien 1993, 50.

[13] Vgl. Franz-Peter Tebartz-van Elst: Wer glaubt, sieht mehr. Perspektiven und Prioritäten, Kevelaer 2009, 3.

[14] Karl Lehmann: Jesus Christus ist auferstanden. Meditationen, Freiburg i. Br./Basel/Wien [4]1979, 87.

[15] Wolfgang Beinert: Das Christentum. Eine Gesamtdarstellung, Freiburg i. Br./Basel/Wien [3]2007, 35.

[16] Eugen Biser: Glaube nur! Gott verstehen lernen, Freiburg i. Br./Basel/Wien 1980, 83.

Menschen und hat damit Universalitätscharakter.[17] Wir können damit zusammenfassend feststellen: Identität des christlichen Glaubens ist „Person, Wort und Werk Jesu Christi“[18], wodurch die unverzweckbare Liebe als „Anwesenheit der göttlichen Liebe in Jesus Christus ansichtig“[19] geworden ist.

Die von Jesus von Nazareth verkündete personale Ansprechbarkeit Gottes durch die Menschen, verbunden mit dem Begriff „Ebenbild Gottes“, ist der Ausgangspunkt für die Rede vom christlichen Menschenbild, wonach der Mensch sich jetzt und über den Tod hinaus geschützt und gehalten wissen kann und wonach im Letzten seine Würde nicht von Menschen oder Gesetzen abhängig ist, wonach der Mensch aber auch gehalten ist, sein eigenes Handeln demgemäß auszurichten. Jegliche Rede und jegliches Handeln aus dem Glauben sind in diesem Verständnisgrund verwurzelt und finden hierin ihre Identität. Um diese *Identität des christlichen Glaubens* wurde in 2000 Jahren Kirchengeschichte immer wieder gerungen. Man denke z.B. einerseits an die großen Konzilien und ihre christologischen Dogmen der ersten Jahrhunderte, die bis heute als Glaubensbekenntnis in unseren Gottesdiensten ihren Platz haben. Andererseits steht das zu Beginn genannte christologische Werk von Walter Kasper in einer langen Reihe bis zum Jesus-Buch von Benedikt XVI. in diesen Tagen. Mit den damit neu ausgelösten Diskussionen[20] hat das Ringen um den Kern des christlichen Glaubens seine Fortführung gefunden, wobei zu beachten bleibt, dass der Glaube sich „innergeschichtlich nie abschließend auf den Begriff bringen“[21] lässt.

Bei diesem Ringen um den Kern des christlichen Glaubens werden heute zwei wichtige Ausgrenzungen thematisiert, die auch zentrale Bedeutung für den Horizont politischer Orientierung haben: *Zurückweisung des Relativismus und des Fundamentalismus,* wobei beide aus einem ungeschichtlichen Denken

---

17 Vgl. Josef Ratzinger/Benedikt XVI.: Jesus von Nazareth, Freiburg i. Br. 2007, 49f; siehe auch Thomas Söding (Hg.): Geist im Buchstaben? Neue Ansätze in der Exegese, Freiburg i. Br./Basel/Wien 2007.

18 W. Kasper: Jesus der Christus, 13.

19 Walter Kasper: Einleitung, in: ders. (Hg.): Logik der Liebe und Herrlichkeit Gottes. Hans Urs von Balthasar im Gespräch. Festgabe für Karl Kardinal Lehmann zum 70. Geburtstag, Ostfildern 2006, 10.

20 Vgl. z.B. Jan-Heiner Tück (Hg.): Annäherungen an „Jesus von Nazareth“. Das Buch des Papstes in der Diskussion, Ostfildern 2007.

21 Walter Kasper: Glaube und Geschichte, Mainz 1970, 61.

kommen.[22] Denn ein ungeschichtliches bzw. „übergeschichtlich(es)“[23] Denken würde die Theologie selbst aus dem geistigen Bewusstsein der Zeit hinauskomplimentieren[24] mit der Folge, dass die produktive Spannung von Identität und Relevanz des Glaubens nicht zur Wirkung kommt, nicht fruchtbar gemacht werden kann für die Orientierungsarbeit der Kirche in der Welt. M. a. W.: Identität des Glaubens ist immer nur unter geschichtlichen Bedingungen möglich, weil der Bezug auf die Geschichte „konstitutiv zum christlichen Glauben“[25] gehört. Für die heutige Glaubenskrise bedeute dies: „Der Glaube selbst ist herausgefordert“[26], seine Identität und Relevanz neu einzubringen. Dabei wird von der Theologie erwartet, „Funktion, Vernünftigkeit, Universalität und Unentbehrlichkeit des christlichen Glaubens überzeugend darzulegen“[27], so Kardinal Lehmann.

Dieser Glaube als Identitätsgrundlage bedeutet auch, dass es *keine voraussetzungslose Rede der Kirche* in den gesellschaftspolitischen Horizont hinein gibt, ob es beispielsweise um Freiheit, um Frieden oder um Subsidiarität geht, von denen in den Ansprachen dieses Bandes die Rede ist. „Kirche versteht sich ja nie aus sich selbst.“[28] *Ausgangspunkt der Kirche* ist Jesus Christus und seine auf das Reich Gottes ausgerichtete Verkündigung und Praxis. *Zielpunkte der Kirche* sind immer der konkrete Mensch im Raum von Ort und Zeit sowie der Glaube in seiner Balance von Identität und Relevanz. Daher verfehlt die Kirche ihre Aufgabe, „wenn sie um sich kreist und sich nicht der Not der Welt sowie den Wunden der Zeit zuwendet und die Menschen zu Gott führt“[29]. Denn „Kirche ist nur, wenn sie tut, wovon sie erinnernd und hoffend spricht. Das heißt, ihr muss man ansehen können (…), dass Gott sich dem Menschen heiligend und heilend zuwendet. Und sie muss bewirken

---

[22] Vgl. Thomas Söding: Aufbruch zu neuen Ufern, in: ders. (Hg.): Geist im Buchstaben? 33.
[23] Karl Lehmann hat diese Kategorie als vieldeutige bezeichnet, die deswegen eine Belastung darstelle, in: ders.: Absolutheit des Christentums als philosophisches und theologisches Problem, in: Walter Kasper (Hg.): Absolutheit des Christentums, Freiburg i. Br./Basel/Wien 1977 (= Quaestiones disputatae 79), 13–38, hier 37.
[24] Vgl. Walter Kasper: Die Methoden der Dogmatik. Einheit und Vielheit, München 1967, 82.
[25] W. Kasper: Glaube und Geschichte, 53.
[26] Walter Kasper: Das Evangelium Jesu Christi, Freiburg i. Br./Basel/Wien 2009, 176.
[27] Karl Kardinal Lehmann: Die Frage nach dem Ganzen, in: Rheinischer Merkur, 9. September 2010, 24.
[28] Karl Kardinal Lehmann: Frei vor Gott. Glaube in öffentlicher Verantwortung, Freiburg i. Br./Basel/Wien 2003, 184.
[29] Ebd.

(…), dass die Zuwendung Gottes die Menschen heiligt und heilt."[30] Nur so kann sie dem „Ursprung Zukunft geben"[31]. *Der Weg der Kirche* kann über das Erkennen der „Zeichen der Zeit" gehen, wovon Papst Johannes XXIII. beispielsweise drei genannt hat: Armut vieler Völker, gleiche Würde der Frau, Durchsetzung der Menschenrechte, die an Aktualität in der heutigen Welt nichts verloren haben.[32] Der Weg der Kirche ist auch der Weg in die Öffentlichkeit. Sie darf sich bezüglich der Mitverantwortung für das Humanum „nicht von der Öffentlichkeit unseres Lebens abtrennen lassen"[33].

Die Kirche hat aber auch eine Geschichte, die ebenfalls zu ihrer Identität gehört. Schon am Beginn dieser Geschichte steht die Gemeinschaft der Glaubenden, die gemeinsam beten, sich gegenseitig stärken und notfalls auch korrigieren, die überörtlich vernetzt bleiben als Gemeinschaft von Gemeinschaften und so den Weg in die Zukunft beginnen, ohne zu wissen, wohin er führt, sich aber einlassen auf die vertrauende Gewissheit des Glaubens. Es geht um die konkrete *Menschenliebe der Kirche*, die von Anfang an für viele anziehend wirkt. Dabei ist schon für die frühe christliche Gemeinde „die soziale Dimension des Gottesglaubens und eine entsprechende diakonische Praxis ein Identität stiftendes Moment"[34]. „Organisierte Caritas in Gestalt von Armenhilfe, Beherbergung von Fremden, Betreuung von Kranken und Alten gehört zum Proprium der christlichen Kirche in der heidnischen Gesellschaft."[35] Der ganzheitliche Anspruch von Liebe, Befreiung und Gerechtigkeit für die Menschen wurde durch die 2000-jährige Geschichte hindurch bis zur Enzyklika „Caritas in veritate" von Benedikt XVI. immer wieder als Identitätsmerkmal der Kirche zum Ausdruck gebracht.

---

[30] Elisabeth Jünemann: Soziale Gerechtigkeit am Arbeitsplatz Kirche. Eine Revision im Interesse der Katholischen Soziallehre, in: dies./Werner Wertgen (Hg.): Herausforderung Soziale Gerechtigkeit, Paderborn 2006, 61.

[31] W. Beinert: Das Christentum, 303.

[32] Vgl. Karl Lehmann: Hat das Christentum Zukunft? Glaube und Kirche an der Jahrtausendwende. Predigten und Reflexionen, Mainz 2000, 29–38.

[33] Karl Kardinal Lehmann: Die Kirche in der pluralistischen Gesellschaft, in: ders.: Zuversicht aus dem Glauben. Die Grundsatzreferate des Vorsitzenden der Deutschen Bischofskonferenz, Freiburg i. Br./Basel/Wien 2006, 224–238, hier 237.

[34] Marianne Heimbach-Steins (Hg.): Christliche Sozialethik. Ein Lehrbuch, Bd. 1, Regensburg 2004, 169.

[35] Ebd., 174.

Dieses Eingefügtsein der Kirche als Gemeinschaft der Gläubigen in das Koordinatensystem von Raum und Zeit bewirkt, dass auch die Gläubigen in der Kirche und somit die Kirche selbst dem Wandel unterworfen sind, der in Gesellschaft und Kultur und damit auch in der Politik wirkt. Indem die Kirche das Heilige, die frohe Botschaft durch die Zeit trägt, wird sie zunächst mit diesem Wandel konfrontiert. Er zeigt das Gute und das Böse im neuen Gewand, das dann immer wieder auch durch Menschen in der Kirche sichtbar wird. So ist ein immer wieder Zurückbleiben hinter der frohen Botschaft bis hin zu ihrer Pervertierung zu verzeichnen. Dann sprechen wir von der *„Kirche der Sünder“*[36]. „Die Kirche der Sünder ist (aber v. V.) keine andere als die Kirche der Heiligen.“[37] Kardinal Lehmann sieht hier anknüpfend an das II. Vatikanische Konzil Grund genug, die Rede von der „Kirche der Sünder“ zu präzisieren, in dem er von der „sündigen Kirche“ spricht, weil eben das Handeln der kirchlichen Amtsträger das kirchliche Amt nicht unbeeinflusst lässt[38]; so auch Christoph Böttigheimer, der feststellt, dass „die Sünden unweigerlich auch auf die kirchliche Strukturen niederschlagen“[39]. Diese Selbstreflexion der Kirche ist eine Identitätsarbeit, die ihr erneut Glaubwürdigkeit zuwachsen lässt.

Kirche ist Gemeinschaft der Gläubigen, die nicht ohne Strukturen zu denken ist. Beides zusammen macht die Identität der Kirche aus, die also in ihrem Anfang und Selbstverständnis an Jesus von Nazareth gebunden ist. Von ihm erhält sie Maß und Richtung für ihr Predigen und Handeln in der Zeit. Mit allen in ihrer Geschichte gewonnenen Erfahrungen, Perspektiven, Handlungsoptionen und Erkenntnissen kann Positives die Richtung anzeigen und Negatives ein Stoppschild sein. Angesichts der heutigen Situation der Menschheitsfamilie hat die Kirche mit ihrer Identitäts- und Relevanzarbeit, mit ihrer Selbstvergewisserung beim II. Vatikanischen Konzil einen Wandel von der Kirche als Gegenüber von Gesellschaft hin zur „Kirche der Weltgesellschaft“[40] vollzogen. Die Kirche sieht sich nun nicht mehr als ein Gegenüber zur Gesellschaft sondern mitten in die Gesellschaft und Kultur

---

[36] Walter Kasper: Art. Kirche, in: LThK, Sonderausgabe, Freiburg i. Br. ^{3}2006, 1473.

[37] W. Beinert: Das Christentum, 175.

[38] Karl Kardinal Lehmann: Kirche der Sünder.

[39] Christoph Böttigheimer: Lehrbuch der Fundamentaltheologie. Die Rationalität der Gottes-, Offenbarungs- und Kirchenfrage, Freiburg i. Br./Basel/Wien 2009, 653.

[40] Vgl. Stefan Nacke: Die Kirche der Weltgesellschaft. Das II. Vatikanische Konzil und die Globalisierung des Katholizismus, Wiesbaden 2010.

hineingestellt. Der Fundamentaltheologe Johann Baptist Metz hat diesen Schritt „Aufbruch zu einer kulturell polyzentrischen Weltkirche“[41] genannt. Dieser Schritt zur *Weltkirche* hat Folgen für den Grad unseres „Weltkirchenbewusstseins“[42], der damit Bedingung ist dafür, wie wir unsere Weltverantwortung wahrnehmen. Schon damals ist das, was wir heute Globalisierung nennen, in der Kirche angekommen. Wenn wir uns aus dieser weltkirchlichen Mitverantwortung davonstehlen wollen, bleiben die weltweit agierenden und in unseren Gemeinden verwurzelten Hilfswerke der Kirche Stein des Anstoßes und der Rückbesinnung. Dieser mit dem II. Vatikanum angestoßene bzw. verstärkte Prozess weltkirchlichen Bewusstseins ist nicht mehr und nicht weniger als eine weitere Dimension des Kircheseins, die wir der universalen Gottesbotschaft des Jesus von Nazareth schulden und die zur Identität der Kirche gehört.

III.

Mit der Frage nach Identität und Relevanz von Glauben, Christen und Kirche sollte sichtbar werden: Im Wandel bleibt der Kern. Insbesondere ist die *Theologie das Reflexionsmedium des Wandels*, die den christlichen Glauben unter den Bedingungen wissenschaftstheoretischer Reflexion bedenkt und gemeinsam mit dem Lehramt sich um die Vermittlung des Glaubens sorgt.[43] „In einer Zeit, in der der christliche Glaube an die kommende Generation immer schwerer zu vermitteln ist, die biblische Botschaft an gesellschaftlicher Selbstverständlichkeit einbüßt und die christliche Hoffnung im Kontext des Religionenpluralismus einen Plausibilitätsverlust erleidet, ist eine bewusste Verantwortung der Glaubensoption vor dem Forum der Vernunft umso drängender.“[44] Und dies gilt unbeschadet der notwendigen Aufgabe der immer wieder neuen existentiellen und spirituellen Vertiefung des Glaubens. Christ-

[41] Johann Baptist Metz: Im Aufbruch zu einer kulturell polyzentrischen Weltkirche, in: ders./Franz-Xaver Kaufmann: Zukunftsfähigkeit. Suchbewegungen im Christentum, Freiburg i. Br./Basel/Wien 1987, 93–123.

[42] Franz Kamphaus: Die Verantwortung des Glaubens im Weltmaßstab, in: Hermann Josef Große Kracht/Christian Spieß (Hg.): Christentum und Solidarität. Bestandsaufnahmen zu Sozialethik und Religionssoziologie, Paderborn u. a. 2008, 699–705.

[43] Vgl. Bericht über einen Vortrag von Karl Kardinal Lehmann bei der Dritten Konsultation der Theologischen Fakultäten in Europa, in: Mainzer Bistumsnachrichten Nr. 24, 14. Juli 2010, 4.

[44] Ch. Böttigheimer: Lehrbuch der Fundamentaltheologie, 19.

liche Identitäts- und Relevanzarbeit geschieht also auch und nicht zuletzt im Modus der Vernunft, die nachvollziehbare und einsehbare Gründe fordert.

Die immer wieder in der Theologie geführten Diskussionen über den Zusammenhang von *Glaube und Vernunft* haben mit den Vorträgen von Joseph Kardinal Ratzinger und Professor Jürgen Habermas am 19. Januar 2004 in München[45] und dann mit der Rede von Papst Benedikt XVI. in Regensburg[46] einen neuen Schub bekommen. Habermas' Motiv der Beschäftigung mit dem Thema ist der „Wunsch, die moderne Vernunft gegen den Defätismus, der in ihr selbst brütet, zu mobilisieren". Er sieht Tendenzen einer entgleisenden Modernisierung, „die den Geboten ihrer Gerechtigkeitsmoral weniger entgegenkommt als entgegenarbeitet".[47] Von dem Dialog mit dem Glauben verspricht er sich eine Stärkung der Vernunft hinsichtlich eines „Bewusstseins von dem, was fehlt" und das er im Glauben bewahrt sieht. Er knüpft den Beginn der modernen Vernunft an die Aufklärung. Demgegenüber ist der christliche Glaube schon sehr früh verstanden worden als „ein Glaube, der die Vernunft nicht nur ausschließt, sondern ausdrücklich danach strebt, sich selbst in einem vernünftigen Denken auszulegen"[48]. Es geht um die Verständigung zwischen Menschen über das, was ihnen die Grundlage aller Wirklichkeit ist. Dabei fasst Knut Wenzel den mit seinem Band vorgelegten Diskurs über die Regensburger Rede des Papstes bezüglich der Frage nach der Vernunft des Glaubens zusammen mit der Feststellung: „Die Sprache des Glaubens ist die Sprache der Vernunft; sie sucht ihre Rede zu begründen und sie dadurch nachvollziehbar zu machen"[49]. Es darf jedoch nicht übersehen werden, dass es „auch in der katholischen Überlieferung viele Positionen" gibt, „die bei allen Grundüberzeugungen doch zueinander in Spannung stehen können."[50]

---

[45] Vgl. Jürgen Habermas/Joseph Ratzinger: Dialektik der Säkularisierung. Über Vernunft und Religion, Freiburg i. Br./Basel/Wien 2005.

[46] Vgl. Benedikt XVI.: Glaube, Vernunft und Universalität. Erinnerungen und Reflexionen, in: ders.: Der Besuch in Bayern, Freiburg 2006, 104–120.

[47] Ein Bewußtsein von dem, was fehlt. Eine Diskussion mit Jürgen Habermas, hg. v. Michael Reder/Josef Schmidt, Frankfurt a. M. 2008, 30.

[48] Markus Knapp: Die Vernunft des Glaubens. Einführung in die Fundamentaltheologie, Freiburg i. Br./Basel/Wien 2009, 10.

[49] Knut Wenzel (Hg.): Die Religionen und die Vernunft. Die Debatte um die Regensburger Vorlesung des Papstes, Freiburg i. Br./Basel/Wien 2007, 8.

[50] Karl Kardinal Lehmann: Der Vernunftbegriff und die Augen des Glaubens, in: Die Vernunft der Religion, hg. v. Notger Slenczka, Beiheft 2008 zur Berliner Theologischen Zeitschrift (BThZ), 35–51.

Dies impliziert keine Zurückweisung der Aufklärung, vielmehr „müssen die wahren Errungenschaften der Aufklärung, die Menschenrechte und dabei besonders die Freiheit des Glaubens“ aufgenommen werden, so Benedikt XVI. im Dezember 2006.[51]

Theologische Identitätsarbeit im Modus der Vernunft ermöglicht erst, weil sie Gründe nennt, zu unterscheiden zwischen Wandel und Kern von Glaube, Kirche und Christsein. Es ist sozusagen eine Verständigungsarbeit nach innen in die Kirche hinein und eine nach außen in die Gesellschaft hinein, damit Identität erkennbar bleibt und Identifizierbarkeit von Glaube und Kirche ermöglicht wird. Dass Verständigung in der Theologie und in der Kirche selbst Dialog bedeutet[52], soll dabei nicht vergessen werden. Dieser *Verständigungsprozess nach innen und nach außen* geschieht auf vielerlei Weise und auf unterschiedlichen Ebenen und ist der Garant für das immer wieder Heutigwerden der Kirche, wenn sich dieser Prozess auch nicht in Schnellschüssen, sondern erst in Kontinuität realisieren kann. So wird verhindert, dass Wesentliches verloren geht. Diese Verständigung, auch wenn sie ihrer historischen Bedingtheit wegen unabgeschlossen bleibt, ist Voraussetzung dafür, dass Kirche mit ihrem Glauben auch heute Orientierung in die gesellschaftspolitische Kultur geben kann.

IV.

Ansprachen von Verantwortungsträgern der Kirche stehen in diesem komplexen Horizont und werden hierdurch verständlich, weil die Reichweiten der jeweiligen historisch bedingten Aussagen mitgedacht werden können. Die Zeit- und Ortsbedingtheit der Rede kann daher nicht einfach als unbedeutend abgetan werden. Des Weiteren wird jetzt leichter nachvollziehbar, dass die folgenden Hinweise und Orientierungsaussagen in den Ansprachen auf einem nicht immer von den Hörern gekannten komplexen Selbstverständnis des Christentums ruhen. Diese Hinweise, Impulse und Aussagen sind sowohl auf ihren Ursprung zurückzuführen als auch in eine spezifische

[51] Zitiert nach Ernst-Wolfgang Böckenförde: Die Reinigung des Glaubens, in: Frankfurter Allgemeine Zeitung, 16. September 2010, 32.

[52] Vgl. Dialog als Selbstvollzug der Kirche? Hg. v. Gebhard Fürst, Freiburg i. Br./Basel/Wien 1997 (= Quaestiones disputatae 166); vgl. auch Dialog statt Dialogverweigerung. Impulse für eine Zukunftsfähigkeit der Kirche, hg. v. Annette Schavan, Kevelaer ^{2}1995.

Situation hineingesprochen, was die den einzelnen Ansprachen vorangestellten Zeitangaben deutlich machen wollen.

Freiheit und Bindung: Wenn es um die Freiheit des Menschen geht, darf sie nicht einseitig als Unabhängigkeit verstanden werden. Wer Freiheit erhalten will, muss sie daher an die Beziehung zu anderen binden. Selbstbindung ist der Preis der Freiheit (Franz Kamphaus)[53]: Christen binden sich an den Kern ihres Glaubens, an das Kreuz Jesu Christi. Dabei ist Freiheit immer ein Wagnis, ein Risiko und Experiment (Karl Kardinal Lehmann). Das Finden wahrer Freiheit als Wagnis der Hingabe und der Liebe ist nicht allein aus unseren eigenen Kräften möglich, dies ist die feste Überzeugung der Christen und der Kirchen. Der vergebende, befreiende und erlosende Gott Jesu Christi steht für eine Freiheit, die letztlich in der Bereitschaft zum Teilen, in der Solidarität und in der Liebe wurzelt. Diese Wahrheit braucht die Freiheit (Anton Schlembach), wenn beispielsweise die europäische Geschichte als Freiheitsgeschichte interpretiert wird, weil sie ihren Dreh- und Angelpunkt im Christentum hat. Hierher gehört auch die recht verstandene Gewissensfreiheit; das freie Gewissen kann Distanz nehmen zu gemeinschaftszerstörenden Handlungen, den Kopf frei machen für gemeinschaftsförderliche Perspektiven und damit Unterstützung für verantwortliches Handeln in Politik und Gesellschaft sein (Franz-Peter Tebartz-van Elst). Ein verantwortliches Handeln, das sich auf die recht verstandene Gewissensfreiheit beruft, braucht manchmal eine Freiheit, die sich als Frucht der Tapferkeit versteht (Karl-Heinz Wiesemann).

Soziales und Soziallehre: Angesichts unseres großen Sozialsystems in Deutschland ist eine Vergewisserung im Hinblick auf die Prinzipien der Soziallehre der Kirche hilfreich beispielsweise bezüglich des Gebrauchs des Subsidiaritätsprinzips (Karl Kardinal Lehmann), das modern verstanden wird als „Hilfe zur Selbsthilfe“. Große Sozialsysteme stehen immer in der Gefahr human entkernt zu werden, wenn nicht ständige Anstrengungen unternommen werden, diesem Prinzip zu entsprechen. Es ist letztlich das aus dem christlichen Gottesglauben kommende Verständnis vom Menschen und seiner

---

[53] Die im Folgenden in Klammern genannten Autoren verweisen auf die im Band aufgenommenen Ansprachen. Die Beiträge wurden – wo nötig – auf die neue Rechtschreibung umgestellt, auf Fehler durchgesehen und behutsam korrigiert. Teilweise wurden zeitbedingte, nicht-thematische Bemerkungen gekürzt. Die Fußnoten und Literaturangaben wurden vereinheitlicht und stellenweise ergänzt, einige Quellenhinweise aus dem Text in die Anmerkungen versetzt bzw. nachgetragen.

Würde, dass er nicht dort alimentiert und bevormundet wird, wo er seine Werte und Fähigkeiten selbst zur Entfaltung bringen kann. Das gilt auch für die kleinen menschlichen Gemeinschaften, insbesondere für die Familie, die einer gerechten Förderung bedarf (Karl Kardinal Lehmann). Dabei hält die christlich verstandene Ehe und Familie ein kräftigendes Moment für diese Gemeinschaft bereit, die eigenen Aufgaben selbstständig zu meistern. Wo Familien dies nicht mehr schaffen, brauchen sie unterstützende Hilfe und zwar in einer Form, die es ihr ermöglicht, dann wieder Eigenverantwortung übernehmen zu können (Reinhard Kardinal Marx). Diese Hilfen sind nicht einfach materielle Güter, sondern sie sollen eine Lebenshilfe sein, die es der Person bzw. der Familie ermöglichen, auf den eigenen Füßen zum Stehen zu kommen. Unter dem Zusammenleben sowohl der Menschen als auch der Völker ist zudem die Friedensfrage von mitentscheidender Bedeutung. Die christliche Antwort auf die Frage lautet: Vom gerechten Krieg zum gerechten Frieden (Anton Schlembach). Die Grundlage erhält diese Antwort von der jesuanischen Friedensbotschaft, die von der Kirche fordert, Sakrament, d.h. Zeichen und Werkzeug des biblisch umfassend verstandenen Friedens zu sein. Da ist das Gemeinwohl eines Volkes nicht mehr vom Gemeinwohl aller Völker zu trennen, da gilt das Wort von Papst Paul VI.: „Entwicklung ist der neue Name für Frieden“ (Populorum progressio, Nr. 76).

Gesellschaft und Glaube: Die neutestamentliche Botschaft vom guten Zusammenleben der Gläubigen hat die Frage aufgeworfen: Ist die Kirche eine Kontrastgesellschaft (Karl Kardinal Lehmann)? Bei allen Bemühungen um einen jesuanischen Lebensstil des Füreinanderdaseins dürften sich Gemeinden und Kirche nicht von der Gesellschaft abkoppeln. Auch alternative Gemeindeformen brauchen die Verwurzelung in der Kirche und Verbundenheit mit der Gesellschaft, wenn sie nicht zum Untergang verurteilt sein, sondern im Gegenteil die Gesellschaft neu befruchten wollen. Auch die Technikentwicklung ist eine Weise, auf Distanz zur Gesellschaft zu gehen. Das nur scheinbar objektivistisch-technische System-Denken kann die Menschen verzwecken. Ideologische Verformungen des Verständnisses von Mensch und Gesellschaft sind die Folgen. Der Mensch an den Grenzen seiner Technik (Hermann Josef Spital) sollte sich erinnern lassen an sein Geschaffensein als „Paarwesen“. Diese Technik macht es erst möglich, dass die heutige Mediengesellschaft die Welt mit unendlichen Informationen überflutet. Erst die persönliche Stellungnahme in christlicher Freiheit zu den Informationen kann ordnend wirken. So sind Information und Konfession (Hermann Josef Spital) zwei gleichgewichtige Säulen für jedermann, ja für jegliche Bildung des Menschen. An der Bildung entscheidet sich unsere Zukunftsfähigkeit (Reinhard Kardinal Marx). Dabei hat die Bildung auch eine religiöse Dimension, denn auch Religiosität als anthropologische Größe gehört zum Menschen. Das christliche Gottes- und Menschenverständnis verweist dann auf Rechte und Pflichten eines jeden Menschen, die sich auch im Bildungsgeschehen auswirken müssen, auf Zweckfreiheit des Menschen, die einer Reduzierung der Ausbildung auf Verwertungswissen entgegensteht, etc. Das christliche Gottes- und Menschenverständnis sieht das Leben des Menschen aber auch als Geschenk. Deswegen darf es kein „menschenunwürdiges" Leben, auch nicht am Ende des Lebens, geben. Vielmehr ist „menschenwürdiger" Umgang mit Menschen im Leben oder im Sterben gefordert. Hier können Überlegungen zum menschenwürdigen Sterben (Anton Schlembach) anregend sein.

Staat und Kirche: Die Kirche ist sich heute einig, dass es keine Politisierung der Kirche geben darf. Denn die oberste Aufgabe der Kirche in Staat und Gesellschaft (Anton Schlembach) ist die Verkündigung des den Menschen befreienden Gottes, wodurch der Mensch in seiner Personalität und Sozialität erkannt und in der Transzendentalität verwurzelt ist. Die Kirche ist Anwalt des Menschen und arbeitet mit allen zusammen, die die demokratisch-rechtsstaatliche Ordnung tragen. Sie hat eine hohe Verantwortung für die Demokratie (Anton Schlembach), sie sieht Gefährdungen für diese, wo Grundwerte und Grundrechte keine öffentliche Evidenz haben und ins Private abgedrängt werden. Individualisierungstendenzen, ein Misstrauen gegenüber umfassenden Deutungsansprüchen, ein Bewusstsein von der unüberschaubaren Komplexität der Wirklichkeit, die Entkoppelung von Religion und Familie, die rückläufige Kirchenbindung etc. schwächen den bisherigen volkskirchlichen Charakter der Kirche. Trotzdem wird von der Problemlosigkeit staatskirchenrechtlicher Verhältnisse gesprochen. Beides gehört zu Staat und Kirche in der postmodernen Gesellschaft (Franz-Xaver Kaufmann). Ins Bewusstsein der Öffentlichkeit treten mittlerweile andere Religionen. Mit dem Erscheinungsbild des Islam, das vielfach eine enge Verbindung von Religion, Staat und Recht sieht, tritt ein anderes Verständnis dem in Deutschland jahrhundertelang entwickelten Staat-Kirche-Verhältnis gegenüber. Unsere historische Entwicklung hat die Freisetzung des Staates vom theokratischen Herrschaftsanspruch und die Freisetzung der Kirchen von politischer Bevormundung erreicht. Diese Freiräume stehen nun allen Religionen im säkularen Staat (Franz Kamphaus) zur Verfügung.

Europa und Christentum: Viele umwälzende Bewegungen sind von Europa ausgegangen, man spricht von der Last Europas (Joseph Kardinal Höffner). Sie wirkten sich teils als Segen, teils als Bedrohung und Mahnung aus und forderten so Christen auf, sich auf das Eigentliche zu besinnen und die heilende und befreiende Botschaft in alle Bereiche unserer Gesellschaft zu tragen. Europa eine Seele geben – das war denn auch ein Slogan, der aufforderte, die Tiefendimensionen der Kultur, der sozialen Integration und eben der religiösen Existenz zu erkennen und anzuerkennen. Die dabei wahrzunehmende Vielfalt der Systeme im Verhältnis zwischen Staat und Kirche (Gerhard Robbers) in den einzelnen Ländern der Europäischen Union ist auf unterschiedliche historische Erfahrungen der europäischen Völker zurückzuführen und darf nicht unbeachtet bleiben. Europa ist ohne die biblisch-christlichen Ursprünge überhaupt nicht verständlich. Das zeigen die öffentlichen Diskussionen über die Frage nach Gott in der neuen Verfassung Europas (Karl Kardinal Lehmann), die in den ersten Jahren dieses Jahrhunderts von ihren Ländern verabschiedet werden sollte. Eine nur allgemein menschheitliche und menschenrechtliche Universalität als Hintergrund und Horizont der Verfassung kann die Identifikation der Bürger mit Europa nur gering fördern. Trotzdem hat die Kirche Idee und Absicht der Verfassung begrüßt und sich – nachdem sie nicht zustande gekommen ist – für weitere Bemühungen ausgesprochen. So begrüßte sie auch den neuen Vertrag (Karl Kardinal Lehmann) ausdrücklich und dankte für die Verankerung der Religionsfreiheit und die Einladung zum ständigen Dialog mit der Union.

Politik und Religion: Religion ist Teil der politischen Kultur. Ein Horizont dabei ist die Einsicht, dass zwar einerseits das biblische Weltbild keine Antworten auf wissenschaftliche Fragen geben kann, andererseits die Wissenschaft uns jedoch kein unwandelbares Weltbild geben kann, das Antworten auf die Sinnfragen des Lebens gibt. So bleibt Religion auch nach der Aufklärung (Hermann Josef Spital) Teil der Kultur und damit der politischen Kultur. Ein weiterer Horizont für die politische Kultur heute ist die Erfahrung, dass hinter dem Scheitern des sozialistischen Gesellschaftsmodells in Deutschland letztlich ein falsches Menschenbild stand, das grundlegende Dimensionen unseres Menschseins ausblendete, etwa die Sehnsucht nach Freiheit, das Gespür für Wahrhaftigkeit, das Verlangen des Menschen, sich schöpferisch zu entfalten (Joachim Wanke) – alles Aspekte des Menschen, die zum Kernbestand des christlichen Menschenbildes zählen. Heute sind es andere Dimensionen des Menschseins, die stärker beachtet werden wollen, damit unser Gemeinwesen keinen Schaden nimmt. Beispielsweise ist nicht nur aus moralischen und rechtlichen Gründen das Bemühen um Integration der Migranten zu sehen, wozu die jüdisch-christliche Tradition einen entscheidenden Beitrag liefert, weil die durch sie geprägte okzidentale Kultur vom Ansatz her universal denkt (Franz Kamphaus). Allein der pragmatische Grund, dass deren Kinder die Zukunft unserer Gesellschaft entscheidend mit beeinflussen werden, könnte weitere Einsichten und entsprechendes politisches Handeln ermöglichen. Die politische Kultur profitiert auch von Religionsgesprächen mit dem Islam (Franz Kamphaus), wenn dabei deutlich wird, dass Menschenrechte nicht von Staaten oder Religionen verliehen werden, sondern von Gott selbst jedem Menschen eingestiftet sind, oder auch davon, dass die vom Christentum schmerzlich bewältigte Aufklärung auch von den Muslimen zu berücksichtigen ist. Hierdurch geschehen geistige und geistliche Integrationen, die die Grundwertebasis der Verfassung eher stärken als schwächen.

Bedeutung der Katholischen Büros: Karl Kardinal Lehmann beschreibt das Entstehen, die Aufgabenstellung, die Entwicklung und das Proprium der Katholischen Büros in Deutschland, die weltweit einmalige Einrichtungen in einem Staat sind. Sie sind ein Ort neben anderen, der helfen soll, dass Kirche nicht Politik macht, sondern Politik möglich macht.

A. Freiheit und Verantwortung

1988

Ein Jahr vor dem Fall der Mauer ist (West-)Deutschland noch stärker mit gesellschaftlichen Umbrüchen befasst, als mit den bevorstehenden staatlichen. Von großer Bedeutung für die Kirche sind die hohen Tötungszahlen durch Abtreibungen und die Solidarität mit dem ungeborenen Leben. Eine in Deutschland wie weltweit ansteigende Zahl an Flüchtlingen und Arbeitsmigranten lässt nach Deutschlands Rolle in der Einen Welt fragen. Die zunehmend ins Bewusstsein tretende Zerstörung der Schöpfung (1985 Einrichtung eines rheinland-pfälzischen, 1986 nach der Reaktorkatastrophe von Tschernobyl eines bundesdeutschen Umweltministeriums) macht Überlegungen notwendig, in welchem Zustand die Welt den kommenden Generationen hinterlassen werden soll. Vor solchen Hintergründen greift der Bischof von Limburg das große Thema Freiheit auf und skizziert es unter dem Blickwinkel der Solidarität.

Der Preis der Freiheit

Bischof Franz Kamphaus

I. Die beiden Seiten der Freiheit

Vor kurzem habe ich ein neues Wort gelernt: E-frau-zipation; nach der E*man*-zipation nun also die E-*frau*-zipation. Diese aufschlussreiche Wortschöpfung beruht auf einem Missverständnis, auf dem Missverständnis, das „man" in der Emanzipation komme von den Männern her. Fehlanzeige! Emanzipation heißt zu Deutsch: sich aus der Handhabe/Herrschaft eines anderen befreien.

Das ist die eine Seite der Freiheit: Unabhängigkeit. Ich entziehe mich dem entfremdenden Zugriff, der Herrschaft, der Manipulation anderer. Aber es ist eben einseitig, wenn man Freiheit – wie es heute nicht selten geschieht – ausschließlich von der Emanzipation her versteht. Unabhängigkeit ist zweifellos ein wesentliches und unaufgebbares Element von Freiheit. Treibt man sie auf die Spitze, führt sie zur Isolation. Der einzelne Mensch oder Staat sieht dann nur noch sich selbst, seinen Fortschritt, seinen Nutzen. Eigeninteresse und Eigennutz werden schließlich zum Maßstab der Freiheit und im Handumdrehen schlägt sie in ihr Gegenteil um. Der andere wird zum Mittel. Sein Eigenwert wird an seinem „Marktwert" gemessen. Der nächste Schritt ist, dass der Stärkere dem Schwächeren dessen Marktwert diktiert. Hier liegt eine Wurzel der Gewalttätigkeit: Ich bin nur in dem Maße etwas, in dem du nichts bist. Um zu haben, muss ich dir nehmen (ich will es „kriegen"). Diese Logik der Machtsteigerung auf Kosten des anderen – eine Zeitlang Motor des Fortschritts – ist heute zur Falle geworden.

Freiheit missrät, wenn man sie einseitig von der Emanzipation her versteht. Die Französische Revolution hat (ganz im Sinne der christlichen Tradition) Freiheit mit Gleichheit und Brüderlichkeit/Geschwisterlichkeit verbunden. Der Mensch ist nicht einseitig auf Unabhängigkeit und erst recht nicht auf Isolation angelegt, sondern auf Beziehung. Er lebt von Beziehungen, die ihn befreien, in denen er frei bleibt und andere befreit. Die Logik solcher Freiheit heißt: Meine Freiheit wächst, indem deine Freiheit wächst, indem ich zu deiner Befreiung beitrage.

Unsere Sprache kennt noch den Zusammenhang von Freiheit und Beziehung/Bindung. Sie kennt nicht nur das Hauptwort „Freiheit" und das

Adjektiv „frei", sondern auch das Tätigkeitswort „freien". Wir freien uns, indem wir aus uns selbst herausgehen und einander lieben, also Beziehungen aufnehmen und Bindungen eingehen.

Das ist die andere Seite der Freiheit. Wird sie nicht ihrem ganzen Gewicht entsprechend eingebracht, kann Freiheit nicht gelingen. Freiheit heißt nicht nur Emanzipation, sondern vor allem Solidarität. Das hat Konsequenzen.

II. Freiheit in Solidarität

Ich möchte drei Bereiche nennen, in denen sich diese Dimension der Freiheit heute vor allem zu bewähren hat.

1. Frau und Mutter

Ich komme auf das missratene Wort „E-frau-zipation" zurück. Emanzipation der Frau: von Rechtlosigkeit, demütigender Unterordnung, selbstverständlicher Zweitrangigkeit. Diese Aufgabe ist längst nicht erledigt, auch in der Kirche nicht. Lassen Sie mich gleichwohl in diesem Zusammenhang auf die andere Seite der Freiheit hinweisen.

„Die neue Frau ist eiliger ans Licht getreten als die neue Mutter", sagt Robert Musil. Ich weiß, dass Frausein nicht auf Muttersein festgeschrieben werden darf, als sei die Nichtmutter nur die halbe, verfehlte Frau. Gleichwohl, wenn Freiheit auf Beziehung angelegt ist, dann ist Mutterschaft eine der eindringlichsten Gestalten solidarischer Freiheit. Von daher sind jene klischierten Meinungen zu hinterfragen, die unsere Öffentlichkeit bestimmen:

berufstätige Frau ohne Kinder	=	emanzipiert
Hausfrau mit Kindern	=	nicht emanzipiert
Zusammenleben mit einem Partner auf Zeit	=	emanzipiert
eheliche Treue und Bindung auf Dauer	=	nicht emanzipiert

und schließlich:

Abtreiben	=	emanzipiert
Austragen des Kindes	=	nicht emanzipiert.

Bevor solche Klischees nicht von Grund auf überwunden sind, und zwar gerade von Frauen selbst, wird Freiheit leider zum allgemeinen Schaden von sachfremden (und im letzten frauenfeindlichen) Ansprüchen zugedeckt. Töten im Namen von Emanzipation ist schließlich der Tod der Emanzipation. Emanzipation bedeutet ja gerade, dass das Kind als Subjekt der Handhabe und ihrer Verfügungsgewalt entzogen ist.

2. „Dritte Welt"

Die andere Seite der Freiheit: Solidarität! Die Freiheit fordert uns heute im Weltmaßstab heraus, gegen kleinkarierte nationalistische und eurozentristische Tendenzen. Wir können unsere Freiheit nicht mehr ohne Rücksicht auf die Völker der „Dritten Welt" definieren, sondern nur solidarisch mit ihnen. Sie sind unausweichlich in unsere eigene soziale und ökonomische Situation eingerückt, so wie die Spätaussiedler, ausländischen Mitbürger, Asylbewerber und Flüchtlinge zu uns gehören. Es ist kurzschlüssig anzunehmen, die Gegensätze zwischen den armen Ländern der „Dritten Welt" und den reichen der „Ersten Welt" seien durch ein wohltätiges, von uns gesteuertes Entwicklungskonzept zu überbrücken, bei uns könne alles beim Alten bleiben. Die gegenwärtige Schuldenkrise lässt sich nicht durch eine großzügige Gönnergeste lösen, durch Streichen der Schulden allein, deren Rückzahlung ohnehin längst illusionär geworden ist. Sie ist durch eine Neuordnung der internationalen Wirtschaftsbeziehungen auf der Grundlage von Solidarität und Achtung gegenüber allen Menschen dieser Erde zu gewinnen. Das Problem der weltweiten Flüchtlings- und Migrationsbewegungen lässt sich nicht mehr durch eigennützige nationalistische Absicherungstendenzen lösen. Gefragt ist hier ein Denken in weltweiten Zusammenhängen und Lösungen, die über kurzfristiges Krisenmanagement hinausgehen. Wie frei sind wir da?

3. Die zukünftigen Generationen

Die andere Seite der Freiheit: Solidarität! Mit dem, was wir heute tun, beeinflussen wir das Leben von Millionen anderenorts und künftig, ohne dass sie hierbei eine Stimme hätten. Das ist ein ethisches Novum unserer Situation. Die zukünftigen Generationen erscheinen nicht mehr nur am fernen Horizont, irgendwie als Projektionen unserer Gegenwart. Wir müssen sie als selbständige Subjekte wahrnehmen (Testfall: unser Verhältnis zur Jugend!). Wir brauchen eine immense Vorstellungskraft, um gleichsam in ihre Haut zu schlüpfen und von ihnen her zu schauen, was heute nottut. Sind wir so frei? Solidarität mit den künftigen Generationen, mit ihren Lebenschancen, das betrifft unseren Umgang mit den begrenzten Ressourcen dieser Erde, mit ihrer begrenzten Fähigkeit, unseren Müll zu schlucken und unschädlich zu machen. Wie viel Freiheit lassen wir ihnen noch, wenn wir sie ungefragt zu den Verwaltern unserer atomaren Altlasten, unserer Giftmüllplätze und Waldruinen werden lassen?

Zukünftige Generationen werden uns, wenn sie es könnten, vielleicht ähnlich fragen, wie Jüngere in diesen Tagen Ältere fragen nach den Ereignissen vor 50 Jahren: Wie konntet ihr das zulassen? Wusstet ihr denn nicht?

Freiheit als Solidarität verlangt von uns Haltungen, die bisher noch wenig eingeübt sind: Solidarität gegenüber den Fernen im doppelten Sinn der Solidarität mit der Dritten Welt und der Solidarität mit denen, die nach uns die Erde bewohnen. Es ist keine leichte Aufgabe, dies in unseren Kopf und ins Herz hineinzubringen. Ich bin überzeugt, dass hier heute der entscheidende Anruf an unsere Freiheit ergeht. Wenn wir uns dieser Herausforderung versagen, werden wir uns in weniger als 50 Jahren wiederum einer Schuld im Weltmaßstab zu stellen haben. Und keiner kann dann sagen, er hätte nichts gewusst.

III. Schöpferische Selbstbeschränkung

Angesichts unserer sich ständig ausweitenden technischen und wissenschaftlichen Möglichkeiten stellt sich uns die Frage, ob wir alles dürfen, was wir können. Die Zeit ist nahe, da wir Menschen züchten können. Mit den Tieren haben wir schon höchst zweideutige „Erfolge“ errungen. Was geschieht, wenn der Mensch sich zum Meister über die Erbmuster macht? Ist das der Gipfel der Emanzipation, oder nicht vielmehr deren genaues Gegenteil: Manipulation, Herrschaft von Menschen über Menschen, Herrschaft der Toten über die Lebenden. Fortschritt ist nicht ein Wert in sich, er bringt uns nur dann tatsächlich voran, wenn er in Freiheit, in solidarischer Freiheit gezügelt und eingebunden ist.

Wir müssen lernen, Grenzen zu setzen und Halt zu machen, selbst in dem, was wir als Erfolg für uns verbuchen. Das ist kein Verlust, sondern ein neuer Wert in unserer Welt heute. Wir müssen vom Maßhalten im Gebrauch der Macht zum Maßhalten im Erwerb der Macht voranschreiten. Zweihundert

Jahre nachdem der Freiheitsdrang der Menschen die alten Ordnungen in Europa umgestürzt hat, müssen wir gerade um des Erhaltes dieser Freiheit willen neu nach Bindungen fragen, wenn wir nicht in eine Entwicklung treiben wollen, an deren Ende der Mensch nicht mehr zu erkennen ist. Wenn unser Menschenbild von Freiheit geprägt bleiben soll, dann heißt der Preis dafür Selbstbeherrschung und Selbstbeschränkung. Sind wir so frei?

Enthaltsamkeit und Mäßigkeit sind über lange Zeiten in unserer abendländischen Geschichte als Tugenden geschätzt worden. In einer Wachstumsgesellschaft, die ihren steigenden Fortschritt dem steigenden Konsum verdankt, wurden Völlerei, Verschwendung und Wegwerfen zu einem geradezu notwendigen und verdienstlichen Mitwirken am Fortschritt. An die Grenze dieses Fortschritts gelangt, stehen wir, wie der Philosoph Karl Friedrich von Weizsäcker formuliert, vor der Frage, „ob nicht von uns allen eine grundsätzliche Verweigerung gefordert ist, eine radikale Abwendung von der konsumtiv technokratischen zu einer asketischen Kultur". Vielleicht ist es für eine solche Umkehr noch nicht zu spät.

Eine uralte Sage aus Griechenland erzählt von der Heimfahrt des Odysseus nach dem Krieg in Troja. Sie ist voller Abenteuer. Eines davon ist dies:

Das Schiff der Heimkehrenden muss an der Insel der Sirenen vorbeifahren. Sirenen, d. h. zu Deutsch die Bestrickenden, die Fesselnden. Diese Fabelwesen, halb Mensch, halb Vogel, mit großen Krallenfüßen, ziehen mit ihrem bezaubernden Gesang die Seefahrer an, um sie dann umzubringen. Die Insel ist übersät mit Skeletten.

Odysseus ist gewarnt. Er befiehlt allen Leuten auf seinem Schiff, sich die Ohren mit Wachs zu verstopfen. Er allein will die Ohren offenhalten. Aber er lässt sich in Freiheit fest an den Mastbaum des Schiffes binden.

Als das Schiff sich der Insel nähert, tritt zunächst eine unheimliche Stille ein. Dann ertönt der Zaubergesang der Sirenen. Aber Odysseus, der sich in Freiheit gebunden hat, besteht die tödliche Gefahr.

Die Christen der ersten Jahrhunderte haben diese Sage oft aufgegriffen. Sie sahen in Odysseus ein Bild des wagemutigen Menschen, der bewusst mit offenen Sinnen die Gefahren bestehen will, die auf der Fahrt des Lebens lauern. Nur der wird die Gefahren bestehen, der in Freiheit selbst feste Bindungen eingeht. So wie Odysseus sich an den Mastbaum des Schiffes gebunden hat, so binden sich die Christen an das Kreuz Jesu Christi. Das Kreuz ist der Ort der Freiheit, der Freiheit in Solidarität!

1994

Fünf Jahre nach dem Fall der Mauer: Manche Chancen des Zusammenwachsens wurden genutzt, verschiedenste Schwierigkeiten, die in der langen Trennung wurzeln, sind aufgetreten, aktuelle Situationen werden gemessen an den Erwartungen der Wendezeit. Nach ersten oftmals pragmatischen Lösungen in vielerlei Zusammenhängen richten sich nunmehr tiefergehende Fragen auch an das Verständnis von Freiheit im gesamten geeinten Land. Deutlich wird, dass eine auf steigenden materiellen Lebensstandard, auf Bindungslosigkeit und Individualismus reduzierte Freiheit von innen gefährdet ist. In den Blick kommt, dass Freiheit hinführen muss zu einer Verantwortung, die sich in Bindung, Solidarität und Gemeinschaft zu bewähren hat. In diese Situation hinein zieht der Mainzer Bischof eine erste Zwischenbilanz.

Vom Risiko und Experiment der Freiheit

Karl Kardinal Lehmann

Vor fünf Jahren haben wir weltgeschichtliche Ereignisse erlebt, die in kurzer Zeit zur deutschen Einheit geführt haben. Auch im Abstand von fünf Jahren kommt uns das damalige Geschehen immer wieder wie ein Wunder und ein Geschenk vor, dessen Zustandekommen freilich von den verantwortlichen Staatsmännern auch ungewöhnlichen Mut und rasche Entschlossenheit forderte. Die Weltgeschichte lässt für solche glückliche Fügungen oft nur für eine äußerst kurze Zeit einen Spalt in der Türe offen. Vor fünf Jahren lagen die Menschen sich in den Armen und weinten vor Freude. Die blutbeschmierte Mauer, die sie drei Jahrzehnte trennte, war gefallen. Das Regime, das sie gebaut hatte, wagte es nicht mehr, sie zu verteidigen.

Diese Entwicklung hat überzeugend bestätigt, dass man den Menschen trotz unsäglicher Schikanen auf die Dauer die Sehnsucht und den Willen nach Freiheit und Einheit nicht rauben kann. Der Mut gerade auch so vieler Christen hat uns diese einmalige, friedliche und stille Revolution in unserer Geschichte geschenkt. Man kann über diese Tage nicht sprechen, ohne zuerst Gott und schließlich auch den Menschen für dieses zwar immer ersehnte, aber doch auch unverhoffte Ereignis unserer Geschichte zu danken.

Nach fünf Jahren ist der fast wilde, selige Rausch jener Nacht Erinnerung. Der Rückgang auf das emotionale Normalmaß war unvermeidlich. Dennoch ist diese Hoffnung von Jahrzehnten auch im Alltag von heute noch gegenwärtig, oft sehr viel mehr im unmittelbaren Gespräch mit den Menschen als in der veröffentlichten Meinung. Für viele eröffneten sich ungeahnte neue Möglichkeiten, die sie auch tatkräftig ergriffen und zu einer neuen Erfahrung gelungener Verantwortung und eines wirklichen Erfolgs geführt haben.

Natürlich ist seither nicht alles im vereinten Deutschland so reibungslos verlaufen, wie man es sich damals vorgestellt hatte. Die Schwierigkeiten des Zusammenwachsens waren größer als gedacht, in der Wirtschaft und in den Köpfen. Sie sind beileibe auch nicht überwunden. Aber wer mit offenen Augen durch die neuen Länder fährt, der wird doch auch einräumen, dass die Hoffnungen jener Tage langsam für viele wahr werden. Vieles, was den ehemaligen DDR-Bürgern sehr fern erschien, ist beinahe zur Selbstverständlichkeit geworden: die Freiheit zu sagen, was man denkt; lesen zu können, was man gerne möchte; dahin zu reisen, wohin es einen zieht; zu wählen, wen man will. Die fremden Truppen, die das Mauer-Regime stützten, sind friedlich abgezogen. Der Bespitzelungsapparat hat zwar viele Spuren und Wunden hinterlassen, aber er hat sich in Luft aufgelöst. Die Auflösung und Umwandlung der NVA ist ohnehin ein Meisterstück, das wir noch viel zu wenig zur Kenntnis genommen haben. Ein modernes Telefonnetz ist vielerorts entstanden. Das Straßensystem ist erheblich verbessert.

Wir wissen freilich auch um die dunklen Nebel, die viele Menschen bis heute lähmen: Verlust der Arbeit, Ungewissheit, ja Perspektivlosigkeit im Blick auf die Zukunft, gestiegene Risiken vielfacher Art, Erfahrung auch der Schattenseiten der Marktwirtschaft, verwüstete Natur und verseuchte Erde, Verlust der Wohnung und langes Warten auf rechtliche Klärungen, besonders hinsichtlich des Eigentums. Gerade weil die stille Revolution – Gott sei Dank – ohne Blutvergießen erfolgte, lebt manches ganz offen oder im Untergrund noch weiter, was einer längst vergangenen Epoche angehört. Die Unschuldigen sind Opfer geworden, die Schuldigen sind gut davongekommen oder schwimmen wieder oben. Für viele Menschen, die sich in das Unrechtssystem verstrickt haben und gewiss nicht mehr als Mitläufer waren, gibt es noch keine Aussicht auf ein unbelastetes Leben. Freilich kann es wahre Versöhnung auch nur dort geben, wo Einsicht, ein bewusstes Brechen mit einer schuldbeladenen Vergangenheit und ein entschiedener Wille zu einem Neuanfang vorherrschen. Der Weg zu einer solchen Versöhnung ist noch weit, wie wir überhaupt die tiefen Verwundungen in den Herzen und Seelen der Menschen am meisten unterschätzt haben.

Vor diesem Hintergrund erfahren viele Menschen die neugewonnene Freiheit oft als Last. Sie waren es jahrzehntelang nicht gewohnt, sich immer entscheiden und wählen zu müssen, Selbstverantwortung zu übernehmen und ein hohes Maß an Selbstbestimmung auszuüben und schließlich auch die Folgen für ein falsches Verhalten zu tragen. Gewiss wird der, der in dem früheren politischen System beinahe erdrückt worden ist, die neu erworbene Freiheit immer noch und stets als großen Wert empfinden. Aber sind nicht viele von der Freiheit, die sie stürmisch verlangten, nun, nachdem sie erreicht worden ist, enttäuscht? Überwiegt nicht die Skepsis?

Die Menschen in Mittel- und Osteuropa haben die größte Mühe, mit einer Entwicklung fertig zu werden, für die wir Jahrzehnte Zeit hatten, die sie nun aber in einem ungewöhnlich beschleunigten Tempo durchmachen sollen. Viele Menschen – übrigens bis China – sind verwirrt vom rasanten Wandel bisher geltender Werte und Systeme, besonders in den Grundfragen von

Arbeit, Familie und Ehe. Friedrich Schorlemmer sagte Ende 1993 in Wittenberg:

„Nun in der Freiheit, selbst entscheiden dürfen und selbst entscheiden müssen, Zerfall aller vorhandenen Institutionen, Verlust aller Sicherheiten ... Das Glück der Freiheit ist gleichzeitig das Fallen in ein Loch. Nun sehe jeder zu! Was gilt? Wer gilt? Es gilt, wer hat und wer zu mehren weiß, was er hat. 17 Millionen sind dazugekommen, aber die Westkarawane zieht weiter und ruft uns zu: ‚Kommt mit. Wir wissen den Weg. Wir wissen das Ziel. Wir wissen keinen Weg. Wir wissen kein Ziel. Was sicher ist? Daß alles unsicher und risikoreich ist. Genießt die Bindungslosigkeit als Freiheit'"[1].

Vor diesem Hintergrund ist auch ein Wort des Dichters Reiner Kunze aufschlussreich. Er ist ein Mann, der lange in beiden Welten gelebt hat und sie kennt.

„Die Menschen in der DDR haben nicht wissen können, was das ist, die Freiheit zu wollen. Sie haben geglaubt - nicht alle, ich weiß -, Freiheit sei etwas, das man ohne Gegenleistung erhalten kann. Sie haben eine Freiheit ohne Risiko erwartet. Eine Freiheit, die man, wie soll ich sagen, abheben kann bei Bedarf. Eine verwaltete Freiheit. Eine bequeme Freiheit. Da kann ich nur sagen: Nichts ist unbequemer als die Freiheit. Aber auch nichts ist begehrenswerter."[2]

Der säkulare Prediger geht auch mit der Sehnsucht nach Freiheit hart ins Gericht.

„Und wenn man nicht primär die Freiheit, sondern den hohen westlichen Lebensstandard gewollt hat, dann hat man zur Freiheit ein anderes Verhältnis. Ich gehöre nicht zu denen, die Menschen verurteilen, weil sie einen hohen Lebensstandard, weil sie materiellen Wohlstand wünschen ... Ich wünschte nur, daß der Wohlstand und die vielen Kleinigkeiten, die das Leben farbig, bunt und freudig machen, nicht dazu führen, daß man habgierig wird und menschlich erkaltet. Ich vermute nur, wenn dieser Lebensstandard von einem Regime geboten worden wäre, das die geistigen Freiheiten unterdrückt hätte, hätte das die meisten nicht gekümmert. Hauptsache, sie wären im Konsumieren nicht gestört worden - Reisefreiheit eingeschlossen. Ich kenne Menschen, die so ein Regime sogar bevorzugen würden - ein Regime, das materiellen Wohlstand bietet bei, ich will es zurückhaltend formulieren, Verschonung mit geistig-moralischem Anspruch."[3]

---

[1] Zitiert in: Riskante Freiheiten. Individualisierung in modernen Gesellschaften, hg. v. Ulrich Beck und Elisabeth Beck-Gernsheim, Frankfurt a.M. 1994, 10.

[2] Reiner Kunze: Wo Freiheit ist ... Gespräche 1977–1993, Frankfurt a.M. 1994, 195.

[3] Ebd., 196.

Dies sind harte Worte, aber sie sind schon längst nicht mehr mögliche Anklage anderer, sondern eine Anleitung zur Gewissenserforschung über den Gebrauch und den Nutzen der alten und der neu gewonnenen Freiheit in unserem Land. Wir sind zuerst gefragt: Haben wir im Westen den Menschen in Mittel- und Osteuropa die Freiheit in der rechten Weise vorgelebt und vermittelt? Haben wir selber das Experiment der Freiheit bestanden? Haben wir nicht oft Freiheit und Beliebigkeit verwechselt? Gestehen wir uns ein, dass man durch schrankenlose Freiheit in neuer Weise der Knechtschaft verfällt? Wenn die Freiheit unbegrenzt und beliebig wird, schlägt sie in eine neue Form der Abhängigkeit um. Diese Probe auf das Gelingen der Freiheit ist umso wichtiger, da gerade der staatlich verordnete Marxismus das Gegenexperiment zur Freiheit der westlichen Welt darstellt. Dieser Großversuch für die Menschheit ist zwar gescheitert, aber können wir wirklich schon sagen, unser Experiment der Freiheit sei wirklich geglückt? Formale demokratische Spielregeln allein bewahren keine wahre Freiheit. Was hält uns wirklich zusammen, wenn der Kitt des Antikommunismus nicht mehr notwendig ist?

Diese Frage wird seit Jahrzehnten immer wieder unter verschiedenen Stichworten diskutiert. Früher waren es die Grundwerte, heute ist es u. a. die Individualisierung der Lebensverhältnisse. Mit diesem Begriff ist ein ganzes Bündel gesellschaftlicher Entwicklungen gekennzeichnet, die das Brüchigwerden vorgegebener sozialer Lebensformen und Rollen anzeigen (Familie, Stand, Geschlecht usw.). Zugleich ist diese Individualisierung nicht einfach dasselbe wie reine Autonomie oder Schweben im luftleeren Raum privater Existenz. Es ist beileibe nicht ein gesellschaftsfreier Raum. Im Gegenteil, in der modernen Gesellschaft kommen auf den Einzelnen neue institutionelle Anforderungen, Kontrollen und Zwänge zu. Der Mensch ist in vielfältige Netze von Regelungen und Voraussetzungen, Vorgaben und Anforderungen eingebunden. Mitten in diesen Kontrollen und Zwängen wird er aufgefordert, ein eigenes Leben zu führen. Dabei geht es meist um Handlungsanreize, Leistungsangebote und Versicherungen. Die neuen Vorgaben verlangen, dass der Mensch sich selbst verwirklicht und in gewisser Weise geradezu herstellt. Die Soziologen reden nicht zufällig von der „Wahlbiographie“ oder der „Bastelbiographie“.

Die Fassaden von Wohlstand, Konsum und gesellschaftlichem Glanz, auch wenn es nur Glimmer ist, täuschen oft darüber hinweg, wie nahe der Absturz und der Bruch sind. An die Stelle vorgegebener, bleibender Bindungen ist sehr oft das Prinzip „Bis auf weiteres“ getreten. Man hat von einer „Landstreicher-Mentalität“ gesprochen, weil dieser auch nicht weiß, wie lange er sich irgendwo aufhält. Was ihn forttreibt, ist die Enttäuschung über die Stätte seines letzten Verweilens und die nie versagende Hoffnung, der nächste Ort verheiße ihm mehr Glück. Aber wir wissen auch, wie ein solches unbehaustes Dasein den Menschen leicht in die Melancholie und die Verzweiflung stürzen kann.

Vermutlich lassen wir diese innere Gefährdung gar nicht genügend an uns herankommen, weil wir uns vor den damit verbundenen Risiken fürchten.

„Man nehme, was man will: Gott, Natur, Wahrheit, Wissenschaft, Technologie, Moral, Liebe, Ehe - die Moderne verwandelt alles in ‚riskante Freiheiten'. Alle Metaphysik, alle Transzendenz, alle Notwendigkeit und Sicherheit wird durch Artistik ersetzt. Wir werden - im Allgemeinsten und Privatesten - zu Artisten in der Zirkuskuppel: ratlos. Und viele stürzen ab. Dies nicht nur im Westen, sondern gerade auch in den Ländern, die sich abrupt für westliche Lebensformen öffnen."[4]

Die Freiheit ist immer durch sich selbst gefährdet. Heute sehen wir dies – wenn wir wollen – sehr viel deutlicher. Diese Brüchigkeit und Labilität der menschlichen Freiheit ist von zeitloser Aktualität, aber sie ist heute besonders zugespitzt: Sie lässt sich nicht einfach auf abzufangende Folgeprobleme in anderen Bereichen oder gar auf die Umwelt abwälzen. Das System unserer Freiheit ist in sich selbst ein Experiment, und es ist ihm nicht ein Mechanismus des ewigen Funktionierens garantiert. Dieses Risiko der Freiheit nimmt uns niemand ab.

Was ist zu tun? Sicher genügen nicht einfach Klage, Rückblick, Nostalgie und Beschwörung. Auch noch so viele Appelle für mehr Gemeinsinn helfen für sich allein nicht weiter. Wir müssen zunächst der Gefährdung offen in die Augen sehen. Wir sollten die Menschen für die neuen Ansprüche und Konflikte, Aufgaben und Herausforderungen motivieren und sensibilisieren. Niemand, auch und gerade nicht die Politik, darf dem Menschen die paradiesische Freiheit des „Alles ist erlaubt" vorgaukeln. Wir können auch den Prozess der früher angedeuteten Individualisierung nicht einfach zurückdrehen. Wir müssen vielmehr in diesem Prozess der Individualisierung, wo eingeübte soziale Bezüge geradezu verdampfen, Gemeinschaft neu entdecken. Wir müssen Bindungen aufspüren, die auch im Prozess der Individualisierung selbst unvermeidlich sind. Es scheint mir nicht zufällig zu sein, dass die großen Themen und Aufgaben unserer Zeit mit diesen – wie es Rolf Dahrendorf nennt – „Ligaturen" zusammenfallen: Familie, einschließlich der Jugend,

[4] U. Beck/E. Beck-Gernsheim (Hg.): Riskante Freiheiten, 11.

Arbeitslosigkeit und Naturzerstörung. Hier kommen wir nämlich jeweils an Grenzzonen, wo die noch so berechtigten Ansprüche auf ein eigenes Leben sich mit dem Ganzen des Lebens verschränken. Und hier zeigt sich vielleicht auch, dass die Suche nach der Identität des Menschen sich heute mit den – angeblich veralteten –Vorgaben der Institutionen auseinandersetzen muss, und sei es zunächst im Streit und in der Kritik, in der Ablehnung und im Protest. Hier sind die Felder, wo sich die Freiheit in einer neuen Verantwortung bewähren kann.

Es ist die feste Überzeugung der Christen und der Kirchen, dass dieses Finden wahrer Freiheit nicht aus unseren eigenen Kräften allein möglich ist. Wir können uns nicht selbst, wie das Münchhausen-Experiment zeigt, an den eigenen Haaren aus dem Sumpf ziehen. Wir brauchen dafür den Anruf von außen, die Ermutigung und das Wagnis der Hingabe und der Liebe. Dies gewährt uns der vergebende, befreiende und erlösende Gott in Jesus Christus. Dies ist keine Zauberformel. Aber in diesem Geist ist das Experiment der Freiheit nicht zum Scheitern verurteilt, sondern können einmalige Individualität und Verpflichtung auf die Gemeinschaft zusammen gerettet werden. Der heilige Paulus sagt dies unter Verwendung allgemeiner menschlicher Erfahrungen: „‚Alles ist mir erlaubt' – aber nicht alles nützt mir. Alles ist mir erlaubt, aber nichts soll Macht haben über mich." (1 Kor 6,12) Was damit gemeint ist, ist am Ende bei aller Komplexität unserer Welt wieder eine einfache Sache: Der heilige Martin teilt seinen eigenen Mantel mit dem Bettler. Die Menschen früherer Jahrhunderte haben dieses einfache, tiefe und zeitlose Bild sich tief zu eigen gemacht. Im Mainzer Dom, der unter dem Patronat des heiligen Martinus steht, gibt es vom Dach bis in die Sakristei unzählige Darstellungen dieser herausfordernden Wahrheit, dass die Freiheit letztlich in der Bereitschaft zum Teilen, in der Solidarität und in der Liebe wurzelt.

1996

Papst Johannes Paul II. besuchte mehrfach Deutschland (1980, 1987, 1996) – in diesem Jahr erstmals nach der Wiedervereinigung. Den Abschluss seiner Reise nutzte er zu einer großen Ansprache am Brandenburger Tor in Berlin. In dieser Stadt, deren östlicher Hälfte so lange die Freiheit vorenthalten worden war und deren westliche Hälfte als Freiheitssymbol der Welt galt, ging der Papst auf verschiedene Facetten des Wesens der Freiheit ein. Der Bischof von Speyer greift hieraus einen Aspekt auf, nämlich die Aussage, dass es keine Freiheit ohne Wahrheit gebe, und skizziert auf diesem geistesgeschichtlichen Hintergrund ein Bild des Menschen.

Wie viel Wahrheit braucht die Freiheit?

Bischof Anton Schlembach

Zum Abschluss seines dritten Deutschlandbesuchs am 23. Juni 1996 hat Papst Johannes Paul II. vor dem Brandenburger Tor in Berlin ein vielbeachtetes Plädoyer für die Freiheit abgegeben. Kernsätze seiner Ausführungen waren: „Es gibt keine Freiheit ohne Wahrheit. Es gibt keine Freiheit ohne Solidarität, ohne Opfer, ohne Liebe ... Die Fülle und die Vollkommenheit dieser Freiheit hat einen Namen: Jesus Christus."

Ich möchte an die erste These des Papstes anknüpfen und einige Überlegungen zum Verhältnis von Freiheit und Wahrheit anstellen.

Freiheit ist das epochale Stichwort der Neuzeit. Im allgemeinen Bewusstsein ist Freiheit der Höchstwert, dem alle anderen Güter nachzuordnen sind, das grundlegende Menschenrecht überhaupt. Entsprechend ist Nichtgewähren oder Einschränkung der Freiheit die Unmenschlichkeit und Sünde schlechthin.

Inhaltlich versteht ein unreflektiertes Durchschnittsempfinden die Freiheit als Möglichkeit, ja als Recht und Anspruch, alles zu tun, was man wünscht, und nichts tun zu müssen, was man nicht möchte. Das eigene Wollen ist die letzte Norm des Tuns: Wenn ich es will und weil ich es will, ist es legitim, ist es gut.

In der sogenannten Postmoderne hat sich dieses Freiheitsverständnis noch einmal radikalisiert: Das individuelle Subjekt hat unbedingte Vorrangstellung vor alten verbindlichen Traditionen und Institutionen. Beim Erkennen erhebt es den eigenen Standpunkt, beim Handeln das eigene Gewissen, beim Lebensentwurf die eigene Biographie zum höchsten, ja einzigen Maßstab. Das absolut gesetzte Selbstbestimmungs- und Selbstverwirklichungsrecht bestimmt das gesamte Leben und Zusammenleben; es erstreckt sich auf alle Fragen der Moral und des religiösen Glaubens.

Der atheistische Existentialist J. P. Sartre hat diese Freiheitsphilosophie am konsequentesten zu Ende gedacht. Die absolute Freiheit hat nach Sartre ihren Grund darin, dass der Mensch keine Natur, kein vorgegebenes oder gar aufgegebenes Wesen, also keine Wahrheit hat. Beim Tier ist dies anders. Es hat seine Natur mit den ihr eingestifteten Gesetzmäßigkeiten. Sie sind das

Maß seiner Selbstverwirklichung. Der Mensch aber ist in seinem Menschsein völlig undefiniert, gleichsam ein Nichts. Einzig die Freiheit definiert ihn. Der Mensch ist nichts als Freiheit, seine je individuelle Freiheit. „Ich bin meine Freiheit", ruft im Drama „Die Fliegen" Orest triumphierend Jupiter zu. Weil er ein Nichts an Menschsein, sondern nur Freiheit ist, deshalb darf und muss der Einzelmensch selbst entscheiden, was er unter Menschsein verstehen, wie er Menschsein gestalten, was er mit seiner Freiheit anfangen will. Nichts und niemand macht ihm hierzu eine Vorgabe oder gar eine Vorschrift. Das ist die eine Konsequenz.

Die andere Konsequenz, die Sartre zieht, und diese ist nicht weniger logisch, besagt, dass diese Freiheit ohne Sinn und deshalb die Hölle ist. Weil der Mensch ohne Wesen, ohne Wahrheit ist, ist das Menschsein absurd. Er steht mit seiner Freiheit allein und ist zur Freiheit verdammt. Die absolute Freiheit als Wesensbestimmung des Menschen führt nicht zur Steigerung des Menschseins, sondern macht Menschsein zum Sein ohne Sinn, zur Absurdität.

Dieser buchstäblich vernichtenden, nihilistischen Konsequenz kann man nur entgehen, wenn man den Menschen nicht nur als Freiheit denkt, sondern wenn man die Freiheit des Menschen zusammendenkt mit der Wahrheit des Menschen. Es gibt keine Freiheit ohne Wahrheit.

Worin aber besteht die Wahrheit des Menschen?

Der Mensch ist ein Beziehungswesen. Er verdankt sich nicht sich selbst, sondern Eltern und Vorfahren; der Erziehung, die ihn in eine Kulturtradition einführt, die immer auch eine religiöse Dimension hat; er verdankt sich der Gesellschaft und dem Staat; er verdankt sich in der großen europäischen Denktradition von der Antike über das Christentum bis in die Aufklärung auch Gott.

Der Mensch existiert nicht aus sich, er existiert in Beziehungen. Das ist seine Wahrheit. Das ist sein Wesen. Wenn er diese Beziehungen wahr-nimmt, an-nimmt, ratifiziert und realisiert, und wenn er zugleich seinen Mitmenschen hilft, ihrerseits diese Beziehungen zu leben, dann entspricht er seiner Wahrheit und seinem Wesen, dann antwortet er in seinem Lebensvollzug auf seine Wahrheit, auf das Wort seines Wesens und lebt ver-ant-wort-lich. Der Mensch ist nicht autark, sein Sein ist vielmehr ein Von-her-sein, ein Mit-sein und ein Für-sein. Das ist die anthropologische Bauformel und Grundfigur. Weil er nicht autark ist, ist er auch nicht absolut, sondern nur relativ autonom.

Wo der Mensch von den Beziehungen, die ihn konstituieren, ab-sieht, da über-sieht er seine Wahrheit und lebt gegen sein Wesen. Wenn er sich von seinen Beziehungen befreit, befreit er sich nicht zu sich selbst, sondern von sich selbst, er wird sich selber fremd, er verliert mit seinem Sein auch seinen Sinn und seine Freiheit.

Diese philosophisch-anthropologischen Zusammenhänge sind nicht nur von höchster existentieller, sondern auch von höchster politischer Bedeutsamkeit. Darauf sei noch kurz hingewiesen.

Freiheit ist auch das Stichwort der politischen Geschichte der Moderne, besonders seit der Aufklärung. Das Hauptanliegen der politischen Aufklärung war die Anerkennung der universalen, unantastbaren Menschenwürde und ihrer Implikationen, vor allem der Menschenrechte. Sie setzte sich in der französischen Revolution von 1789 durch. Diese begann mit der Erklärung der Menschen- und Bürgerrechte und mündete in die Verfassung von 1791.

Die erste französische Revolution wurde jedoch abgelöst. Historiker sprechen von der zweiten französischen Revolution, die am 10. August 1792 in der Pariser Kommune ihren Anfang nahm. Sie wollte das Staatsrecht der Menschenrechte, der Gewaltenteilung und der Demokratie noch einmal in einer absoluten „Befreiung" überbieten. Die bei der ersten Revolution begonnene, aber steckengebliebene Befreiung sollte zu Ende geführt werden. Wie? Nicht durch eine noch größere Einschränkung der Staatsgewalt, sondern durch ihre Überwindung und Abschaffung. Freiheit und Demokratie in einer herrschaftsfreien Gesellschaft sind mit Staat und Staatsgewalt nicht zu vereinbaren. So die neue Lehre. Hinter ihr stand ein neuer Freiheitsbegriff. Freiheit ist nicht mehr bezogen auf und im Grunde nicht mehr kompatibel mit Institution, Tradition, Autorität, Selbstbeherrschung, Opfer, Bindung und Hingabe. Für das neue Freiheitsverständnis sind das alles negativ besetzte Begriffe. Von all dem gibt es nicht nur Fehlformen, die es zu reinigen gilt, sondern all das ist grundsätzlich, weil repressiv, selbstverwirklichungshemmend und fortschrittsfeindlich, aus der Welt und aus der Geschichte zu schaffen. Erst dann kann das Individuum sich in absoluter Freiheit in einer herrschaftsfreien Gesellschaft selbst verwirklichen.

Auch diese Idee der Freiheit hat eine machtvolle Wirkungsgeschichte bis heute. Im Kommunismus hat sie ihre bisher geschichtsträchtigste politische Konzeption und Realisation bekommen. Marx spottete über die Verfassung von 1791: „Der Mensch wurde daher nicht von der Religion befreit, er erhielt die Religionsfreiheit. Er wurde nicht vom Eigentum befreit, er erhielt die Freiheit des Eigentums. Er wurde nicht vom Egoismus des Gewerbes befreit, er erhielt die Gewerbefreiheit."[1]

Was Marx eigentlich im Sinn hatte, war nicht nur die Lösung der sozialen Frage, sondern die Verwirklichung eines gesellschaftlichen Zustandes, in dem sich die soziale Frage gar nicht mehr stellen kann, weil deren Voraussetzungen, nämlich Privateigentum, Familie, Staat, Klassen, Religion überwunden sind. Was bleibt, ist das Individuum mit seiner Freiheit und mit der Totalerfüllung seiner materiellen Bedürfnisse. Seinen Traum von Freiheit in der kommunistischen Gesellschaft beschreibt er so, dass es möglich sein werde, „heute dies, morgen jenes zu tun, morgens zu jagen, nachmittags zu fischen, abends Viehzucht zu treiben, nach dem Essen zu kritisieren, wie ich gerade Lust habe ..."[2].

Die Erfahrung zeigt, dass die absolute Freiheitsidee ohne Wahrheit den Einzelmenschen ruiniert. Die Geschichte hat bewiesen, dass die absolute Freiheit als politische Befreiungsidee in Ungerechtigkeit und Unmenschlichkeit, in den Terror und in die Katastrophe führt, in die absolute politische Unfreiheit.

Die Freiheitsidee, die zur wahren Freiheit und zur echten politischen Befreiung führt, ist die Freiheitsidee, die den ganzen Menschen im Blick hat, die der unverkürzten Wahrheit des ganzen Menschen gerecht wird. Diese hat einen großartigen und bewährten Niederschlag in der Verfassung der Bundesrepublik Deutschland gefunden. Hier – ähnlich wie in der Verfassung für Rheinland-Pfalz – wird die Freiheit zusammengesehen mit der Verantwortung; nicht mit einer leeren Verantwortung, sondern mit der Verantwortung vor Gott und den Menschen. Hier wird die Freiheit zusammengesehen mit der Würde des Menschen und den allgemeinen Menschenrechten, mit der Institution Ehe und Familie und mit der Erziehung der Kinder durch die Eltern, mit dem Rechts- und Sozialstaat, nicht zuletzt mit dem zu achtenden „natürlichen Sittengesetz".

---

[1] Karl Marx: Zur Judenfrage, 1843.

[2] Zitiert aus Konrad Löw: Warum fasziniert der Kommunismus? Eine systematische Untersuchung, Köln 1980, 65.

Hegel, der bisher wohl bedeutendste Theoretiker der Freiheit, hat die europäische Geschichte als eine Freiheitsgeschichte interpretiert, die ihren Dreh- und Angelpunkt im Christentum hat. Er war der Überzeugung, dass der humane freiheitliche Rechts- und Verfassungsstaat nur dann selbst leben kann und die freie Gesellschaft vor der Selbstzerstörung bewahren kann, wenn er ein „sittlicher Staat" ist. Hegel stellt die Frage, wo diese in 2000-jähriger Arbeit der Weltgeschichte erreichte Freiheit ihren realen Grund hat. Was erhält den Rechtsstaat? Was bewahrt die Sittlichkeit? Seine Antwort: die christliche Gemeinde. Sie ist neben und mit der Familie der Ort der sittlichen Bildung, ohne die die Freiheit in Staat und Gesellschaft keinen Bestand haben kann. Wenn wir uns daran erinnern, dass die meisten Väter und Mütter unserer Verfassung überzeugt waren, dass die Katastrophe, die sie überwinden wollten und erfolgreich überwunden haben, mit der Entchristlichung Deutschlands zu tun hatte, dann haben auch heute an der Schwelle vom zweiten zum dritten christlichen Jahrtausend die Verantwortlichen in Staat und Kirche in unserem Land allen Grund, unabhängig voneinander, aber auch gemeinsam miteinander um die wahre Freiheit und so um das wahre Wohl der Menschen besorgt zu sein.

2008

In diesem Herbst kulminieren politische und gesellschaftliche Aufregungen unterschiedlichster Art, die schon seit längerer Zeit schwelen. Im Weltmaßstab – mit Auswirkungen in alle Länder hinein und auch nach Deutschland – ist es die schwerste Finanz- und Wirtschaftskrise seit Jahrzehnten, die nach dem Handeln von Bankern und Spekulanten, insbesondere aber nach Verantwortlichkeiten fragen lässt. Im Bundesland Hessen erklären Abgeordnete wenige Tage vor der im Landtag anberaumten Wahl des Ministerpräsidenten, die eigene Kandidatin nicht mittragen zu können. In diese Situation hinein erinnert der Limburger Bischof an das Gewissen als letztgültigen Maßstab menschlichen Handelns, das hinreichend Orientierung bietet, sofern es gebildet und gepflegt wird.

Das Gewissen – Unterstützung für verantwortliches Handeln in Politik und Gesellschaft

Bischof Franz-Peter Tebartz-van Elst

Die Frage nach dem Gewissen ist in den letzten Monaten und Tagen in Gesellschaft und Politik vielfach angesprochen worden. Dabei ging es beispielsweise um die weltweite Finanzkrise, die immer auch eine Frage an politische Rahmenbedingungen ist. Es ging um Managergehälter, die immer wieder auch ins Verhältnis zu den Gehältern der Arbeiter gesetzt wurden. Es ging um Entscheidungen einzelner Abgeordneter, die weit reichende Folgen im politischen Geschehen eines Landes und darüber hinaus haben.

Im Rahmen dieser kurzen Ansprache können diese vielfältigen Aspekte nach Rolle und Funktion des Gewissens kaum differenziert genug entfaltet werden – geschweige denn erschöpfend. Trotzdem sollte es erlaubt sein, einige Gedanken und Impulse anzusprechen.

Auch in den aktuellen öffentlichen Diskussionsbeiträgen zu diesen Themen hört man die Anfrage, ob Personen, die für sich Gewissensentscheidungen reklamieren, sich hinter der Gewissensfreiheit sozusagen verstecken können.

Professor Eberhard Schockenhoff, Moraltheologe an der Universität Freiburg, weist in diesem Zusammenhang darauf hin, dass „das deutsche Wort ‚Gewissen' im gegenwärtigen Sprachgebrauch der Öffentlichkeit den Rückbezug auf universale ethische Prinzipien und verbindliche Wertüberzeugungen weitgehend abgestreift"[1] hat. Und weiterhin stellt er fest: „Demokratische Gesellschaften neigen offenbar dazu, […] nach der Devise zu verfahren: Was die Mehrheit für richtig hält, kann nicht falsch sein".[2] Wir müssen also grundlegender danach fragen, wie heute „das Gewissen" verstanden wird.

---

[1] Eberhard Schockenhoff: Wesen und Funktion des Gewissens aus der Sicht der katholischen Moraltheologie, in: Bernhard Nacke (Hg.): Orientierung und Innovation. Beiträge der Kirche für Staat und Gesellschaft, Freiburg i. Br. 2009, 285–299, hier 285.

[2] Ebd., 289.

Dabei ist eine erste wichtige Feststellung zu machen: Das Gewissen ist keineswegs mit „einer urwüchsigen Naturpotenz vergleichbar“.[3] Vielmehr zeichnet es den Menschen aus, eine Instanz zu haben, die wir „Gewissen“ nennen und die sich schon von Anfang des menschlichen Lebens an ausgestaltet, wie jüngere Forschungen bestätigt haben. Thomas von Aquin spricht vom Gewissen als „natürliche Anlage“. Es ist gewissermaßen „der angeborene Speicher, der die obersten Prinzipien des moralischen Urteils enthält“.[4]

Hier wird gleich ein Zweites deutlich: Das Gewissen will geformt sein, will inhaltlich gefüllt werden. Deswegen sprechen wir in der Religionspädagogik von der Gewissensbildung. Und dieser Bildungsvorgang bedeutet eine Anbindung des Gewissens an ethische Prinzipien, an Wertüberzeugungen und an moralische Normen. Dabei ist der Mensch „als freier Urheber seiner Handlungen nicht nur ‚vor‘ seinem Gewissen, sondern auch ‚für‘ sein Gewissen verantwortlich“.[5]

Mit anderen Worten können wir sagen: Gewissensfreiheit und Verantwortung gehören immer zusammen. Das Gewissen macht in gewisser Hinsicht unabhängig, hat aber auch einen Aufforderungscharakter, der den Menschen zur Übernahme von Verantwortung treibt. Dabei schützt die Freiheit des Gewissens den Staat davor, Menschen zu bestimmten Handlungen zu zwingen. Die Grenze der Freiheit aber ist die Freiheit des anderen. Deswegen haben gemeinschaftszerstörende Handlungen nichts mit Gewissensfreiheit zu tun.[6]

Wenn wir hier von Verantwortung sprechen, dann können wir mit dem Philosophen Otfried Höffe[7] in einem ersten Schritt präzisieren und sinngemäß eine vierfache Konkretisierung durch folgende Fragen vornehmen: Wer ist zuständig? Für was ist jemand zuständig? Gegenüber wem ist der Betroffene zuständig? Welche Beurteilungskriterien liegen vor?

Die ersten beiden Fragen klären die Situation. Gerade bei globalen Themen wie der weltweiten Finanzkrise wehren manche sich, zuständig zu sein. Hier schon setzt eine politische Reflexion an. Bei der dritten und der vierten Frage tritt das Gewissen ins Zentrum der Überlegungen: Wer ist mein Gegen-

---

[3] Ebd., 290.

[4] Eberhard Schockenhoff: Wie gewiss ist das Gewissen? Eine ethische Orientierung, Freiburg i. Br./Basel/Wien 2003, 104.

[5] Ebd.

[6] Vgl. Katholischer Erwachsenen-Katechismus. Zweiter Band, Freiburg i. Br./Basel/Wien 1995, 140 ff.

[7] Vgl. Otfried Höffe: Moral als Preis der Moderne. Ein Versuch über Wissenschaft, Technik und Umwelt, Frankfurt a. M. [3]1995, 23.

über? Wem bin ich rechenschaftspflichtig? Und was ist der Maßstab der Beurteilung? Die Moralpädagogik spricht hier von der Bildung der sittlichen Urteilskraft und von der personalen Verantwortung. Damit wird schon deutlich, was mit dem „individuellen Gewissen" gemeint ist und was nicht.

Man darf das „individuelle Gewissen" nicht missverstehen, indem man die Geltung von Normen je nach Situation eingrenzt und dabei Ausnahmen für sich zulässt. Denn das Gewissen ist nicht primär Dispensorgan, sondern eher eine individuelle Pflichtinstanz. „Es geht im Gewissen in erster Linie um die Freilegung eines Horizonts, um die Erkenntnis einer Aufgabe, nicht um die Fixierung einer Grenze oder die Abweisung sittlicher Ansprüche."[8]

Was aber bedeutet das konkret? Ohne die Rückbindung an fundamentale Gerechtigkeitsprinzipien, an konkrete Normen oder an Werte „verkommt das Gewissen zu einem Handlanger der eigenen Interessenbehauptung".[9]

Wir müssen also immer, wenn wir in einer Entscheidungssituation sind, danach fragen, welche Orientierungsmaßstäbe zu beachten sind. Im Bereich des Politischen greift die Kirche auf die Katholische Soziallehre zurück und fragt, welche staatlichen Gesetze, Regelungen oder Ordnungen hier gelten bzw. gelten sollen.

Auf die weltweite Finanzkrise bezogen wirft dies die Frage auf, ob überhaupt ein Regelwerk auf internationaler Ebene als Rahmen genügend ausgestaltet ist. Der Münchener Erzbischof Reinhard Marx hat in diesen Tagen vielfach darauf hingewiesen, dass die Katholische Soziallehre seit längerem eine Ordnungspolitik auf Weltebene für notwendig hält, damit mehr Gerechtigkeit, Transparenz und Verantwortlichkeit geschaffen werden.[10] Dies ist eine Forderung, die nicht mehr übergangen werden kann. Denn wir kennen alle den Weisheitsspruch: *Wer aus der Geschichte nicht lernt, wird sie noch einmal erleben.*

Mit der Orientierung an Prinzipien, Werten und Normen ist es jedoch noch nicht getan. Denn das Gewissen treibt uns auch dahin, selbst neue Handlungsmöglichkeiten zu entdecken. Es kann als intuitive Erfahrung und autoritative Verpflichtung verstanden werden.[11]

---

[8] E. Schockenhoff: Wesen und Funktion des Gewissens aus der Sicht der katholischen Moraltheologie, 297.

[9] Ebd., 290.

[10] Vgl. KNA-Meldung „Erzbischof Marx: Ordnungspolitik auf Weltebene nötig" vom 09.10.2008.

[11] E. Schockenhoff: Wie gewiss ist das Gewissen? 122.

Hier können uns folgende Fragen weiterhelfen: Habe ich für meine Entscheidungssituation diese auch unbestechlich bilanziert? Mit anderen Worten: Habe ich die möglichen Alternativen mit ihren entsprechenden Folgen konsequent genug überdacht? Suche ich danach, aus der Situation für mich persönlich gut herauszukommen oder lasse ich mich in die Pflicht nehmen für eine gute Sache, für die ich auch stehen will?

So können durch eine Gewissensprüfung auch neue Horizonte des Handelns aufkommen, Gestalt gewinnen und erschlossen werden. So eröffnet sich die Möglichkeit, dass das Gewissen aus Krisensituationen neue Chancen erwachsen lässt. Hier wird aber auch deutlich, dass wir immer wieder an uns selbst arbeiten müssen, wenn wir den Herausforderungen gerecht werden wollen. Keiner kann sich zurücklehnen und sagen, dass dies für ihn nicht gilt.

Das Gewissen macht uns drittens aber auch nicht frei, alle Spielräume, die internationale oder staatliche Gesetze und Regelungen lassen, nur für uns selbst auszuschöpfen, ungeachtet dessen, was es für andere Völker, andere Menschen, die Umwelt etc. bedeutet. Auf der politischen Ebene wird hier das sichtbar, was Papst Johannes Paul II. in seiner Enzyklika „Sollicitudo rei socialis“ aus dem Jahr 1987 meinte, wenn er von „Strukturen der Sünde“[12] gesprochen hat. Mit andere Worten: Politische Ordnungen sollten verhindern, dass von ihnen falsche Anreize ausgehen.

Karl Homann, Philosoph aus München, hat diesen Gedanken mit seiner Theorie der anreizgestützten Institutionenethik untermauert. Hier liegt eine Aufgabe, die sich nicht nur auf die spektakulären politischen Themen bezieht. Dies gilt beispielsweise auch für die Sozialpolitik: Haben wir in diesem Regelungsfeld die richtigen Anreize gesetzt, damit das Prinzip „Hilfe zur Selbsthilfe“ zum Tragen kommen kann, damit der Betroffene in Freiheit Eigenverantwortung übernehmen kann? Oder bewirken unsere Gesetze und Verordnungen, dass die Betroffenen eher alimentiert werden?

Auf der persönlichen Ebene kann sich niemand hinter ungenügenden staatlichen Regeln, die zu viele Spielräume lassen, verstecken und sagen: Ich nutze nur die Möglichkeiten für mich, die mir gegeben sind. Vielmehr darf keiner sich frei machen von Orientierungen, die dem Schutz der Menschen dienen. Unsere Kultur lebt eben auch von humanen Werten, die nicht durch Gesetze und Verordnungen gesichert werden können. Das ist kein Gegensatz zur Freiheit, die dem Menschen gegeben ist. Denn menschliche Freiheit zeigt sich auf

---

[12] Vgl. Papst Johannes Paul II., Enzyklika „Sollicitudo rei socialis“ vom 30.12.1987, n. 36.

vielfache Weise als begrenzte Freiheit.[13] Deshalb sollten wir auch aufhören, zwischen den sogenannten „Gutmenschen" und anderen am Eigeninteresse orientierten Menschen zu unterscheiden, weil wir sonst in der Gefahr stehen, die verbindende Klammer in der Gesellschaft zu verlieren.

Das an humanen Werten orientierte Leben in der Gesellschaft ist Auftrag aller Gesellschaftsmitglieder. Hier sollten wir nicht übersehen, was dies auf den Staat hin gewendet bedeutet. Der berühmte Satz von Ernst-Wolfgang Böckenförde, ehemaliger Richter am Bundesverfassungsgericht, wonach der Staat von Voraussetzungen lebe, die er selbst nicht garantieren könne, behält auch in diesem Zusammenhang seine Gültigkeit. Das bedeutet: Der Staat könnte seine Aufgaben gar nicht genügend wahrnehmen, wenn er alle Spielräume im menschlichen Handeln immer mehr regeln muss, weil die Menschen diese Räume nur für sich selbst nutzen. Der Staat würde an den Regelungsnotwendigkeiten ersticken.

Nur eine humane Gesellschaft und Kultur ermöglichen einen freiheitlichen Staat, der den Menschen Freiheitsräume lässt. Dabei sind viele Wertüberzeugungen in den sogenannten Grundwerten ausgedrückt, die in unserer Verfassung festgeschrieben sind. Allein der erste Satz des ersten Artikels unseres Grundgesetzes: „Die Würde des Menschen ist unantastbar" zeigt, dass allen staatlichen Regeln eine grundlegende Orientierung am Wohl des Menschen vorausgeht. Hier wird deutlich, dass Werte und Wertüberzeugungen gelebt werden wollen, wenn sie der Orientierung für die Menschen dienen sollen.

Kardinal Lehmann hat vielfach auf diesen Zusammenhang hingewiesen und deutlich gemacht, dass neben anderen gesellschaftlichen Gruppen auch Kirche und christlicher Glaube hier einen unverzichtbaren Beitrag leisten. Denn der zwar notwendige Verweis auf die verfassungsmäßig gesicherten „Grundwerte" macht das gelebte Ethos der Bürger nicht überflüssig.

Es ist das Beispiel, das überzeugt und motiviert. Demgegenüber bleiben die „Grundwerte" zunächst abstrakt. „Überall jedoch, wo der Glaube an Gott und die Liebe zum Nächsten verkündigt werden, sittliche Weisung für den Alltag des Lebens geschieht und die Gemeinschaft der Kirche gelebt wird, werden – mindestens indirekt – auch Grundwerte gefördert und gepflegt."[14]

---

[13] Eberhard Schockenhoff: Theologie der Freiheit, Freiburg i. Br./Basel/Wien 2007, 158.

[14] Karl Lehmann: Verbindliche sittliche Maßstäbe und christliches Ethos in der modernen Gesellschaft, in: ders.: Glauben bezeugen, Gesellschaft gestalten. Reflexionen und Positionen, Freiburg i. Br./Basel/Wien 1993, 128–136, hier 135.

Schon dem Philosophen Immanuel Kant war als Kritiker der reinen Vernunft klar, dass der Rekurs auf die Menschenwürde und das mit ihm verbundene strikte Verbot, Menschen nur zum Mittel für die Interessen anderer zu machen, nicht aus menschlicher Vernunft allein verstehbar zu machen ist. Die Grenze, die er der Vernunft des Menschen aufgezeigt hat, eröffnet eine neue Perspektive für das Verständnis des Gewissens.

Sie ermöglicht zu sagen, dass der Sinn des Gewissensspruchs menschliche Sinnstiftung übersteigt und auf den transzendenten Gott verweist. Damit wird die „Gewissensforderung" für die „Glaubenserfahrung" des religiösen Menschen geöffnet. Darin liegt der entscheidende Grund, weshalb die „Stimme des Gewissens" in einem recht verstandenen Sinn auch die „Stimme Gottes" im Herzen eines Menschen genannt werden darf.[15]

Der Beitrag der Kirche besteht darin, dass sie aus dem Glauben und der langen Glaubensgeschichte Orientierung geben will. Damit leistet sie in doppelter Richtung einen Beitrag zur Gewissensbildung. Es geht um den konkreten Dienst am Menschen und füreinander und es geht um politische Ordnungen, die das Wohl des Menschen ermöglichen, stützen und fördern sollen. In der Folge hat sich die Gewissensordnung dann aber auch selbst unter diese Orientierung zu stellen.

In seiner ersten Enzyklika „Deus caritas est" hebt Papst Benedikt XVI. noch ausdrücklich hervor: „Die gerechte Ordnung der Gesellschaft und des Staates ist zentraler Auftrag der Politik. Ein Staat, der nicht durch Gerechtigkeit definiert wäre, wäre nur eine große Räuberbande",[16] wie der hl. Augustinus einmal sagte. Dabei will die Katholische Soziallehre ihren Beitrag für die Politik leisten, indem sie immer wieder auf politische Notwendigkeiten hinweist, um die ethische Orientierung an der Würde des Menschen ins Spiel zu bringen. Denn, so Papst Benedikt weiter: „Die gerechte Gesellschaft kann nicht das Werk der Kirche sein, sondern muss von der Politik geschaffen werden. Aber das Mühen um die Gerechtigkeit durch eine Öffnung von Erkenntnis und Willen für die Erfordernisse des Guten geht sie zutiefst an."[17] Wie aber können wir heute noch das Gute erkennen und benennen?

---

[15] Vgl. dazu: Peter Fonk: Das Gewissen. Was es ist – wie es wirkt – wie weit es bindet, Regensburg 2004, 191.

[16] Papst Benedikt XVI.: Enzyklika „Deus caritas est" vom 25.12.2005, n. 28.

[17] Ebd.

Abstrakt lautet die Antwort: All das, was dem Leben der Menschen dient, ist hier gemeint. Konkret stoßen wir auf Themenfelder wie Armut, Arbeitslosigkeit, Abtreibung, Bioethik[18], Präimplantationsdiagnostik oder embryonale Stammzellforschung[19], Umweltschutz und Bewahrung der Schöpfung, Bildung, Integration, Friedensbewahrung, Kindeswohl und Familienwohl[20], als auch Lebensschutz am Anfang wie am Ende des Lebens, der der Kirche besonders am Herzen liegt, weil es hier um die Schwächsten geht.

Die neuen Herausforderungen in diesen Bereichen stehen in enger Verbindung mit dem, was die Verfassung mit „Menschenwürde" benennt. Mit der Wachsamkeit für diese Themen beginnt die persönliche und öffentliche Verantwortung für „Gewissensbildung". Wenn es gegenwärtig z. B. in der Finanzkrise darum geht, dass die materiellen Bedingungen vieler Menschen weltweit wesentlich gefährdet sind, wird der ethische Zusammenhang zwischen den eigenen Einstellungen und dem Wohl und Wehe anderer Menschen – besonders der Ärmsten der Armen – bewusst.

Spekulative Märkte haben beispielsweise akute Ernährungsengpässe in der sogenannten Dritten Welt erzeugt. Sie sind also nicht einfach per se erlaubt. Sie müssen sich gegenüber Arbeitsplatzpolitik, Armutsbekämpfung etc. rechtfertigen. Das Streben nach dem schnellen hohen Gewinn hat die Handelnden blind gemacht oder sie zur Unvorsichtigkeit verleitet.

Was ist aber der Grund, wenn die Kirche diese ethischen und moralischen Herausforderungen so ausdrücklich ins Wort bringen? Es ist der uns überlieferte jüdisch-christliche Glaube, dass Gott den Menschen nach seinem Ebenbild geschaffen hat, und dass Gott zu den Menschen steht. Ja – dass der Mensch etwas Heiliges in sich trägt, das ihn gleichsam unantastbar macht. Dabei geht es um jeden Menschen unabhängig von Rasse, Klasse, Geschlecht oder auch Kultur. In diesem Sinn ist auch das Wort des jüdischen Philosophen Abraham Joshua Heschel zu verstehen: „Höchste Bedeutung ist (daher) un-

---

18 Vgl. Dietmar Mieth: Was wollen wir können? Ethik im Zeitalter der Biotechnik, Freiburg i. Br./Basel/Wien 2002.

19 Vgl. Bernhard Nacke/Stefan Ernst (Hg.): Das Ungeteiltsein des Menschen. Stammzellforschung und Präimplantationsdiagnostik, Mainz 2002.

20 Vgl. Bernhard Nacke (Hg.): Familie – Grundlage einer starken Gesellschaft. Wort der rheinland-pfälzischen (Erz-)Diözesen und ihrer Diözesan-Caritasverbände zur Situation der Familie, Freiburg i. Br./Basel/Wien ^{2}2007.

vorstellbar ohne den Sinn, der von einem höchsten Sein kommt. Humanität ohne Divinität ist ein Torso."[21]

So kann verständlich werden, dass Christen das Gewissen als Stimme Gottes verstehen. Ungeachtet der unrühmlichen Anteile aus der eigenen Kirchengeschichte liegt hier der Kern des heutigen politischen Verständnisses der universalen Menschenrechte.

Daher sind wir als Christen besonders herausgefordert, internationale Entwicklungen – wie die Finanzkrise – in ihren Wirkungen über alle Kontinente hinweg zu beachten, Vorkehrungen anzumahnen und selbst engagiert an deren Bewältigung mitzuwirken, damit sich solche Vorgänge nicht wiederholen. Eine verantwortliche Politik kommt nicht umhin, alle hierfür möglichen und notwendigen Instrumente intensiv zu prüfen und politisch umzusetzen. Dabei dürfen wir nicht vor ungewohnten Überlegungen und Konzepten zurückschrecken. Dies gilt insbesondere deswegen, weil wir hiermit vor bisher nicht da gewesenen Herausforderungen und neuen Aufgaben stehen.

Eine verantwortliche Politik braucht verantwortungsvolle Politiker. Nur wer sein Gewissen immer wieder neu schärft, erhält durch das Gewissen Impulse, die ihn die Richtung erkennen lassen. Hier setzt die Ethik des Neuen Testamentes an. Sie offenbart sich in dem, der von sich sagt: „Ich bin der Weg, die Wahrheit und das Leben."

Das Beispiel Jesu ruft den Menschen in seine Verantwortung und Freiheit. „Die wichtigsten neutestamentlichen Zeugnisse, in denen uns die Ethik Jesu entgegentritt, sind im Grunde nichts anderes als Anleitungen zu einem an der Not des Nächsten geschärften Gebrauch des Gewissens."[22]

Im Gleichnis vom Barmherzigen Samariter (vgl. Lk 10,25–37) hat Jesus die Frage des Gesetzeslehrers: „Wer ist mein Nächster?" in eine andere Frage umgewendet: „Wem kann ich zum Nächsten werden, weil er meiner Hilfe bedarf?" Nicht der Blick in Richtung Grenze, nämlich: „Wie weit darf ich gehen?" steht im Vordergrund. Jesus kehrt den Blick um und fragt: „Wie weit bin ich bereit, mich für das Gute einzubringen?"

---

[21] Abraham Joshua Heschel: Die ungesicherte Freiheit. Essays zur menschlichen Existenz, Neukirchen-Vluyn 1985, 23.; vgl. weiterführend: Franz-Peter Tebartz-van Elst: Brücken ermöglichen Bewegung. Kirche in ihrer kooperativen Verantwortung für das Gemeinwohl, in: Bernhard Nacke (Hg.): Orientierung und Innovation. Beiträge der Kirche für Staat und Gesellschaft, Freiburg i. Br. 2009, 65–69.

[22] E. Schockenhoff: Wesen und Funktion des Gewissens aus der Sicht der katholischen Moraltheologie, 297 f.

Auch hat er – beispielsweise mit den Antithesen in der Bergpredigt – selbst die ethischen Weisungen der Zehn Gebote bekräftigt und vertieft. So heißt es dort: „Ihr habt gehört, dass zu den Alten gesagt worden ist: Du sollst nicht töten. […] Ich aber sage euch: Jeder, der seinem Bruder auch nur zürnt, soll dem Gericht verfallen sein“ (vgl. Mt 5,21 f.).

Schon bei den Propheten im Alten Testament steht die Begrifflichkeit des Tötens dafür, einen Menschen in schwerer Weise wirtschaftlich auszubeuten oder ihn sozial und rechtlich zu unterdrücken, d. h. ihn in seinen Lebensmöglichkeiten drastisch zu beschneiden. Den Propheten des Alten Bundes und Jesus selbst geht es um die Verbesserung der Verhältnisse und nicht nur darum, das Schlimmste zu verhüten.

So sind die Antithesen der Bergpredigt verbindliche Orientierungszeichen für die Bildung des christlichen Gewissens, das durch sie geschärft und auf das eigentliche Ziel des christlichen Lebens ausgerichtet wird.

John Henry Newman, der große Theologe und Pädagoge des 19. Jahrhunderts, hatte wohl Recht, wenn er das Gewissen als „Ursprungsort der Gotteserfahrung“ verstand.[23] In diesem Sinn ist die Wachsamkeit von Politik und Gesellschaft für Räume des Glaubens so wichtig, in denen die Kunst des verantwortlichen Lebens vermittelt wird.

Ich danke allen, die sich in diesem Sinn in ihren Aufgaben und Zuständigkeiten als Platzhalter für eine Ethik des Lebens verstehen. Jedenfalls können wir heute dankbar feststellen, dass das Gewissen des hl. Martin eine Gesinnung in unsere Welt getragen hat, mit der Menschen gut bekleidet sind; ganz so, wie der Epheserbrief des Neuen Testamentes „Gewissensbildung“ versteht: „Zieht den neuen Menschen an, der nach dem Bild Gottes geschaffen ist in wahrer Gerechtigkeit und Heiligkeit“ (Eph 4,24)!

---

[23] Vgl. P. Fonk: Das Gewissen, 192.

2010

Die Kirche in Deutschland sieht sich angesichts offenbar werdender Fälle von sexualisierter Gewalt durch kirchliche Mitarbeiter in den letzten Jahrzehnten in der Öffentlichkeit stark angefragt. Zugleich stellt sie sich selbst der Aufgabe, Konsequenzen aus dem Geschehenen zu ziehen. Die staatlichen Organe stehen durch Bürgerproteste gegen große Bauprojekte und gegen verlängerte Laufzeiten für Kernkraftwerke vor der Frage nach veränderten Partizipationsmöglichkeiten der Menschen im Land. Die wachsende Einbeziehung deutscher Soldaten in Afghanistan in kriegerische Handlungen führt zum Nachdenken über den Sinn des Einsatzes, über die Gefährdung der Soldaten, über Verbleib und Abzug.

In diese Vielfalt gesellschaftlicher Fragen und Umbrüche hinein bedenkt der Speyrer Bischof, woran sich der Einzelne wie auch die Gesellschaft orientieren können. Als einen möglichen Ankerpunkt bietet er Überlegungen zur Kardinaltugend Tapferkeit an.

„Freiheit als Frucht der Tapferkeit“ – Gedanken über die politische Relevanz einer christlichen Tugend

Bischof Karl-Heinz Wiesemann

„Was andere meinen, auch zu meinen, ist nicht schwer.
Nur immer anders als die andern meinen, auch nicht sehr.
Weißt Du aus eigener Kraft, mit mutig stillem Wagen
dort ehrlich ja, hier ehrlich nein zu sagen,
gleich ob Dich alle loben oder keiner,
dann bist Du einer.“[1]

Diese Inschrift am Rathaus zu Ingolstadt führt direkt in das Thema ein: „Freiheit als Frucht der Tapferkeit“ – Gedanken über die politische Relevanz einer christlichen Tugend. Die zitierte Inschrift erinnert an das bischöfliche Leitwort des als Löwen von Münster bekannten Kardinal von Galen: „Nec laudibus – nec timore“ (Weder durch Lob noch durch Furcht) und nimmt die vom antiken griechischen Staatsmann Perikles überlieferte Einsicht auf: „Glück ist die Frucht der Freiheit, und die Freiheit ist die Frucht der Tapferkeit.“

Das erinnert einerseits an die 2006 gemeinsam von der Deutschen Bischofskonferenz und dem Rat der Evangelischen Kirche in Deutschland herausgegebene Schrift „Demokratie braucht Tugenden“[2] und passt zudem zu einem Empfang, der sich auf jenen volkstümlichen Heiligen bezieht, der mit der berühmten Mantelteilung Inbegriff ritterlichen Mutes und christlicher Nächstenliebe ist.

„Im Land der Mutlosen“ – so betitelte eine große Tageszeitung[3] eine kritische Analyse der Situation der Kirche insbesondere im Hinblick auf ihre

---

[1] Zit. nach Andreas Püttmann: Gesellschaft ohne Gott. Risiken und Nebenwirkungen der Entchristlichung Deutschlands, München 2010, 270.

[2] Demokratie braucht Tugenden. Gemeinsames Wort des Rates der Evangelischen Kirche in Deutschland und der Deutschen Bischofskonferenz zur Zukunft unseres demokratischen Gemeinwesens, hg. v. Kirchenamt der Evangelischen Kirche in Deutschland/Sekretariat der Deutschen Bischofskonferenz, 20. November 2006, Hannover/Bonn (= Gemeinsame Texte 19).

[3] Frankfurter Allgemeine Zeitung, 07.08.2010.

Führungskräfte. Von einem großen Reformstau ist die Rede und von dem fehlenden Mut, die Dinge konsequent anzugehen. Ähnliche Analysen begegnen uns auch im Hinblick auf den öffentlichen Raum. So schreibt der Politikwissenschaftler und Publizist Andreas Püttmann in seinem Buch „Gesellschaft ohne Gott“:

> „Vielleicht ist Tapferkeit in einer überzeugungsarmen Zeit, in der in Kirche und Staat vor allem Moderatoren, Konsensverwalter und ‚Gutmenschen‘ gesucht werden, die sich beflissen der ‚Political Correctness‘ unterwerfen und im eigenen Karriereinteresse geräuschlos funktionieren, kein Erkennungsmerkmal von Funktionseliten mehr. Doch ohne die Beherzigung dieser Tugend durch Menschen mit Rückgrat wird das Gemeinwohl Schaden nehmen.“[4]

Vor diesem Hintergrund findet die offenkundig wieder erwachte Protestbereitschaft in nicht geringen Teilen der Bevölkerung, wie sie etwa der Widerstand gegen das Projekt „Stuttgart 21“ zeigt oder auch die Demonstrationsbereitschaft der Kernkraftgegner nach dem Beschluss der Verlängerung der Laufzeiten von Kernkraftwerken, gesteigerte gesellschaftliche Aufmerksamkeit. Handelt es sich hier – nach weitgehender Politikverdrossenheit mit ständig schrumpfenden Wahlbeteiligungen – um einen erneuerten Bürgermut, der sich nicht mit den gegebenen Verhältnissen abfinden will und unmittelbar und aktiv teilhaben will an den Veränderungsprozessen unserer Zeit?

Ich will hier nicht weiter auf die gerade angesprochenen Problemfelder mit ihren komplexen Fragestellungen eingehen. Dass aber gerade in Zeiten großer gesellschaftlicher Umbrüche und Unsicherheiten die Frage nach der Partizipation der Menschen inmitten dieser Veränderungsprozesse innerhalb unseres freiheitlichen Rechtsstaates von großer Bedeutung ist, kann nicht geleugnet werden. Analoges gilt für die Kirche mit ihrem eigenen Auftrag und Selbstverständnis inmitten dieser Gesellschaft. Für uns geht es dabei nicht zuletzt um die Überwindung einer schwerwiegenden Glaubwürdigkeitskrise, die naturgemäß die Kirche, die ja von ihrer innersten Wirklichkeit her auf Glauben und Vertrauen angelegt ist, in besonderer Weise trifft. Der von uns Bischöfen in Fulda initiierte, gesellschaftlich breit anzulegende Dialogprozess ist ein erster, wichtiger Schritt, diese Krise anzugehen und Wege in die Zukunft aufzuzeigen.

Will man aber nicht Dialog nur um des Dialoges willen führen – wie auch Protest um des Protestes willen sinnlos, ja zerstörerisch ist –, so rückt

---

[4] A. Püttmann: Gesellschaft ohne Gott, 270.

eine fast vergessene Tugend wieder in den Blickpunkt: die Tapferkeit als der Mut zur Überzeugung, auch wenn ich dadurch Nachteile in Kauf nehmen müsste. Gerade das Letztere ist entscheidend. Ausgerechnet in der Form der soldatischen Haltung sind wir gesellschaftlich mit der unausweichlichen Frage nach der Tugend der Tapferkeit wieder konfrontiert worden in dem Moment, als wir aus unserer nationalen Behütetheit aktiv mit in die internationalen Konfliktherde einbezogen wurden – und die ganze abgründige Wirklichkeit uns mit ihren komplexen Fragestellungen und konkreten Einsätzen auf Leben und Tod unausweichlich bis in unsere Familien, aus denen unsere Soldaten stammen, erreicht hat. Spätestens hier stellt sich die Frage, was das denn sei: Tapferkeit, Mut, und wie diese Tugend recht zu verstehen ist, auf neue eindringliche Weise. Dass wir weit über die Frage nach den Auslandseinsätzen unserer Soldaten und ihrer je konkreten Sinnhaftigkeit hinaus um unserer Zukunft willen Menschen mit Rückgrat, mit Courage, nicht nur mit Pflichtbewusstsein, sondern mit Zivilcourage, mit wahrheitssuchender und der Wahrheit verpflichteter Überzeugungskraft auf allen Ebenen brauchen, das zeigt sich gerade in Umbruchsituationen, in denen sich vorherige gesellschaftliche Selbstverständlichkeiten auflösen und die Räume der Gesellschaft, ihrer tragenden Institutionen, Leitvorstellungen, Rituale usw. einem neuen Machtspiel unterworfen sind. Hier wird Freiheit nur durch Tapferkeit und Mut errungen. Nur die Überzeugung, die sich in den Wahrheitshorizont stellt, sich diesem verpflichtet weiß und daraus handelt, kann Freiheit im umfassenden Sinn sichern. In der Sprache des Glaubens heißt das: Der Zeuge (griechisch: martys) öffnet das Tor zur gelebten und erwirkten Freiheit. Solche Art der Rückgratbildung und -stärkung, bei der es darauf ankommt, was der Einzelne bereit ist für seine Überzeugung einzusetzen, kann allein der Vermassung der Gesellschaft und der damit unmittelbar gegebenen Manipulationsgefahr wie auch dem Auseinanderreißen des gesellschaftlichen Zusammenhaltes in pure Interessensphären und Lobbys Einhalt gebieten. Nur eine mutige und daher nicht in den Privatbereich zurückzudrängende Kultur der Überzeugung kann mit einem umfassenden Begriff von Freiheit jener „Diktatur des Relativismus“ entgegentreten, von der Papst Benedikt XVI. gleich am Anfang seines Pontifikates gesprochen hat.

Daher will ich im Folgenden dem christlichen Verständnis der Tapferkeit als dritter der vier klassischen Kardinaltugenden (Klugheit, Gerechtigkeit, Tapferkeit und Maß) mit drei Überlegungen nachgehen.

1. Der transzendente Horizont der Tugend der Tapferkeit

„Tapferkeit darf sich selbst nicht trauen." Diesen erstaunlichen Satz finden wir beim heiligen Kirchenlehrer Ambrosius.[5] Das meint nicht, dass gesundes, mutiges Selbstvertrauen abzulehnen sei. Damit soll im Gegenteil darauf verwiesen werden, dass es *gerade nicht* gesundem Mut entspricht, in blinder Weise riskant zu leben. Der Inhalt der Tapferkeit überschreitet die Tugend selber, sie muss von anderer Seite informiert werden, wofür es sich wahrhaft lohnt, tapfer mit allen Konsequenzen einzustehen. Der Draufgänger, der Tollkühne, der nur aus dem Bauch heraus riskant Spekulierende, der alle Vernunft und vor allem alle Gerechtigkeit hintanstellt bei seinen Manövern, die nicht nur ihn selbst, sondern auch unzählige Andere mit in den Ruin, vielleicht gar in den Tod ziehen könnten, hat nichts mit der Tugend der Tapferkeit, der „fortitudo", wie es klassisch heißt, gemein. So jemand ist nicht mutig oder stark, sondern gierig oder wahnsinnig oder besessen. Dazu reicht es, auf die in der Menschheitsgeschichte unzähligen, als Kanonenfutter regelrecht verfeuerten Soldaten in unsinnigen oder längst verlorenen Kriegen hinzuweisen. Aber auch aus unserem alltäglichen Leben kennen wir diesbezügliche Beispiele, bis hin zu den Wahnsinnsspekulationen, die die letzte weltweite Wirtschafts- und Finanzkrise ausgelöst haben.

Diese Art der blinden oder (durch Macht, Gier, Angst etc.) blind gemachten Risikobereitschaft darf nicht mit dem schöpferischen Typus des echten Wagemutigen verwechselt werden, der – oftmals gegen äußere Wahrscheinlichkeiten und gegen unüberwindlich scheinende Widerstände – aus einer überrationalen Kraft, sozusagen aus dem Instinkt heraus handelt. Vieles im unternehmerischen Bereich, aber auch im Bereich politischer, sozialer, kultureller und religiös motivierter Initiativen entsteht genau nur so – und die Vitalität einer Gesellschaft, ihre Zukunftsfähigkeit hängt nicht wenig von solchen Persönlichkeiten mit umfassender Kraft zur Initiative ab. Aber an diesen Beispielen wird deutlich, wie wichtig gerade hier die unterscheidende Frage ist, wodurch dieser „Instinkt" informiert wird. Funktioniert das Gewissen? Handelt es sich um eine gerechte Sache? Stellt man sich aufrichtig, „ehrbar" der Wirklichkeit? Wird man blind oder bleibt man klug, das heißt vernunft- und wirklichkeitsbezogen, in einem solchen Prozess? Übernimmt

[5] Zit. aus: Josef Pieper: Das Viergespann. Klugheit, Gerechtigkeit, Tapferkeit, Mass, München 1964, 172.

man darin persönliche Verantwortung, und auf welche Letztinstanz hin ist sie ausgerichtet?

Die klassische Tugendlehre setzt daher die Tapferkeit auf den dritten Rang der Kardinaltugenden. Ohne die Klugheit als Wahrheits- und Wirklichkeitsbezug, als innerer Kampf gegen die Bestechlichkeit des Geistes und der konkreten Wahrnehmung, und ohne die Gerechtigkeit als Unbestechlichkeit des Willens und der konkreten Tat, kann der Mut sinnlos zerstörerisch wirken und zum Hebel des Bösen werden.

Das Gute setzt sich nicht von selber durch. Gerade deshalb braucht es die Tapferen, die Mutigen. Und das Gute, das Wahre und Gerechte, für das es sich lohnt, alles einzusetzen, überschreitet immer den Horizont alles gesetzlich und staatlich Regelbaren, so wichtig es ist, dass der Staat wie auch das freie Subjekt sich immer neu an der erkannten Wahrheit und Gerechtigkeit ausrichten. Aber weder der Staat noch das autonome Subjekt können und dürfen sich selbst an die Stelle des Guten, Wahren und Gerechten setzen. Hier liegt der im Ansatz totalitäre Irrtum des ideologischen Laizismus.

Daher scheint es mir wichtig, dass wir in der ganzen aktuellen Debatte um das Verhältnis von Gesellschaft und Religion sehr genau differenzieren. Wenn etwa Christian Lindner, Generalsekretär der FDP, die von ihm geforderte Privatisierung des religiösen Glaubens verbunden mit der Rückkehr zu republikanischen Tugenden mit dem Satz erläutert: „Zur Bürgertugend gehört die unbedingte Akzeptanz des Staates, seiner Gesetze und Repräsentanten“[6], dann kann ein solches sprachliches Einspielen des „Unbedingten“ naiv in die Argumentation geflossen sein. Christen jedoch horchen hier sehr genau auf. Für Christen ist die Loyalität zum Staat, in dem sie leben, auch dann eindeutig eingefordert, wenn dieser kein christlicher Staat ist. Diese Loyalität ist, wie in Röm 13 beschrieben, sehr weitgehend, hat aber eine entscheidende Grenze, weil man „Gott mehr gehorchen muss als den Menschen“ (Apg 5, 29). Der Hebräerbrief weist aus der Situation der frühen Christenheit eindringlich daraufhin: „Wir haben hier keine bleibende Stadt, sondern die künftige suchen wir.“ (Hebr 13,14) und Paulus schreibt in der Gefangenschaft mit gefesselten Händen: „Unser Staatswesen ist im Himmel“ (Phil 3,20). Papst Benedikt XVI. führt diesbezüglich aus:

„In Wahrheit ist es gerade diese ‚eschatologische‘ Haltung, die dem Staat sein eigenes Recht garantiert und zugleich dem Absolutismus wehrt, indem sie die Grenzen

[6] Christian Lindner: Eine republikanische Offensive, in: Frankfurter Allgemeine Zeitung, 18.10.2010.

sowohl des Staates wie der Kirche in der Welt aufzeigt. Denn wo diese Grundhaltung eingenommen wird, da weiß die Kirche, dass sie hier nicht selbst Staat sein kann ... Zugleich aber setzt sie der Allmacht des Staates eine Barriere: Weil man ‚Gott mehr gehorchen muss als den Menschen' (Apg 5,29) und weil sie aus Gottes Wort weiß, was das Gute und was das Böse ist, ruft sie zum Widerstand da, wo das eigentlich Böse, das Gottwidrige befohlen würde ..."[7]

Tugend, insbesondere die Tugend der Tapferkeit, muss von etwas informiert werden, was sie selbst überschreitet. Da Tugend, wie schon die alten Griechen sagten, immer auf das „Äußerste", auf das Letztentscheidende geht, kann der Staat selber nicht der unbedingte Rahmen der Tugend sein, denn bei aller loyal verpflichtenden Bedeutung ist und bleibt der irdische Staat das Vorletzte. Wir bleiben verwiesen insbesondere auf das Gewissen und, wie die Väter und Mütter des Grundgesetzes aus historischer Erfahrung festgeschrieben haben, auf die Verantwortung vor Gott.

2. Das Martyrium als Bewährung der Tapferkeit

Wenn ich gerade ausgeführt habe, dass Tugend von ihrem inneren Wesen her immer auf das Äußerste, das Letztentscheidende ausgerichtet und, wie die klassische Philosophie sagt, das „ultimum potentiae" sei, dann wird man einwerfen, ob das nicht arg hoch angesetzt ist. Wäre es nicht schon ein großer Fortschritt, wenn jeder ein bisschen klüger, ein bisschen gerechter, ein bisschen tapferer usw. würde, eben ein einigermaßen ordentlicher Bürger? Muss es denn gleich das Martyrium sein?

Da kann vielleicht der heilige Martin weiterhelfen, denn er war der erste Nicht-Märtyrer, den die Kirche dennoch als Heiligen, als Vorbild verehrt – und zwar seit ältesten Zeiten als besonders tugendhaften Menschen, der gerade in der ganz alltäglichen Mühe und Arbeit vorbildlich war, in den kleinen unscheinbaren Situationen, wie eben in jener mit dem Bettler vor den Toren Amiens. Daher steht eine Szene am Ende seines Lebens zusammenfassend und symbolisch für das Ganze dieser heilig-alltäglichen Tugendhaftigkeit in den kleinen, aber nicht weniger Kraft und Einsatz kostenden Dingen: Der über 80-jährige Bischof von Tours macht sich trotz des hohen Alters auf, weil in einer seiner Pfarreien der Klerus wieder einmal zerstritten war. In der Vita des

[7] Joseph Kardinal Ratzinger: Wahrheit, Werte, Macht. Die pluralistische Gesellschaft im Kreuzverhör, Frankfurt a. M. 1999, 91 f.

hl. Martinus von seinem Zeitgenossen Sulpicius Severus heißt es: „Obwohl er wusste, dass seine Tage zu Ende gingen, weigerte er sich nicht, ... die Reise zu unternehmen. Er hielt es für einen guten Abschluss seines Tugendlebens, der Kirche den wiederhergestellten Frieden zu hinterlassen.“ Bei dieser mühseligen Kleinarbeit verlassen ihn unmittelbar nach erfolgreichem Abschluss die körperlichen Kräfte, und er eröffnet den umstehenden Brüdern, dass er sterben müsse. Diese aber wenden sich bewegt an ihn, dass er doch noch bei ihnen bleiben müsse, weil seine Tugendhaftigkeit im Kleinen und Alltäglichen den Wolf gehindert habe, in die Herde einzufallen. Und der ausgezehrte Mann, so die Vita, habe geantwortet: „Herr, wenn ich deinem Volk noch nötig bin, verweigere ich nicht Arbeit und Mühsal. Dein Wille geschehe.“ Das bewegt den Chronisten zum Ausruf: „Was für ein bewundernswerter Mann! ... Er fürchtete sich nicht zu sterben und weigerte sich nicht zu leben.“[8]

Damit ist das innerste Wesen christlicher Tapferkeit auf den Punkt gebracht – und gleichzeitig das christliche Verständnis vom Martyrium, weshalb die Kirche in diesem Heiligen der alltäglichen Mühsal und Verantwortungsbereitschaft die innere Haltung des Märtyrers wiedergefunden hat, gerade in der hier ausgesprochenen Bejahung und Annahme des irdischen Lebens. Anders ausgedrückt: Auch, ja vielleicht gerade in den kleinen, alltäglichen tugendhaften Akten, in der Treue im Kleinen, die Widerstände und Mühsal hinnimmt, zeigt sich der große, aufs Äußerste gehende Bogen der Tugend. Er zeigt sich gerade in der Beständigkeit, die sich auch nach einem Schwachwerden wieder neu ausrichtet. Nicht, dass wir keine Helden sind, ist das Problem, sondern dass wir unsere Mittelmäßigkeit, unser Unvermögen, konsequent das Gute, das Wahre, das Gerechte zu verwirklichen, zum unbefragten Teil unseres Wesens und Daseins deklarieren – und uns selbst damit unwahr und ungerecht und daher widerlich biegsam machen. Dahinter steht die Angst vor dem Martyrium oder die generelle Ablehnung des Martyriums als innerste Konsequenz. Nicht, dass das Martyrium zu suchen und anzustreben wäre, sondern es ist die entscheidende Probe auf das Exempel, ob ich ehrlich bin. Es gibt Situationen, da steht alles in Frage – und ich muss um meiner Wahrhaftigkeit willen mich verwundbar machen und Verwundungen akzeptieren, eventuell auch tödliche. Das Evangelium jedenfalls weiß von diesen Zusammenhängen, wenn Christus sagt: „Wer sein Leben bewahren will, wird es verlieren, wer es aber verliert, wird es gewinnen.“ (Lk 17,33) Und: „Fürchtet

---

[8] Sulpicius Severus: Epistola (De excessu s. Martini), hier zitiert aus dem Lektionar II/8 zum Stundenbuch, 294 f.

euch nicht vor denen, die den Leib töten, die Seele aber nicht töten können, sondern fürchtet euch vor dem, der Seele und Leib ins Verderben der Hölle stürzen kann." (Mt 10, 28)

Der Philosoph Josef Pieper schreibt: „Tapferkeit setzt Verwundbarkeit voraus, ohne Verwundbarkeit gibt es noch nicht einmal die Möglichkeit der Tapferkeit ... Die äußerste und tiefste Verwundung aber ist der Tod. Und auch die nicht tödlichen Verwundungen sind Bilder des Todes; diese äußerste Versehrung ... ist in allen vorletzten gespiegelt und wirksam."[9] Pieper veröffentlicht sein kleines Büchlein über die Tugend der Tapferkeit übrigens 1934. In seiner späteren Autobiographie „Noch wußte es niemand" bemerkt er die Kuriosität, dass das Buch, „vermutlich rein um des Titels willen, auf die Liste der vom ‚Stellvertreter des Führers' empfohlenen Bücher geriet"[10], was offenkundig nach Entdecken des Missverständnisses ziemlich schnell rückgängig gemacht wurde. Es ist eine glatte Abrechnung mit dem falschen Heroismus der Nazi-Ideologie. Tapfer ist danach nicht der Stahlharte und Unberührbare, der „heldenhaft" über Leichen geht, sondern der sich aus einem höheren Gut, um der Wahrheit und der Gerechtigkeit willen, verwundbar macht. Tapferkeit macht danach nicht furchtlos, sondern schließt im Gegenteil „eine bestimmte Art von Furchtlosigkeit geradezu aus, nämlich jene Furchtlosigkeit, die auf einer falschen Einschätzung und Bewertung der Wirklichkeit beruht."[11] Damit beschreibt und ermutigt Pieper die Tapferkeit des Widerstands. Und in dem gelebten Kontext seiner Schrift war es unmittelbar einleuchtend, warum jede, selbst die kleinste Regung der Tapferkeit tödliche Gefährdung mit einschloss. Eine Tapferkeit ohne solche Bereitschaft ist nach Pieper „in der Wurzel verdorben und ohne Wirklichkeitsmacht."[12]

Eine gewisse Erinnerung an diese Urbeziehung von Tapferkeit und Todesbereitschaft lebt in allen Mutproben, wie sie Kinder oder Jugendliche durchführen, und die heute nicht selten das „ultimum potentiae" im abgründigen und gar nicht mehr naiven Spiel ausreizen wollen. Die Erinnerung lebt auch in den unzähligen Varianten von extremen „Kicks", die sich die Wohlstandsgesellschaft als todesnahe Spielwiese des Lebens installiert. Immer extremer müssen die Herausforderungen sein, immer näher an die absolute Lebensgefährdung muss man tangential herankommen, um noch Lebendigkeit zu

---

[9] J. Pieper: Das Viergespann, 165.

[10] Josef Pieper: Noch wußte es niemand. Autobiographische Aufzeichungen 1904–1945, München 1976, 118f.

[11] Ders.: Das Viergespann, 177.

[12] Ebd., 166.

spüren. Ein solches Phänomen ist auch das so genannte Koma-Saufen bei Jugendlichen und jungen Erwachsenen.

Wenn einer Gesellschaft in breiter Masse die transzendenten Werte fehlen, für die es sich sinnvoll, mit Klugheit und Gerechtigkeit einzusetzen lohnt, oder wenn man nicht mehr erlebt, dass jemand alles dafür einzusetzen bereit ist – Treue etwa, bis der Tod uns scheidet –, dann wird die Todesgrenze spielerisch herbeigeführt und im zynischen Spiel des verlorenen Sinnes werden die vitalen Kräfte bis in die Todesnähe und darüber hinaus ausgereizt. Der extreme, von der Vernunft abgekoppelte Kick wird so zum Todesspiel in der krank gewordenen Erinnerung daran, dass es etwas geben muss, für das es sich zu leben und zu sterben lohnt.

Der rein vitale Lebensmut reicht als Letztkriterium für das Leben und somit auch für die Bestimmung von dessen Anfang und Ende nicht aus. Denn im Todesspiel des Lebens wird ständig das Jenseits der Grenze befragt. Die Tugend als Weg zu einem sinnvollen Leben, als Ertüchtigung zum Leben muss sich dieser Grenze stellen, nicht aus Lust am Spiel, sondern aus Liebe zur Wahrheit. Und insofern die Tapferkeit, der Mut gerade mit dieser Ertüchtigung zuinnerst zusammenhängt, stellt sich bei dieser Tugend im lebendigen Vollzug *die vitale, die moralische und die mystische Frage* nach dem Letzten von Leben und Tod. Und nur wenn diese Tugend inhaltlich informiert wird durch einen Sinn, der hier noch Antwort gibt, kann sie ihre lebensbejahende und todesmutige Kraft entfalten.

Auch in dieser vertieften Perspektive wird deutlich: Rein staatliche Tugenden abgekoppelt von jedem transzendenten Zusammenhang gibt es letztlich nicht. Sie fallen wie eine Chimäre in sich zusammen – und es bleibt nicht selten der narzisstische Egoismus oder ein zynischer Vitalismus, dem das menschliche Angesicht abhanden gekommen ist. Dagegen können wir im gekreuzigten Christus das Menschenbild erkennen, in dem über das Vitale und auch über das moralisch Machbare und Forderbare hinaus jeglicher Tugend ein im Letzten erprobter Sinn verliehen ist, der zur Tapferkeit und zur Geduld als nachhaltigster Verwirklichung der Hoffnung befähigt.

Er, der gekreuzigte Christus, ist die Korrektur jedes seichten Spießbürgertums mit dem Fähnchen im Wind des Relativismus wie auch jedes falschen Märtyrertums als unverantwortliches, zynisches Spiel mit dem Tod – und, denken wir nur an die verschiedenen Formen von Terrorismus, gleichermaßen unverantwortliches, zynisches Spiel mit dem Leben vieler willkürlich mit hineingezogener Menschen. Ich bin davon überzeugt, dass es ein Fehler ist, wenn wir das Bild des Menschen, das hier notwendige Korrektur und ermutigende

Hoffnung gibt, aus öffentlichen Räumen verbannen würden. Selbst wenn jemand nicht an den gekreuzigten Christus als von Gott Gesandtem glaubte, hätte er dann nicht ein besseres Bild für diese letzte Erprobung und Bewährung der gefährdeten Freiheit und damit auch einer freiheitlichen Ordnung?

3. Die Verwirklichung der Tapferkeit in Angriff und Standhalten

Mit der Geduld, der „Hypomone", erreichen wir den letzten Punkt unseres Gedankengangs. „Hypomone", so schreibt Papst Benedikt in seiner Enzyklika *Spe salvi* über die Hoffnung, „wird gewöhnlich mit ‚Geduld' übersetzt – Ausdauer, Standhalten ... Es bezeichnet so gelebte Hoffnung, Leben aus der Hoffnungsgewissheit heraus."[13]

Damit stellt sich aber auch eine letzte Frage: Ist das Bild des gekreuzigten Dulders, der sich bis zuletzt nicht von der gewaltsamen Macht beugen lässt, wirklich das entscheidende Inbild von Tapferkeit und Mut als tragfähiges Rückgrat für die Gesellschaft?

In der Tat wird dem Christentum ja spätestens seit der marxistischen Kritik im 19. Jahrhundert ein innerweltlicher Passivismus vorgeworfen: erdulden statt verändern. Und der Institution Kirche wird in Folge ein Hang zur Bewahrung statt zu mutigen Reformen vorgeworfen, bei dem die Angst vor dem Machtverlust religiös verbrämt wird.

Damit kommen wir zu der grundsätzlicheren Frage, worin denn die Tapferkeit sich am deutlichsten erweist: im Standhalten oder im Angriff? Fehlt den Christen das notwendige Zornpotential, um eine aktuelle philosophische Auffassung aufzugreifen? Tötet es das vitale Moment, das im Zorn wie auch im als Konkurrenzkampf verstandenen Neid wesentliche Motivationsenergie bereitstellt, zugunsten einer Verklärung des Duldens und Leidens? Ja, schließen sich christlicher Gottesglaube und moderne Existenz nicht eigentlich gegenseitig aus, wie der Soziologe Gerhard Schulze insinuiert? Die „Härte der Entzauberung" trifft den metaphysischen „Wellness-Faktor":

„Der vormodernen Sehnsucht ‚nach Obdach und beschützender Aufsicht' entspricht das biblische Gleichnis vom guten Hirten, der sich der verloren gegangenen Schafe

[13] Papst Benedikt XVI.: Enzyklika Spe Salvi an die Bischöfe, an die Priester und Diakone, an die gottgeweihten Personen und an alle Christgläubigen über die christliche Hoffnung, hg. v. Sekretariat der Deutschen Bischofskonferenz, 30. November 2007, Bonn [3]2008 (= Verlautbarungen des Apostolischen Stuhls 179), n. 9.

annimmt und sie zur Herde zurückführt … ‚Gott ist tot‘ bedeutet: die Herde ist weg, der Pferch ist weg, der Hirte ist weg, ich bin auf mich allein gestellt.“[14]

Damit rückt eine neue Art heroischen Daseins zusammen mit dem auf sich selbst zurückgeworfenen Vitalinteresse in den Vordergrund: „das Streben nach guten Gefühlen, der Ärger über das Misslingen eigener Glücksprojekte und der Neid auf den Glückserfolg des Nächsten“[15], alles Dinge, die in den antik-christlichen Tugend- und Lasterkatalogen bekämpft würden, die aber für die Aufklärung und Verbesserung der Lebenslage breiter Schichten konstitutiv seien.[16]

Natürlich gibt es auch Einsprüche gegen solche Art modernen Heroismus und es werden die Schattenseiten einer solchen Überbetonung des autonom Vitalen gesichtet. Alain Ehrenberg z. B. schreibt: „Depression und Sucht sind wie die Vorder- und Rückseite des souveränen Individuums, des Menschen, der glaubt, der Autor seines eigenen Lebens zu sein, während er doch Subjekt im doppelten Sinn ist: Souverän und Untertan bleibt.“[17]

Ich kann an dieser Stelle die ganze, den Lebensnerv der Gesellschaft betreffende Diskussion nicht entfalten. Stattdessen will ich mit kurzen Gedanken skizzieren, wie das genuin christliche Verständnis der Tapferkeit sich in diesem Gesamtkontext präsentiert.

Zunächst einmal ist die Entscheidung zwischen Angriff und Standhalten in Geduld in konkreten Situationen nicht einfach, schon gar nicht evident. Woran fehlt es unserer demokratischen Gesellschaft mehr: daran, dass es zu wenige Menschen gibt, die sich aufmachen und ihren Protest in die Öffentlichkeit, auf die Straße tragen, oder daran, dass es zu viele gibt, die sich von jeder lauten Lobby beeinflussen lassen, nur nach der Gunst der Masse schauen und ihre Überzeugungen ständig anpassen, wo doch Standhalten, auch unter Inkaufnahme von Nachteilen wie eventuellen Wahlniederlagen, geboten wäre? Welche Haltung sichert unsere Freiheit und Zukunftsfähigkeit mehr?

Im christlichen Verständnis der Tapferkeit gehören beide Haltungen zusammen. Ja, sie stehen in einem engen, inneren Zusammenhang. Die mittelalterliche Theologie, wie wir sie beim hl. Thomas von Aquin finden, kannte

---

[14] Gerhard Schulze: Die Sünde. Das schöne Leben und seine Feinde, München/Wien 2006, 20.

[15] Ebd., 13.

[16] Vgl. hierzu auch Robert Hettlage: Gesellschaftliche Entwicklung und moderner Habitus, in: Alfred Bellebaum/Detlef Herbers (Hg.): Die sieben Todsünden. Über Laster und Tugenden in der modernen Gesellschaft, Münster 2007, 259 f.

[17] Alain Ehrenberg: Das erschöpfte Selbst. Depression und Gesellschaft in der Gegenwart, Frankfurt a. M. 2004, 227.

selbstverständlich beide Seiten der Tapferkeit, die passive, duldende und die aktive, angreifende – und zwar genauer gesagt ist für sie beides aktiv und passiv. Denn der geduldig Standhaltende ist ja nicht einer, der wahllos Übel und Verwundungen hinnimmt. „Geduldig", sagt der hl. Thomas, „ist nicht, wer das Übel nicht flieht, sondern wer sich dadurch nicht zu ungeordneter Traurigkeit hinreißen lässt." Josef Pieper schreibt: „Geduld bedeutet nicht den Ausschluss von energisch zupackender Aktivität, sondern just und ausschließlich den Ausschluss von Traurigkeit und Verwirrung im Herzen."[18] Sehr genau sagt der hl. Thomas: „Durch die Geduld hat der Mensch seine Seele in Besitz." Anders gesagt, er lässt sich nicht verfälschen, sondern trägt auch unter Widerständen die erkannte Wahrheit durch. Umgekehrt ist auch der tapfere Angriff nicht nur aktiv. Das wäre Protest um des Protestes (oder vielleicht gar der Randale) willen, Aktivität um der Aktivität willen (weil man sich nur so „up to date" fühlt), Veränderung um der Veränderung (oder vielleicht auch der Selbstdarstellung) willen. Jeder, der angreift, muss bereit sein, dafür auch etwas zu erleiden, und nur in dieser Leidensbereitschaft erweist sich ihm die Wahrhaftigkeit seines Protestes, seines Angriffs – ob er sich in etwas hineingesteigert hat oder ob es wirklich um eine gerechte Sache geht, deren Konsequenzen er auch mitzutragen gewillt ist.

Die mittelalterliche Theologie konnte beide Seiten der Tapferkeit ins Äußerste der Tugend hinein denken und vollziehen. Es war nicht das Christentum mit seinem Glauben an das ewige Leben, sondern einerseits ein gewisser stoischer Spiritualismus mit seiner Abwertung der geschaffenen Welt und andererseits eine gewisse bieder-brave Bürgerlichkeit mit ihrem Horizont eines äußerlich anständigen Lebens, die beiden Seiten der Tapferkeit die Spitze abgebrochen haben. So mag es vielleicht verwundern, dass Thomas von Aquin dem gerechten Zorn eine durch und durch positive Beziehung zur Tapferkeit zuschreibt. Thomas schreibt: „Fortis assumit iram ad actum suum" – „Der Tapfere nimmt den Zorn auf in seinen Akt, vor allem in den Angriff; ‚denn es ist dem Zorn eigentümlich, das Übel anzuspringen, und so wirken Tapferkeit und Zorn unmittelbar ineinander.'"[19] Mut, Selbstvertrauen und Zuversicht gehören somit in das Innerste der Tapferkeit, eine entschlossene Tatkraft, das Übel und das Not-Wendige wirklich anzugehen, bis hin zum Äußersten jenes Zornes, wie wir ihn etwa bei der Tempelreinigung auch bei Jesus selbst finden (vgl. Mt 21,12–17). Diese höchste, das Übel anspringende Entschlossenheit

---

[18] J. Pieper: Das Viergespann, 182.
[19] Ebd., 183.

muss sich jedoch auf ein entsprechend hohes Gut beziehen und darf nicht einfach vitaler Ausbruch sein.

Dennoch ist das Eigentliche der Tapferkeit, wie Josef Pieper ausführt, „nicht Angriff, nicht Selbstvertrauen und nicht Zorn, sondern Standhalten und Geduld.“[20] Nicht weil das letztere grundsätzlich besser und vollkommener wäre als das erstere, sondern weil es zur „conditio humana“, zur Daseinsweise des Menschen und unserer Welt, gehört, dass alles Gestalten, Kämpfen und zum Guten hin Bewegen seine Bewährungsprobe im Aushalten und Standhalten gegenüber den Widerständen erfährt und alle Wirkmächtigkeit nur im geduldigen Durchdringen oberflächlicher Plausibilitäten gelingt, so dass „die äußerste Kraft des Guten in der Ohnmacht sich erweist.“[21] „Siehe, ich sende euch wie Schafe mitten unter die Wölfe“, sagte Christus seinen Jüngern (Mt 10,16). Diese Situation hat sich bis heute nicht verändert.

Worin liegt die Kraft, die eine Gesellschaft zusammenhält? Letztlich ist es ihr Mut zur Zukunft, der Resignation überwindet und gemeinsame Perspektiven schafft. Dieser Mut aber hängt von der Tugend der Tapferkeit ab – und von Menschen, die dieser Tugend auf den Grund gehen. Wie sagte noch der alte Grieche Perikles: „Das Glück ist die Frucht der Freiheit, und die Freiheit ist die Frucht der Tapferkeit.“

---

[20] Ebd., 184.
[21] Ebd.

B. Soziales und Soziallehre

1989

Die Frage nach der konkreten Ausformung, wie Staat und Gesellschaft, aber auch wie größere und kleinere (politische) Einheiten wechselseitig aufeinander bezogen sein sollen, lässt sich nicht statisch beantworten. Zu vielfältig sind gesellschaftliche Veränderungen, zu variabel müssen staatliche Antworten hierauf sein. Durchaus bedeutsam ist jedoch, dass die katholische Soziallehre hierzu ein Prinzip bereit hält, welches als Richtschnur in dieser Frage der Ausgestaltung angesehen werden darf. Das sogenannte Subsidiaritätsprinzip möchte Eigenverantwortungen möglichst vor Ort belassen, es fordert eine Hilfestellung der größeren Einheit dort, wo eine hinreichende Wahrnehmung solcher Verantwortung nicht mehr möglich ist. In seinen Ausführungen erinnert der Mainzer Bischof vor dem Hintergrund vorangegangener wichtiger Entwicklungen im Bereich der Wohlfahrtspflege sowie im Blick auf anstehende Entwicklungen der Verwaltung in Rheinland-Pfalz an dieses Prinzip.

Anmerkungen zu Sinn und Gebrauch des Subsidiaritätsprinzips

Karl Kardinal Lehmann

Das Subsidiaritätsprinzip erschien vor Jahrzehnten als Mode und als Mythos zugleich. Dennoch hatte dieser Grundsatz eine außerordentliche Ausstrahlungskraft. Auch wenn das Grundgesetz kein ausdrückliches Bekenntnis zu diesem Prinzip abgelegt hatte, so meinte man, seinen Gehalt in den verschiedensten Verfassungsbestimmungen wiederzuerkennen. Der Rechtsstreit um das Bundessozialhilfe- und Jugendwohlfahrtsgesetz vor dem Bundesverfassungsgericht in den 60er Jahren hat zwar keine Grundsatzentscheidung gebracht, aber die Diskussion um dieses Prinzip auf die höchste, besonders maßgebliche Stufe gehoben. In der Tat geht die Frage darauf, in welcher Weise Staat und Gesellschaft einander zugeordnet sind. Immer wieder flackert die Auseinandersetzung neu auf. Dies gilt auch für unser Land – nicht zuletzt in jüngster Zeit.

Das Wort „Subsidiaritätsprinzip" ist vom Begriff her vielleicht neu, aber die Erkenntnis, die dieser Grundsatz ausspricht, ist eine „uralte Vernunfteinsicht und Erfahrungsweisheit des Menschengeschlechts" (O. von Nell-Breuning). Das Wort ist zweifellos auch nicht besonders glücklich, besonders in unserem Sprachbereich, da es ein fast unausrottbares Missverständnis in sich birgt. Dem Wort „subsidiär" haftet nicht selten die abschätzige Bedeutung „behelfs- oder ersatzmäßig" an, und zwar im Sinn von „Lückenbüßer" oder Notbehelf. Dies wäre völlig falsch. Beim Subsidiaritätsprinzip geht es nicht um die Regelung bestimmter und besonderer Ausnahmefälle, die sich aus der fehlenden Eigentätigkeit ergeben. Die Gültigkeit des Prinzips ist viel umfassender. „Subsidium" heißt Hilfestellung, Hilfsleistung, ja noch etwas moderner interpretiert „Hilfe zur Selbsthilfe". Das Subsidiaritätsprinzip fordert nämlich, jede Hilfe solle echte Unterstützung sein, dürfe also das hilfsbedürftige Glied nicht bevormunden oder entmündigen, sondern solle ihm zur vollen Entfaltung seiner Anlagen und Kräfte helfen. Was der engere Lebenskreis seinen Gliedern erfüllen kann, soll die höhere Instanz ihm nicht entziehen, sondern ihm überlassen und gegebenenfalls eher behilflich sein. Auf diesem Weg wird mehr Selbstbeteiligung ermöglicht.

Unter dem neuen Namen „Subsidiaritätsprinzip“ findet sich unser Grundsatz vor allem in der Sozialenzyklika „Quadragesimo anno“ von Pius XI. (15. Mai 1931). Seither wird der Grundsatz meist im Sinne dieser Aussage verstanden. Die entscheidende Passage, die auch in späteren lehramtlichen Texten verwendet wird, heißt:

„Wenn es nämlich auch zutrifft, was ja die Geschichte deutlich bestätigt, daß unter veränderten Verhältnissen manche Aufgaben, die früher leicht von kleineren Gemeinwesen geleistet wurden, nur mehr von großen bewältigt werden können, so muß doch allzeit unverrückbar jener oberste sozialphilosophische Grundsatz festgehalten werden, an dem nicht zu rütteln noch zu deuteln ist: wie dasjenige, was der Einzelmensch aus eigener Initiative und mit seinen eigenen Kräften leisten kann, ihm nicht entzogen und der Gesellschaftstätigkeit zugewiesen werden darf, so verstößt es gegen die Gerechtigkeit, das, was die kleineren und untergeordneten Gemeinwesen leisten und zum guten Ende führen können, für die weitere und übergeordnete Gemeinschaft in Anspruch zu nehmen; zugleich ist es überaus nachteilig und verwirrt die ganze Gesellschaftsordnung. Jedwede Gesellschaftstätigkeit ist ja ihrem Wesen und Begriff nach subsidiär; sie soll die Glieder des Sozialkörpers unterstützen, darf sie aber niemals zerschlagen oder aufsaugen.“ (Quadragesimo anno, Nr. 79)[1]

Dieser klassische Text sagt eigentlich schon alles aus: So viel Eigenverantwortung als möglich, so viel dezentralisierte und delegierte Verantwortung als notwendig.

Das Subsidiaritätsprinzip gewinnt seine Stärke in der konkreten Anwendung. Man darf es nicht nur als sozialphilosophisches Axiom betrachten, sondern muss auch die Funktion eines beweglichen und durchaus offenen Suchinstrumentes zur Regelung von Zuständigkeiten innerhalb einer Gemeinschaft im Auge behalten. So dient es zunächst abgrenzend der Findung der wahren Verhältnisbestimmung zwischen dem Individuum, Gruppen und den „kleinen Lebenskreisen“ einerseits und dem Staat bzw. den höheren und umfassenderen gesellschaftlichen Organisationseinheiten andererseits. Positiv kann man sagen: die Glieder eines Sozialkörpers haben Recht auf Hilfe in all den Aufgaben, zu deren Erfüllung ihre eigenen Kräfte nicht ausreichen. Negativ gewendet heißt dies: die Gemeinschaft darf den Gliedern nur solche Leistungen abnehmen, die sie nicht selbst erbringen können. Es sind also zwei Dimensionen, das Prinzip der Eigenleistung und das Prinzip der Hilfe-

[1] Vgl. auch das Zitat in „Mater et Magistra“, Nr. 53.

stellung. Die Einzelperson und die kleinen Gemeinschaften haben das Recht und die Pflicht, jene Teilfunktionen in einem Sozialkörper eigenverantwortlich zu tragen, die sie selbst tragen können. Die größere Gemeinschaft kann dabei der Einzelperson und kleineren Gemeinschaften zu Hilfe kommen und sie unterstützen, aber sie soll dabei nicht die Verantwortung für die Teilfunktionen an sich ziehen. Wenn eine solche Aufgabe jedoch die zumutbare Leistungsfähigkeit einer Einzelperson und der kleineren Gemeinschaften grundsätzlich übersteigt, so muss diese Teilfunktion von der jeweils größeren Gemeinschaft verantwortlich übernommen werden. Es ist dabei wichtig zu sehen, dass das Subsidiaritätsprinzip nicht nur den Einzelnen einerseits im Auge hat und den Staat bzw. staatliche Stellen als reines Gegenüber betrachtet. Auch darf man die Gültigkeit des Prinzips nicht nur z. B. auf das Verhältnis von Selbstverwaltung und Staatsverwaltung oder auf die Beziehung zwischen der Wirtschaft und dem Staat beschränken, wie es oft geschieht. Das Subsidiaritätsprinzip gilt für alle Stufen und Bereiche des gesellschaftlichen Lebens. Zugleich muss man das ganze Spektrum sehen. So „überläßt es möglichst viele Teilfunktionen jenen je kleineren Gesellschaften, die sich zunächst freiwillig aus dem freien Zusammenschluss individueller Personen bilden und mit denen sich die Personen leicht identifizieren können, weil sie in ihnen das Geschehen unmittelbar mitgestalten und mitverantworten. Darum betont es die eminent zentrale Funktion der Familie, die Rolle der kleinen und größeren privaten Vereine und Organisationen. Darum fordert es eine durchgängig föderalistische Struktur der politischen Ordnung."[2] Deshalb umfasst das Subsidiaritätsprinzip auch die ganze Spannweite der Bestimmung des Verhältnisses zwischen Staat und Gesellschaft.

Das Subsidiaritätsprinzip ist zwar ein elementarer Grundsatz der katholischen Soziallehre, aber darum ist es weder ein katholisches noch ein ausschließlich christliches Prinzip. Es findet sich in vielen Formen und ohne den Begriff in vielen Erfahrungsfeldern der Gestaltung menschlicher Gemeinschaften. So gibt es auch Anklänge an Prinzipien des Liberalismus, Assoziationen zu Abraham Lincolns Bedeutung für die Mentalität der USA und das Verhältnis des Staates zur Gesellschaft, erinnert an Hegels erneuerte Lehre von den Korporationen usw. Wenn das Subsidiaritätsprinzip vielleicht auch

---

[2] Arno Anzenbacher: Menschenwürde zwischen Freiheit und Gleichheit. Christliche Soziallehre, Prinzipien und Konfrontation, St. Pölten/Wien ²1978, 38.

kein normatives Verfassungsprinzip darstellt (vgl. die Entscheidung des Bundesverfassungsgerichts im Jahr 1967), so ist es zweifellos der Sache nach in einem Teil der Grundrechte verwirklicht.[3]

Die Begründung des Subsidiaritätsprinzips liegt letztlich in der Würde der menschlichen Person. Es geht um die personale Entfaltung der Würde, der Werte und der Fähigkeiten eines Menschen und kleinerer menschlicher Gemeinschaften. Dabei sind Familie, Vereine, Verbände, Genossenschaften und andere Vereinigungen zu berücksichtigen, welche Aufgaben erfüllen können, für die der Einzelne allein keine Fähigkeiten hat. Damit ist auch ein bestimmtes Verhältnis von Mensch und Gesellschaft vorgezeichnet. Nicht die Gesellschaft, nicht die Experten, nicht die staatlichen Instanzen, sondern die Menschen sind die verantwortlichen Träger und Akteure des gesellschaftlichen Lebens; deshalb sollen auch sie Struktur und Richtung, Dichte und Intensität der Gesellschaftsprozesse bestimmen. „Die Gesellschaft ist und bleibt auf die Menschen hingeordnet; sie soll ihnen helfen, ihre Kräfte zu entfalten und die Ziele zu erreichen, darf sie aber nicht beherrschen und gängeln."[4] Darin liegt zugleich ein tiefer Sinn des Subsidiaritätsprinzips, das nämlich gesellschaftliche Fehlentwicklungen anzeigen, regulieren und korrigieren kann.

Das Subsidiaritätsprinzip hat in unserem Land eine starke Berücksichtigung erfahren im Bereich der Wohlfahrtspflege. Dies hat sich besonders niedergeschlagen einerseits in der Freien Wohlfahrtspflege und andererseits in bestimmten Gesetzen, wie im Jugendwohlfahrtsgesetz und im Bundessozialhilfegesetz. Hier wird grundsätzlich formuliert, dass die öffentliche Hand von eigenen Einrichtungen, Veranstaltungen und Maßnahmen absieht, wenn entsprechende Angebote von freien Trägern vorhanden sind, erweitert oder geschaffen werden. Die staatlichen und kommunalen Stellen werden auch vom Bundesverfassungsgericht dazu angehalten, „sich bei allen Planungen, vorher [zu] vergewissern, ob und inwieweit die freien Verbände

---

[3] Vgl. z.B. Art. 2 Abs. 1; Art 2, Abs. 2.; Art. 6, Abs. 1, 2 und 5; Art. 9; Art. 12 Abs. 1 des Grundgesetzes, dazu Josef Isensee: Subsidiaritätsprinzip und Verfassungsrecht. Eine Studie über das Regulativ des Verhältnisses von Staat und Gesellschaft, Berlin 1968; Alfred Wallenstätter: Das Subsidiaritätsprinzip und die Rechtsprechung des Bundesverfassungsgerichts zu den Grundrechten, Diss. jur., Würzburg 1976.

[4] Anton Rauscher: Subsidiarität I, in: Staatslexikon V, Freiburg i. Br./Basel/Wien [7]1989, 386–388, hier 386.

die Aufgaben erfüllen können"[5]. Darum darf der Staat leistungsfähige gesellschaftliche Kräfte nicht aus dem System öffentlicher Aufgaben ausblenden.[6]

Das Subsidiaritätsprinzip kann auch missbraucht werden. Daher lassen sich auch zum großen Teil die Einwände verstehen, die vor allem in den 60er Jahren formuliert worden sind.[7] Es darf nicht nur negativ angerufen werden, z.B. zum Schutz vor der Übermacht der Gemeinschaft. Zweifellos ist das Subsidiaritätsprinzip auch eine wichtige Argumentationsstütze für die Bedeutung des Ehrenamtes und vor allem ehrenamtlicher Helfer. Aber es gibt hier auch Grenzen in der Delegierung von Aufgaben.

> „Ehrenamtliche Hilfe wird gerade nicht einplanbar und für staatliche Finanzen kalkulierbar sein, Motivation und Hilfsbereitschaft des Helfers würden sonst mißbraucht. Insbesondere darf die unbezahlte Bereitschaft zu helfen dem Staat nicht dazu dienen, eigene Verpflichtungen zu reduzieren."[8]

Die freien Träger selbst werden allerdings auch durch das Subsidiaritätsprinzip gemahnt, dass sie nämlich ihr unzweideutiges Eigenprofil behalten, dass sie ihre Eigenleistung erbringen, nicht zu nahe an den Staat rücken und selbst nicht zu Anspruchsträgern an den Staat werden, gerade weil sie Anwaltsfunktionen für Betroffene innehaben. Der Ausbau der öffentlichen Sicherungssysteme stößt da an eine Grenze, wo eine Versorgungsmentalität geweckt und gefördert wird. In diesem Sinne kann das Subsidiaritätsprinzip bis in die Fragen der Entwicklungshilfe hinein Bedeutung erhalten.[9] Die öffentliche Hand darf sich auch nicht unter Berufung auf das Subsidiaritätsprinzip auf die Leistung des sozial unbedingt Notwendigen beschränken. Auch die Sicherung bloß sozial erwünschter Güter fällt nach dem wohlverstandenen Subsidiaritätsprinzip in die Verantwortung der öffentlichen Hand, wenn sie anders nicht oder nur sehr schwer gewährleistet werden kann.[10]

---

[5] BVerfGE 22, 206.

[6] Vgl. Konrad Deufel: Freie Wohlfahrtspflege, in: Staatslexikon II, Freiburg i. Br./Basel/Wien [7]1989, 687–694, dort auch die Diskussion heutiger Gefahren, dass nämlich freie Vereinigungen zu „Lückenbüßern" des Sozialstaates werden und selbst in Abhängigkeit geraten usw.

[7] Vgl. Trutz Rendtorff: Kritische Erwägungen zum Subsidiaritätsprinzip, in: Der Staat 1, 1962, 405–430; Roman Herzog: Subsidiaritätsprinzip und Staatsverfassung, in: Der Staat 2, 1963, 399–423; Subsidiarität und Demokratie, hg. v. Otto Kimminich, Düsseldorf 1981.

[8] K. Deufel: Freie Wohlfahrtspflege, 692.

[9] Vgl. Entwicklung und Subsidiarität, hg. v. Josef Thesing/Klaus Weigelt, Melle 1986.

[10] Vgl. Walter Kerber: Katholische Soziallehre, München 1975 (= Geschichte und Staat 194/195), 547–642, bes. 618 ff.

Diese Überlegungen zu einzelnen Anwendungsgebieten zeigen nochmals, in welcher Weise die regulative Funktion des Subsidiaritätsprinzips verstanden werden darf. Es ist ohnehin ein Geflecht von Beziehungen, das mit diesem Grundsatz auf einen Nenner gebracht wird. Das Gefüge der Zuordnung gesellschaftlicher Kräfte zum Staat wird besonders an der Struktur der Freien Wohlfahrtspflege offenbar.

„Staat und freie Träger sollen unter Achtung von deren Selbständigkeit *zusammenarbeiten*. Die Zusammenarbeit soll darauf gerichtet sein, daß sich die Sozialhilfe und die Tätigkeit der Freien Wohlfahrtspflege zum Wohle des Hilfesuchenden wirksam *ergänzen*. Die Träger der Sozialhilfe sollen die Verbände der Freien Wohlfahrtspflege aber auch angemessen *unterstützen*. Andererseits sollen sie von der Durchführung eigener Maßnahmen *absehen*, wenn im Einzelfalle die Hilfe durch die Freie Wohlfahrtspflege gewährleistet wird".[11]

Das Subsidiaritätsprinzip darf also nicht unbesehen angewendet werden. Es ist keine glatte Formel, die sorgfältige Analysen der Wirklichkeit, auf die man sich bezieht, und differenzierte Regelungen, die notwendig sind, überflüssig machen würde. Im Übrigen gilt dies auch für die Anwendung des Subsidiaritätsprinzips auf die Kirche selbst. Papst Pius XII. hat aus Anlass der Internationalisierung des Kardinalkollegiums am 20. Februar 1946 auf die Bedeutung des Subsidiaritätsprinzips – übrigens sogar im Anschluss an Eph 4,14 – auch für die Kirche mit folgenden Worten hingewiesen, die auf die Zitation der klassischen Definition des Prinzips aus „Quadragesimo anno" folgen: „Wahrhaft lichtvolle Worte! Sie gelten für alle Stufen des gesellschaftlichen Lebens. Sie gelten auch für das Leben der Kirche, unbeschadet ihrer hierarchischen Struktur"[12]. Ähnliches formulierte Pius XII. am 5. Oktober 1957 im Blick auf die Stellung der Laien in der Kirche mit ausdrücklicher Berufung auf das Subsidiaritätsprinzip:

„Auch hier möge die kirchliche Autorität das allgemeingültige Prinzip der Subsidiarität und gegenseitigen Ergänzung anwenden. Man möge den Laien die Aufgaben anvertrauen, die sie ebenso gut oder selbst besser als der Priester erfüllen können. Sie sollen in den Grenzen ihrer Funktion und derjenigen, die das Gemeinwohl der Kirche ihnen zieht, frei handeln und ihre Verantwortung auf sich nehmen können."[13]

---

[11] Alexander Hollerbach: Subsidiarität II, in: Staatslexikon V, Freiburg i. Br./Basel/Wien ^{7}1989, 389–390, hier 389.

[12] Arthur-Fridolin Utz/Joseph-Fulko Groner: Aufbau und Entfaltung des gesellschaftlichen Lebens. Soziale Summe Pius XII., Bd. 2, Freiburg/Schweiz 1954, 4086–4111, hier 4094.

[13] AAS 39, 1957, 922–939, hier 927.

Daraus dürfen keine falschen Folgerungen gezogen werden, aber dies darf auch keinen Zweifel hinterlassen, dass das Subsidiaritätsprinzip selbst – richtig aufgefasst und angewendet – auf die Kirche selbst übertragen werden kann.[14] O. von Nell-Breuning hat in lichtvollen und überzeugenden Ausführungen nachgewiesen, dass die Kirche bis in die Spitze des Papstamtes hinein, wenn man es richtig versteht, subsidiär gebaut ist.[15] Zweifellos muss dies gerade im Blick auf die Ekklesiologie noch vertieft werden, kann aber auch hier heutige Probleme lösen helfen, wie z.B. das Verhältnis Gesamtkirche – Teilkirche.

So lässt sich leicht die Aktualität des Subsidiaritätsprinzips erkennen.[16] Auch für mich selbst war es ein aktueller Anlass, der mich zu diesen grundsätzlichen Überlegungen ermutigt hat, nämlich die Lektüre eines Kommissionsberichtes zum Thema „Verwaltung in Rheinland-Pfalz in den 90er Jahren". Meine wenigen Anmerkungen sollten nur ein Anstoß sein, der zum Nachdenken und zum weiteren Gespräch nicht nur über diesen Kommissionsbericht, sondern zur Sache selbst einlädt.

---

[14] Vgl. den Schlussbericht der Außerordentlichen Bischofssynode 1985 vom 7. Dezember.

[15] Vgl. Oswald von Nell-Breuning: Subsidiarität in der Kirche, in: Stimmen der Zeit 111 (1986) 147–157.

[16] Vgl. auch Lothar Schneider: Subsidiäre Gesellschaft. Implikative und analoge Aspekte eines Sozialprinzips, Paderborn u.a. ^{2}1985; Das Subsidiaritätsprinzip, hg. v. Arthur Fridolin Utz, Heidelberg 1953; Roman Herzog: Subsidiaritätsprinzip, in: Evangelisches Staatslexikon II, Stuttgart ^{3}1987, 3564–3571.

1999

Gesellschaftliche Wandlungen innerhalb der letzten Jahrzehnte hatten auch die Familie nicht ausgenommen. Dies war einerseits ein innerkirchliches Thema, zu dem sich wenige Jahre vorher (1994) bereits der Papst und in demselben Jahr 1999 die Deutsche Bischofskonferenz geäußert hatten, es war aber auch ein immer wiederkehrender Aspekt im Gespräch zwischen Kirche und Staat in Rheinland-Pfalz gewesen. In den rheinland-pfälzischen Diözesen hatte man die Notwendigkeit gesehen, unterschiedlichste Feststellungen und Überlegungen aufzugreifen und im Hinblick auf die landespolitischen Zusammenhänge zu ordnen. So war ein Papier entstanden, das einen Bogen schlagen wollte von den Grundlagen hin zu politischen Folgerungen und Notwendigkeiten. Der Bischof von Mainz nutzte die Gelegenheit, durch eine Darstellung der in der Schrift aufgegriffenen Zusammenhänge auf die Bedeutung von Ehe und Familie hinzuweisen und zugleich für eine dauerhafte Weiterführung des Gesprächs zu werben.

„Für eine gerechte Förderung der Familie – ein Auftrag für die ganze Gesellschaft“

Karl Kardinal Lehmann

Mit den folgenden Überlegungen möchte ich in eine kleine Schrift einführen, die in gewisser Weise auch eine Frucht der turnusmäßigen Gespräche zwischen der rheinland-pfälzischen Landesregierung und den Diözesen in Rheinland-Pfalz ist.[1] In vielen Begegnungen wurde das Thema „Ehe und Familie heute“ immer wieder intensiver angesprochen, aber es schien notwendig, die vielen, auch zerstreuten Impulse einmal zu einer ersten Synthese zu bringen. Die Generalvikarskonferenz hat im Jahr 1996 einer Arbeitsgruppe den Auftrag erteilt, einen ersten Entwurf zu versuchen. Dabei sollte es nicht nur um eine allgemeine Situationsanalyse gehen, sondern es war eine Stellungnahme vorgesehen mit Handlungsperspektiven für die Landesebene Rheinland-Pfalz bis hin zur örtlichen Ebene. Schließlich wurden auch die zuständigen Verbände innerhalb des Landes konsultiert. Nach einigen Zwischenphasen darf ich nunmehr (November 1999) den endgültigen Text vorlegen, der freilich nur wiederum ein intensives Gespräch über die zu treffenden Maßnahmen eröffnen möchte.

Das kleine Buch, das wir in der Redaktion und Vorbereitung zur Veröffentlichung vor allem Herrn Ordinariatsdirektor Bernhard Nacke, dem Leiter des Katholischen Büros Mainz, verdanken, ist leicht überschaubar und möchte die Orientierung erleichtern: drei größere Abschnitte, auf die ich noch zurückkomme, verbinden sich mit 13 knappen Thesen.

Es gehört zu den Selbstverständlichkeiten der heutigen Gesellschaftsanalysen, dass Ehe und Familie starken gesellschaftlichen Wandlungen und Herausforderungen ausgesetzt sind. Einige Buchtitel genügen: „Patient Familie“, „Welche Zukunft hat die Familie?“, „Alternative Familienformen“, „Was kommt nach der Familie? Einblicke in neue Lebensformen“. Dabei gibt es eine eigentümliche, fast dialektische Situation: Während die Familie im Alltag

---

[1] Für eine gerechte Förderung der Familie – ein Auftrag für die ganze Gesellschaft. Vorgelegt von den rheinland-pfälzischen (Erz-)Diözesen Trier, Speyer, Mainz, Limburg und Köln. Geleitwort von Karl Lehmann, hg. v. Bernhard Nacke, Mainz 1999.

höchst belastet ist, werden weiterhin hohe und höchste Erwartungen an sie geweckt und gerichtet. Das Leben in der Familie ist für viele unverzichtbar, aber zugleich ist es auch schwieriger geworden.

Ehe und Familie sind faktisch jedoch in den letzten Jahren und Jahrzehnten durch die gesellschaftspolitischen Entwicklungen stark verändert worden und auch in Bedrängnis gekommen. In diesem Dilemma zwischen Anspruch und Alltag brauchen die Familien Unterstützung und Stärkung. Da die Partner in einer Familie, gerade auch in der modernen Kleinfamilie, sehr auf sich zurückgeworfen sind und vieles von den Partnern „ausgehandelt" werden muss, lässt sich von außen die innere Wirklichkeit von Ehe und Familie wenig beeinflussen. Um so mehr kommt es auf die Rahmenbedingungen an, die dem Leben in Familien förderlich oder abträglich sind. So wichtig dabei die materiellen Rahmenbedingungen sind, so wenig darf man die geistigen Voraussetzungen vernachlässigen. So muss man besonders dafür Sorge tragen, dass Ehe und Familie ein überzeugendes Leitbild auch für die Zukunft bleiben. Dies ist z. B. im Erziehungswesen, aber auch in der Rechtsordnung besonders notwendig. Es sind auch nicht in erster Linie die Institutionen des Staates, die den inneren Bestand von Familie sichern, sondern dies sind nicht zuletzt die einzelnen Menschen, die ein überzeugendes Leben in Ehe und Familie führen. Der Staat, die Kirchen und andere gesellschaftliche Gestaltungsmächte, wie z. B. die Gewerkschaften und die Arbeitgeber, haben hier eine Mitverantwortung, indem sie Menschen für dieses Leben befähigen, sie ermutigen und – besonders in Krisensituationen – unterstützen.

Dies ist der Ausgangspunkt der kleinen Schrift. Im ersten Kapitel (vgl. S. 13–21) wird dargestellt, wie sich die Lebensbedingungen der Familie, oft schleichend, verändert haben. Der Familienstandort Deutschland steht auf dem Prüfstand. Immer mehr Menschen leben allein. Nur noch in einem Viertel aller deutschen Haushalte leben Kinder unter 18 Jahren. Die inneren Beziehungen von Ehe und Familie – dies gilt auch für die Zuwendung zu den Kindern und zu den Großeltern – sind von einem hohen Anspruch an das partnerschaftliche Zusammenleben geprägt. Die gegenseitige Unterstützung, eine intensivere Kommunikation und ein von der gleichen Würde und gleichen Rechten geprägter Umgang zwischen Frau und Mann sind konsequente Forderungen. Frauen haben im allgemeinen ein neues Selbstbewusstsein und ein stärkeres Selbstwertgefühl, das die Eigenständigkeit und die Eigenverantwortlichkeit hervorhebt. Da die Erfahrung mit den gelebten Ehen und Familien sehr nüchtern ist, gibt es auch eine starke Skepsis im Blick auf lebenslange Bindungen. Nicht zuletzt darum herrscht auch in vieler Hinsicht eine

Bindungsangst. Hinzu kommt die Erfahrung des Scheiterns vieler Ehen, sehr oft in der unmittelbaren Umgebung. Dies alles führt dazu, dass es eine Scheu für die herkömmliche Bindung gibt, dass Scheidung beinahe schon als „normal“ erscheint und dass so ein Trend zu weniger verbindlichen Lebensformen besteht.

Es wäre verfrüht, dies als Ende der traditionellen Familie zu sehen. Bei allen düsteren Prognosen verschwindet sie nicht einfach. Sie scheint jedoch das Monopol zu verlieren, das sie lange Zeit besaß. Neue Beziehungsmuster breiten sich aus, die weniger ein Alleinleben im engeren Sinne anstreben, sondern Verbindungen anderer Art bevorzugen; diese Beziehungen unterscheiden sich nach Art, Umfang, Verpflichtungscharakter und Dauer vom bisherigen Familienleitbild. Aber es ist nicht zu übersehen, dass gleichzeitig viele Menschen gerade auch der jüngeren Generationen sich nach wechselseitigem Verständnis, gemeinsamen Überzeugungen, Geborgenheit, Verlässlichkeit des Partners, ja Glück sehnen.

Vor diesem Hintergrund, der im ersten Kapitel beschrieben wird, wird schließlich auch noch festgestellt, dass viele gesellschaftlich-politische Regelungen wenig oder kaum diese Wandlungen berücksichtigen. Man hat auch nicht ohne Grund von einer „strukturellen Rücksichtslosigkeit“[2] der modernen Welt im Blick auf die Familie gesprochen. Wir stoßen also weniger auf eine prinzipielle Kinderfeindlichkeit. Aber Ehe und Elternschaft haben ihren scheinbar naturwüchsigen Charakter verloren. Sie sind heute zu Optionen unter anderen in einem gesellschaftlich konstituierten Horizont biographischer Möglichkeiten geworden. Das Modell der lebenslangen Ehe verliert an Verbindlichkeit und wird zu einem bloßen „Ideal“, das man auch verfehlen kann. Man hat gezeigt, dass dabei Kinder zwischen Familie und Gesellschaft in vieler Hinsicht mehrere Nachteile von der gesellschaftlichen Gesamtstruktur beziehen: in der Wirtschaft, von seiten des Staates, vom Bildungswesen und vielen anderen Lebensverhältnissen. So gibt es gerade für kinderreiche Familien ein sogenanntes „Armutsrisiko“, das wenigstens bei einkommensschwachen Gemeinschaften nicht geleugnet werden kann. Eltern und Kinderlose werden fast gleich behandelt. Dies hat eigentümliche Konsequenzen: Familien werden zwar durchaus anerkannt, aber für ihre Leistungen gibt es nur eine ungenügende gesellschaftliche Anerkennung. Die Sorge für Kinder erscheint als eine private Angelegenheit, obgleich man weiß, in welchem hohen Maß die

---

[2] Franz-Xaver Kaufmann: Zukunft der Familie im vereinten Deutschland. Gesellschaftliche und politische Bedingungen, München [2]1995, 169 ff.

Zukunft von ihnen abhängt. Der Armutsbericht des Landes Rheinland-Pfalz belegt eindringlich solche Situationen.

Das zweite Kapitel (vgl. S. 21–29) zeigt deutlich auf, dass die Gesellschaft, die unter diesen Umständen die Familie nicht auf entschiedene und gerechte Weise fördert, die eigene Zukunft aufs Spiel setzt. So können die inneren und äußeren Veränderungen der Familie vor so hohe Anforderungen stellen, dass Familie faktisch zu einer Überforderung wird und sich der Verzicht auf Kinder leichter einstellt. In der Kleinstfamilie fehlen für das Zusammenleben häufig die Geschwister und andere Partner. Personale Beziehungen werden oft vernachlässigt. Dadurch wird auch das soziale Verantwortungsbewusstsein geschwächt. Der Gesellschaft darf aber dieses Defizit nicht gleichgültig sein, wenn sie an ihre eigene Zukunft denkt. Darum ist es gerade in Deutschland höchste Zeit, sich für die Familie als soziale Lebensgrundlage aller einzusetzen. Die Familie darf kein Schrumpfphänomen werden. Die Politik muss vom Vorrang für die Familie ausgehen. Dazu braucht die Familie zuallererst ein entsprechendes Sprachrohr in die Gesellschaft hinein. Die kleine Schrift dient hauptsächlich im Netz eines vielfältigen gesellschaftlichen Gesprächs diesem Zweck. So hat der Staat Sorge zu tragen für einen gerechten Ausgleich der Belastungen und der wirtschaftlichen Nachteile von Familien. Das Bundesverfassungsgericht hat dazu das Notwendige gesagt.

Die auf der Ehe gegründete Lebensform der Familie bietet trotz aller alternativ-familiärer Lebensformen die beste Rahmenbedingung für das Aufwachsen von Kindern. Wenn es sich als notwendig erweist, im Blick auf bestimmte Situationen Regelungen für alternative Lebensgemeinschaften aufzustellen, darf dies auf keinen Fall dazu führen, dass der besondere Schutz des Staates für Ehe und Familie verdunkelt wird. Im Gegenzug muss die Kirche immer wieder darauf hinweisen, dass Ehe und Familie als eigenes Leitbild erhalten bleibt und gefördert wird. Gerade kritische Situationen belegen, wie sehr an dieser Stelle Ehe und Familie der Aufmerksamkeit und der Hilfe bedürfen. In diesem Sinne sind alle, die vom Einsatz der Eltern in den Familien profitieren, aufgerufen, ihren Einfluss in dieser Richtung, nämlich zur Stärkung der Familien, zur Geltung zu bringen. Dies gilt nicht nur für den Staat, sondern z. B. auch für die Tarifparteien.

„Die Unternehmen selbst müssen begreifen, dass die Berücksichtigung der Bedürfnisse der Familie auch für die Betriebe selbst von Vorteil sind. Denn der Lernort Familie zeitigt soziale Kompetenz, Gemeinschaftsbewusstsein, Verantwortungsfähigkeit, Teamorientierung, Eigenverantwortung und Selbständigkeit. Deshalb ist die Preisgabe des Sonn- und Feiertagsschutzes für die Wirtschaft nur allenfalls kurzfristig von Vorteil, langfristig sind gravierende Schäden die Folgen einer möglichen Preisgabe." (S. 28f.)

Das letzte Kapitel (vgl. S. 29–42) kommt nun zum praktischen Ziel und zeigt auf, wie die Rahmenbedingungen zur Stützung und Erhöhung der Leistungsfähigkeit aussehen könnten. Da die Familie von allen schädlichen Maßnahmen betroffen ist, müssen auch familienfreundliche Maßnahmen immer die Gesamtheit der sozialen und wirtschaftlichen Missstände im Blick haben.

„Ein politischer Perspektivenwechsel ist vonnöten, von der Symptombekämpfung bei benachteiligten Kindern zur Ursachenbekämpfung bei benachteiligten Familien. Es bedarf einer neuen Kreativität, die gesellschaftlichen Rahmenbedingungen so zu gestalten, dass der für viele Menschen heute unattraktive Weg, eine Familie zu gründen, attraktiv gestaltet wird." (S. 30)

Die letzten zehn Seiten dieses Textes nehmen nun im Rahmen des Bundes und verflochten mit der Ebene des kommunalen Nahbereichs die Zuständigkeit des Landes Rheinland-Pfalz in Augenschein. Im Blick auf die Länder wird besonders an die Wahrnehmung einer breiten, besonders bildungspolitischen Verantwortung und einer sozialen Infrastruktur erinnert. Schließlich wird aufgezeigt, dass eine wirkungsvolle Familienpolitik sich vor allem in den zentralen Lebensbereichen der Arbeit, des Einkommens, der Wohnung, der Bildung, der Medien und der Beratung bewähren muss. Hier wird der Text sehr konkret und stellt nicht wenige Forderungen auf. Erziehungs- und Pflegeleistungen sind auch in der Familie als „Arbeit" anzuerkennen. Ein „Erziehungsgehalt" bzw. „Familiengehalt" erscheint als richtungsweisender Vorschlag. Eindringlich wird die Steuergerechtigkeit für Familien angemahnt. Es wird bedauert, dass das „Landeserziehungsgeld" (bis Sommer 1997) in Rheinland-Pfalz den Sparmaßnahmen zum Opfer gefallen ist. Im Blick auf das Wohnen ergehen konkrete Postulate: Ausweisung von preiswertem Bauland, verstärkte Anwendung des Erbbaurechtes, intensivere Sorge um soziale Brennpunkte, Verstärkung der gemeinnützigen Siedlungswerke.

Ich breche hier ab und verweise auf die Ausführungen zu den Medien und nicht zuletzt zum sehr umfangreichen Beratungswesen, das mit Recht auf den Seiten 35ff. ausführlicher angesprochen wird. Schließlich werden einzelne Maßnahmen besprochen wie die Realisierung eines Familienwahlrechts (wobei man sich der noch ungelösten Probleme bewusst ist!), die Einrichtung eines Familienbeauftragten, die Einführung einer „Familienverträglichkeitsprüfung", die regelmäßige Vorlage und Diskussion eines Berichts zur Situation der Familie auf Landes- und kommunaler Ebene usw.

Schließlich wird auf die besondere Bedeutung der viel zu wenig beachteten gemeindlichen Ebene hingewiesen. Gerade dort gibt es auch eine intensive Zusammenarbeit zwischen der kommunalen und der kirchlichen Gemeinde.

Diese Schrift, die ich hier nur in groben Zügen vorstellen konnte, lädt zum Gespräch ein. Für die Kirche bedarf es freilich hier auch einer intensiven spirituellen und theologischen Aufbauarbeit. Wir haben sie in vieler Hinsicht schon seit langem begonnen. In diesem Zusammenhang weise ich nur auf den von der Deutschen Bischofskonferenz zu Beginn dieses Jahres veröffentlichten Text „Ehe und Familie – in guter Gesellschaft“[3] hin, aber auch auf den Brief Papst Johannes Pauls II. an die Familien aus dem Jahr 1994[4]. Unsere Kommission für Ehe und Familie, die wir bewusst wegen des Gewichts des Themas als eigenes Gremium eingerichtet haben, wird die begonnenen Bemühungen fortsetzen. So stehen insgesamt viele Arbeitshilfen zur Verfügung. Zugleich darf ich auf die jahrzehntelangen und erfolgreichen familienpolitischen Initiativen des Zentralkomitees der deutschen Katholiken und des Familienbundes der deutschen Katholiken verweisen.

Diese verschiedenen Initiativen zeigen, dass das Thema „Ehe und Familie“ angesichts der tief eingreifenden gesellschaftlichen und geistigen Wandlungen zu den vordringlichen Themen gehört, die auch und gerade im neuen Jahrhundert auf der Tagesordnung an vorderster Stelle stehen und wohl dort auch bleiben werden.

---

[3] Ehe und Familie – in guter Gesellschaft, hg. v. Sekretariat der Deutschen Bischofskonferenz, Bonn 1999 (= Die deutschen Bischöfe 61).

[4] Brief Papst Johannes Pauls II. an die Familien, hg. v. Sekretariat der Deutschen Bischofskonferenz, Bonn 1994 (= Verlautbarungen des Apostolischen Stuhls 112).

2000

Durch die Überwindung der Teilung Deutschlands und Europas gibt es die nach 1945 aufgetretene weitgehende Teilung der Welt in zwei große militärische Blöcke in dieser Form und Bedrohung nicht mehr. Kein schwerbefestigter Todesstreifen zieht sich mehr durch Deutschland und Mitteleuropa. Jedoch treten neue Konflikte zu Tage und mit diesen verschieben sich sicherheitspolitische Fragestellungen – beispielhaft sei erinnert an die Auseinandersetzungen, die zum Auseinanderbrechen des ehemaligen Jugoslawien geführt haben, an die beiden Kriege im Irak, an Afghanistan. Für die Kirche ist Friede eines der großen Themen, das unmittelbar in der Botschaft Jesu wurzelt. Hatten sich die deutschen Bischöfe bereits 1983 mit dem Wort „Gerechtigkeit schafft Frieden" an die Öffentlichkeit gewandt, so führten sie 2000 angesichts der neuen Situation ihre Überlegungen in eine veränderte Richtung weiter. Der Bischof von Speyer stellt vor, was aus Sicht der Kirche im Blick auf eine innerstaatliche und internationale Friedensarbeit zu beachten ist.

Vom gerechten Krieg zum gerechten Frieden.

Anmerkungen zum Friedenswort der deutschen Bischöfe

Bischof Anton Schlembach

Auf ihrer Herbstvollversammlung in Fulda haben die deutschen Bischöfe einstimmig ein 104 Seiten umfassendes Dokument zur gegenwärtigen Friedensproblematik verabschiedet.[1] Am 11. Oktober 2000 wurde es der Öffentlichkeit vorgestellt. Es fand eine breite Aufmerksamkeit, wurde durchweg sehr positiv kommentiert und als hilfreich für eine solide Urteilsbildung und Politik bezüglich der Friedensfrage in der Weltsituation an der Jahrtausendwende angesehen.

Friede ist ein menschliches Urwort. Es ist wie Glück, Heil, Sinn, Segen nur positiv besetzt und kann nur im Singular verwendet werden. Offenbar ist es für das Menschsein insgesamt von singulärer Bedeutung. Friede ist auch ein durchgehendes Thema der Bibel. Sie beginnt mit der befriedeten Welt des Paradieses, wo die Menschen im Frieden mit Gott, ihrem Schöpfer, miteinander, mit den Tieren und der Natur und deshalb auch mit sich selbst leben. Am Ende der Bibel steht die hinreißende Vision von der österlich vollendeten Schöpfung, wo im Bild des himmlischen Jerusalem das Paradies des Anfangs nicht einfach rekapituliert, sondern gerade auch in seiner Friedenswirklichkeit potenziert wird. Dazwischen steht eine Geschichte von Unfriede von Menschen und Völkern mit Gott, miteinander, mit sich selbst, eine Geschichte von Sünde und Gewalt (als violence im Unterschied zu power), von Mord und Krieg. Immer wieder wird diese Geschichte aber unterbrochen von Friedensbünden, Friedensmahnungen und Friedensverheißungen. Die zentrale Gestalt der christlichen Bibel ist Jesus von Nazaret, nach dessen Geburt sich auch das Jahr 2000 rechnet. Von ihm heißt es im Epheserbrief: „Er ist unser Friede." (2,14)

---

[1] Gerechter Friede, hg. v. Sekretariat der Deutschen Bischofskonferenz, Bonn 27.09.2000 (= Die deutschen Bischöfe 66).

Die Geschichte der Christenheit ist, was den Frieden angeht, alles andere als eindeutig. Einerseits waren Christen oft genug Opfer der Gewalt, andererseits aber auch Verbündete, ja Ursache von Gewalt und Krieg. Letzteres vor allem dort, wo sie mit weltlicher Macht liiert oder ausgestattet waren.

Durch den Verlust des Kirchenstaates 1871 und durch die Säkularisation 1803 wurde die katholische Kirche ihrer weltlichen Macht enteignet. Dadurch bekam sie zu dieser ein distanzierteres und unbefangeneres Verhältnis. Es entstand die katholische Soziallehre und in ihrem Rahmen eine Friedenslehre, die ständig weiterentwickelt wurde, um auf immer neue Friedensfragen friedenermöglichende Antworten vorzuschlagen, so z. B. als nach dem Zweiten Weltkrieg durch die Entwicklung der ABC-Waffen eine völlig neue Art von Krieg möglich wurde und damit die Friedensfrage eine völlig neue Qualität bekam.

In dieser Tradition steht das neue Friedenswort der deutschen Bischöfe. Sein Titel ist Programm: Gerechter Friede. Die Menschheit hat einen Grad der Entwicklung erreicht, dass sie nur als Menschheit im Frieden wird überleben und sich entfalten können. Prononciert gesagt: *eine* Welt oder keine Welt, eine Welt im *Frieden* oder keine Welt. Eine im gerechten Frieden geeinte Menschheit oder eine Menschheit, die sich durch Krieg, mag er noch so gerechtfertigt erschienen sein, selbst umgebracht hat. Das wäre der Super-GAU, der möglich geworden ist, zu dem die Menschheit vielleicht schon unterwegs ist. Er muss auf jeden Fall verhindert werden. Dies aber geht nicht mehr durch einen so genannten gerechten Krieg, sondern nur durch einen gerechten Frieden auf allen Ebenen des menschlichen Daseins und der menschlichen Beziehungen, im individuellen und sozialen Leben, im Leben der Völker, Nationen und Staaten nicht weniger als im Leben der globalen Völkergemeinschaft. Nicht mehr darf gelten: si vis pacem para bellum, sondern: si vis pacem para pacem; nicht mehr: wenn du Frieden haben willst, dann rüste dich zum Krieg, mag er sich noch so gerecht verstehen, sondern: wenn du heute und morgen Frieden haben willst, dann musst du Frieden schaffen bei dir, in deinem Volk, in der Menschheit. Damit ist keinem absoluten Pazifismus das Wort geredet, aber ein Paradigmenwechsel vor allem in der Friedenserziehung und Friedenspolitik angesagt. Einen anderen Weg gibt es nicht mehr. Entweder schafft die Menschheit den Krieg ab oder der Krieg wird die Menschheit abschaffen.

Auf dieser Grundfolie versucht das Friedenspapier der deutschen Bischöfe die wichtigsten Elemente einer in dieser Stunde der Geschichte geforderten innerstaatlichen und internationalen Friedensarbeit in Deutschland und weltweit zu finden und zu beschreiben.

Nach dem Zusammenbruch des Ostblocks und nach dem Ende der bipolaren Welt der gegenseitigen Abschreckung ist ja nicht die zunächst erwartete Weltfriedensordnung entstanden. Die Gefahr eines Atomkrieges ist geblieben, man liest von neuen Raketenabwehrsystemen. Zusätzlich sind innerhalb von Staaten in Afrika, in Asien, in Europa unerwartete und schlimmste Konflikte und Kriege entstanden. Die Friedensaufgabe bleibt auf der Tagesordnung.

Auf einige Elemente der aktualisierten kirchlichen Friedenslehre in unserem Friedenswort möchte ich stichwortartig hinweisen.

Gerechter Friede als Querschnittthema und als sozial-ethische Zielperspektive hat als unabdingbare Grundvoraussetzung das Wissen um die Würde des Menschen und die Anerkennung der Würde des Menschen sowie der mit ihr gegebenen, vor-gegebenen, von Gott gegebenen und deshalb unantastbaren Menschenrechte. Ohne Menschenrechte mag es Frieden im Sinne von Waffenruhe geben, einen Frieden der Angst und Abschreckung, aber nie einen gerechten Frieden. Jeder und jede hat Anspruch auf alle Menschenrechte. Jedem und jeder muss zur umfassenden Wahrnehmung aller Menschenrechte verholfen werden, auch den Frauen, auch den Behinderten, auch den ungeborenen Kindern, auch den in Vitro gezeugten menschlichen Embryonen, auch den pflegebedürftigen Alten. Dies ist die erste Herausforderung des Leitbildes „gerechter Friede".

Grundlegend für gerechten Frieden sind dann die Grundwerte Gerechtigkeit und Solidarität. Opus iustitiae pax, opus solidarietatis pax: Gerechtigkeit schafft Frieden, Solidarität schafft Frieden sind erstrangige Grundsätze der kirchlichen Friedenslehre. Damit hängt auch die Einsicht zusammen, dass Friede heute nur zusammengedacht werden kann mit Demokratie und Rechtsstaatlichkeit, aber auch mit Entwicklung und Umwelt, mit sozialer und wirtschaftlicher Entwicklung und mit Bewahrung der natürlichen Lebensgrundlagen. „Entwicklung ist der neue Name für Friede", sagte schon 1967 Papst Paul VI. Unser Papier spricht in diesem Zusammenhang von Entwicklungshilfe und Entschuldung, von Verelendungsdruck und vom Ziel der internationalen Gemeinschaft, die Zahl der absolut Armen bis zum Jahr 2015 zu halbieren.

Bezüglich Ökologie und Nachhaltigkeit befürchten Fachleute, dass künftige Kriege nicht mehr um Öl, sondern um Wasser geführt werden.

Friede fordert heute dann auch unumgänglich die Ausweitung des so genannten bonum commune, des Allgemeinwohls, als Zusammenfassung der Staatsaufgaben auf die Weltgemeinschaft. Das Gemeinwohl eines Volkes ist nicht mehr zu trennen vom Gemeinwohl aller Völker. Gemeinwohl gibt es nur im Rahmen des Weltgemeinwohls. Deshalb braucht es auch einen menschheitlichen Konsens in fundamentalen Wertorientierungen und alle Außenpolitik muss Weltinnenpolitik sein. Nationale Friedenspolitik hat nur noch eine Chance, wenn sie zugleich kontinentale und globale Friedenspolitik ist. Die europäische Union ist ein bisher einmaliges Friedenswerk auf einem Kontinent, der seit Jahrhunderten von Konflikt und Krieg beherrscht ist. In ihr hat ein integrativer, teilweise supranationaler Staatenverbund Gestalt gewonnen, der die Perspektive der Erweiterung nach Osten in sich trägt und so zu einem Grundpfeiler einer Weltfriedensordnung werden kann. Sie zeigt, dass die Überwindung der fragilen Politik des Gleichgewichts der Kräfte (balance of power) überwunden werden kann. Dazu ist auf globaler Ebene eine möglichst rasche Stabilisierung und Weiterentwicklung der entsprechenden internationalen Organisationen mit einer umfassenden friedenspolitischen Konzeption nötig.

Schon das Zweite Vatikanische Konzil hat ihre Bedeutung klar herausgestellt:

> „Die bereits bestehenden internationalen Institutionen, sowohl auf weltweiter wie auf regionaler Ebene, machen sich ohne Zweifel um die Menschheit hoch verdient. Sie erscheinen als erste Versuche, eine internationale Grundlage für die Gemeinschaft der ganzen Menschheit zu schaffen, damit so die schweren Fragen unserer Zeit gelöst werden: den Fortschritt überall zu fördern und Kriege in jeder Form zu verhindern." (GS 84)

Friedenspolitik erfordert heute auch die Fortführung der so genannten Rüstungspolitik der neunziger Jahre. Die Kirche verlangt seit Jahrzehnten: Ende des Rüstungswettlaufs, Rüstungsstopp, Rüstungsabbau, Verbot der Anwendung, der Herstellung, der Verbreitung und schließlich die Vernichtung aller ABC-Waffen. Die Bemühungen um Rüstungskontrolle und Abrüstung sind fortzusetzen. Letztere ist weltweit zu kontrollieren. In diesem Kontext wird auch die Rolle der NATO und der deutschen Bundeswehr in unserem Friedenswort ausführlich durchdacht.

Aus dem bisher Gesagten wird deutlich, dass im Friedenswort der deutschen Bischöfe nicht konfliktbeendende, auch nicht konfliktmindernde Maßnahmen, so wichtig sie sind, sondern eher die vielfältigen gewaltpräventiven

Maßnahmen Vorrang haben. Unter allen Umständen gilt der Grundsatz: Vorbeugende Politik, operationalisierte Gewaltprävention sind besser als nachträgliche Schadensbegrenzung.

Zur Konfliktvorbeugung gehört auch die Konfliktnachsorge. Was hiervon in unserem Friedenspapier gesagt wird, sind ebenso originelle wie wichtige Überlegungen. Ein Krieg begann bisher nie mit dem ersten Schuss und endete nie mit dem letzten Schuss. Die Zeit nach dem Krieg war oft die Zeit vor dem Krieg. Damit das Schweigen der Waffen nicht die Vorbereitung zum erneuten Einsatz der Waffen wird, braucht es intensive Konfliktnachsorge. Das verursachte und ertragene Leid muss ausgesprochen, Schuld muss eingestanden, Unrecht muss verziehen, die Hand zur Versöhnung muss gereicht werden. Wer sich weigert, sich dem Schatten seiner Geschichte zu stellen, bleibt an ihn und an sie gekettet. Es gibt keinen Frieden ohne Versöhnung und keine Versöhnung ohne Wahrheit und Gerechtigkeit. Im Mut, Reue zu zeigen, um Vergebung zu bitten, Vergebung zu gewähren und zu akzeptieren: darin liegt das Wunder der Versöhnung, das den Fluch der bösen Tat bricht und den Bann der Vergangenheit löst. Das haben wir erfahren in der Verwandlung der deutsch-französischen Erbfeindschaft in eine deutsch-französische Freundschaft, die wir vor einem halben Jahrhundert noch für unrealistisch und unmöglich gehalten hätten.

Unser Friedenswort betont ausführlich, dass Friedensarbeit auch eine vorrangige Aufgabe der so genannten Zivilgesellschaft ist. Diese Zivilgesellschaft, die weder dem Bereich des Staates noch dem der Wirtschaft zugehört, bekommt für die Humanisierung aller Lebensbereiche immer größere Bedeutung. Sie steht dem Staat gegenüber und ist zugleich komplementär auf ihn bezogen. Eine zivile Infrastruktur kann entsprechend dem Subsidiaritätsprinzip sehr effizient den Frieden von unten wachsen lassen. Sie kann sich zu einer internationalen Zivilgemeinschaft vernetzen und zu einer Globalisierung der Solidarität beitragen, die eine Voraussetzung eines gerechten Weltfriedens ist.

Den Kommunikationsmedien kommt hier eine nicht zu überschätzende Bedeutung zu. Auch von ihnen hängt es wesentlich ab, ob in einem Land oder in der Welt sich ein Klima des Hasses und der Gewalt aufbaut oder ob die Menschen neue Brücken der Verständigung und Hilfsbereitschaft bauen.

Bei der aktuellen Friedensaufgabe schaut unser Friedenswort aber nicht nur nach außen auf die anderen. Es nimmt auch auf 25 Seiten die Kirche selbst in den Blick und in die Pflicht. Versteht diese sich doch selbst als Sakrament, d.h. als Zeichen und Werkzeug des biblisch-umfassend verstandenen Friedens. Sie verwirklicht bisweilen sogar auf vorbildliche Weise diese ihre Identität. Sie blieb und bleibt aber, Gott sei's geklagt, oft auch hinter diesem Auftrag ihrer Selbstverwirklichung zurück. Sie weiß sich deshalb zur Gewissenserforschung, zur Buße, zur Versöhnung nach innen und außen, zur Mitarbeit am gerechten Frieden zusammen mit allen Menschen guten Willens in unserem Land und in der Welt von heute und zur kreativen Entfaltung neuer Friedensinitiativen aufgerufen.

Aus aktuellem Anlass möchte ich in diesem Zusammenhang einige Sätze unseres Friedenswortes zitieren, die sich auf Fremdenfeindlichkeit und auf Antisemitismus beziehen.

Zum „Umgang mit Fremden“ heißt es in Nr. 193:

„Mit größter Besorgnis sehen wir das Anwachsen und die Auswüchse von Fremdenfeindlichkeit. Wir erklären mit Nachdruck, dass jede Sympathie für solche Einstellungen oder gar eine Beteiligung an fremdenfeindlicher Hetze dem christlichen Glauben widerspricht. Rassistische Menschenverachtung steht in unversöhnlichem Gegensatz zur Menschenwürde und Geschwisterlichkeit aller Menschen, die in Gott dem Schöpfer ihren Grund haben. Kein Christ sollte Verunglimpfungen ausländischer Mitbürger und Mitbürgerinnen dulden oder gewaltsamen Übergriffen tatenlos zusehen. Christen sollten sich vielmehr mit Zivilcourage einmischen. Denn sie müssen ernstnehmen, dass Gott ‚keinem von uns ... fern ist‘ (Apg 17,27); christliche Gemeinden sollten darum stets ein offener Raum für Menschen sein, die fern ihrer Heimat zu leben gezwungen sind. Viele von ihnen leben in starken religiösen Bindungen. Sie wirken in einer pluralistischen, individualisierten und säkularisierten Gesellschaft leicht befremdlich. Gerade wir Christen schulden ihnen Verständnis und Solidarität. Sie werden sich mit unserem Land und unserem Staat in dem Maße identifizieren können, wie sie erfahren, dass ihnen unsere Verfassung und rechtsstaatliche Ordnung die Gewähr dafür bietet, ihrem Glauben gemäß leben zu können.“

Zum Verhältnis Christen – Juden in unserem Land liest man in Nr. 186:

„Wir sind dankbar, dass sich Juden mit Christen in Gesellschaften für christlich-jüdische Zusammenarbeit zusammenfinden. Gemeinsam mit jüdischen Partnern stellen sich einzelne Christen wie auch kirchliche Einrichtungen und Gruppen dem Dialog. Wir sehen mit Freude, dass sich im ‚Land der Täter‘ nach der Shoa wieder jüdische Gemeinden gebildet haben. Nach 1989 haben zudem Juden aus osteuropäischen Ländern ihre Heimat in Deutschland gesucht. Die Zahl der jüdischen Gemeinden und ihrer Mitglieder ist dadurch beträchtlich gestiegen und stellt sie vor große Herausforderungen. Kirchen und Christen sind dazu aufgerufen, aus dem Geist der Geschwisterlichkeit heraus alles zu tun, dass jüdische Menschen Deutschland als ein Land erfahren, in dem sie willkommen sind, ihre jüdische Identität ohne

Bedrängnis leben können und ihre innere Verbindung zum Land Israel ohne Infragestellung ihres Bürgerseins in Deutschland respektiert wird. Jede judenfeindliche Äußerung und Handlung sollte unseren Einspruch und Protest erfahren. Auch wir selbst müssen immer wieder prüfen, inwieweit wir in unseren Äußerungen gefangen sind in den über Jahrhunderte hinweg wirkenden antijüdischen Einstellungen. Im Einsatz für die Verwirklichung der Menschenrechte ist die Geschichte des Antijudaismus und des Antisemitismus zu erinnern. Von daher gilt es, ‚alle Verfolgungen gegen irgendwelche Menschen' und ‚alle Hassausbrüche' zu verwerfen (Nostra Aetate, Nr. 4) und stattdessen für einen gerechten Frieden mit den in der eigenen Gesellschaft lebenden Anderen zu arbeiten. – Wir sehen es als dringlich an, die Geschichte des Judentums, speziell die Leidensgeschichte des jüdischen Volkes, stärker als bisher in der theologischen Ausbildung, im Religionsunterricht und in der kirchlichen Erwachsenenbildung zur Sprache zu bringen. Sie ist, gerade auch in ihren dunklen Phasen, ein Stück unserer eigenen Kirchengeschichte. Ihre Präsenz im christlichen Bewusstsein kann wesentlich dazu beitragen, dass das christlich-jüdische Gespräch voranschreitet und der Weg zur Versöhnung gegangen wird. Wir legen allen, die in der Pastoral, in Erziehung und Bildung tätig sind, nahe, die bereits vorhandenen Materialien über Geschichte und Gegenwart des Judentums sowie über das christlich-jüdische Verhältnis zu nutzen."

Das Wort „Gerechter Friede" wurde der deutschen Bischofskonferenz von der Kommission für weltkirchliche Aufgaben unter Vorsitz von Bischof Kamphaus vorgelegt. Den endgültigen Entwurf des Wortes mit seinem Ansatz, mit seiner Perspektive, mit seinem Aufbau, mit seinen Inhalten haben wir bei einer Sitzung in der Osterwoche in Jerusalem beschlossen. Jerusalem – über das Jesus Tränen vergossen und gesagt hat: „Wenn doch auch du an diesem Tag erkannt hättest, was dir Frieden bringt" (Lk 19,42). Auch heute herrschen dort Unfriede und Gewalt. Jerusalem ist jedoch auch das große biblische Sehnsuchtswort für Friede. Übersetzt heißt es „Schau des Friedens – Friedensvision". Jerusalem kann uns wie kaum ein anderer Ort und wie kaum ein anderes Wort bewusst machen, was heute meint, Boten und Bauer eines gerechten Friedens zu sein.

2002

Immer deutlicher wurden in den vorangegangenen Jahren die Grenzen staatlicher Leistungsfähigkeit. Insbesondere die rasant anwachsende Staatsverschuldung, aber auch die von mancher Seite angefragte Wirksamkeit sozialstaatlicher Hilfesysteme gaben Anlass zum Nachdenken, wie eine mögliche Neuorientierung aussehen könnte. Veränderungen in diesem Feld greifen tief in Gewohnheiten, auch in Lebensgefühle der Menschen ein. Existenzängste nehmen zu und es erwächst als grundsätzliche Frage: Ist Gerechtigkeit in dieser Gesellschaft möglich, auch unter finanziellen Beschränkungen, und wie kann eine solche Gerechtigkeit aussehen? In diese Staat und Gesellschaft bewegende Aufgabenstellung hinein stellt der Trierer Bischof seine Überlegungen, die auf Kriterien verweisen, welche aus der Katholischen Soziallehre erwachsen.

Eigenverantwortung und unterstützende Hilfe – Aspekte der Sozialpolitik*

Reinhard Kardinal Marx

Die letzten Jahrzehnte haben gezeigt, dass eine Gesellschaft nicht statisch ist. Vielmehr gibt es ständig dynamische Vorgänge, die dazu führen, dass sich die materiellen Verhältnisse verändern. Wer Gerechtigkeit will, muss sie immer neu suchen, muss fragen, ob die Balance noch stimmt. Hierzu bedarf es auch vieler empirischer Grundlagen. Eine Übersicht ist kaum noch gegeben, sie ist aber notwendig, wenn wir nach Orientierung streben.

Der Sozialstaat greift z.B. durch Familienpolitik unterstützend in die Handlungszusammenhänge der Familien ein. Und dies, weil die Familie nicht mehr all das leistet, was man von ihr erwartet. Initiativen des Staates entlasten die Familie. Das bringt aber mit sich, dass manche Eltern sich entlasten, obwohl sie eine Belastung selber hätten tragen können. Hier zeigt sich ein Dilemma des Sozialstaates, das in vielen Bereichen der Sozialpolitik wahrnehmbar ist. Sogenannten schwachen Personen oder Personengruppen, eben auch bestimmten Familien, die auf Sozialleistungen angewiesen sind, gibt der Staat eine Unterstützung – und manche nicht ganz so Schwache nehmen diese Unterstützung unter Bezug auf den Gleichheitsgrundsatz für sich in Anspruch. Was ursprünglich für wenige gedacht war, wollen viele und erhalten es auch.

Mit der Ausweitung solcher Sozialausgaben verändert sich der Charakter des Hilfsinstruments. Was der Philosoph Hans Jonas in einem anderen Zusammenhang einmal sinngemäß gesagt hat, lässt sich auch hier feststellen. Der Prozess schreitet „auf hundert Pfaden und in tausend kleinen Schritten fort, überall voll von unbekannten und hinsichtlich der kritischen Schwellwerte offenen Fragen: wieweit man hier oder dort gehen darf; nicht in dramatischen Entscheidungen, sondern in banaler Alltäglichkeit und durch Einsatz an sich

* Der vorliegende Text ist im Zusammenhang mit der Ansprache von Bischof Dr. Reinhard Marx unter dem Titel „Das Soziale neu denken" beim St. Martins-Jahresempfang des Katholischen Büros Mainz 2002 entstanden und dem Buch Reinhard Marx/Bernhard Nacke: Gerechtigkeit ist möglich. Zwischenrufe zur Lage des Sozialstaats, Freiburg i.Br./Basel/Wien 2004 (71–81) entnommen – einschließlich kleiner redaktioneller Änderungen.

‚unschuldiger', dem Leben ... förderlicher Mittel". Die Veränderung des Hilfeinstruments hin zur Umverteilung nach unten wird kaum wahrgenommen. Wenn es im politischen Alltag auch sehr schwierig ist, die Grenze zwischen notwendiger und nicht notwendiger Hilfe zu finden, so ist um der Gerechtigkeit willen, aber auch um Missbrauch zu verhindern, doch immer wieder danach zu suchen. Hier gilt das Kriterium: Nur eine notwendende Hilfe des Staates ist echte Solidarität.

Hier muss aber auch ein Wort zur „Umverteilung nach unten" und „Umverteilung nach oben" gesagt werden. Diese Begriffe umschreiben scheinbar politisch ungerechtfertigte Vorgänge, die es zu bekämpfen gilt. Sie werden jeweils von den Besitzenden bzw. Nichtbesitzenden verwandt. Wenn aber das politische Ziel nicht einfach „Gleichheit für alle" ist, sondern vielmehr: „Jedem das Seine", dann bedarf es stets der Begründung, warum an einem bestimmten Ort eine Verteilung nach unten oder nach oben gerechtfertigt und auch notwendig ist.

Ein Ziel des Sozialstaates ist es zu versuchen, die Kräfte zu stärken, mit denen der Einzelne Verantwortung für sich und andere wahrnimmt. Der Staat verändert sich hierdurch. Er geht den Weg vom Verteilungsstaat hin zu einem Staat, der im sozialstaatlichen Sinne die Eigenkräfte stärkt. Denken wir beispielsweise an entsprechende Modelle zur Familienpolitik: Die Familie insgesamt zu stärken und nicht nur Einzelleistungen zur Entlastung bestimmter Familien im Blick zu haben, wäre solch ein Weg. Es gilt immer wieder daran zu denken, den Sozialstaat so zu organisieren, dass dem Einzelnen und vor allem den Familien „Hilfe zur Selbsthilfe" gegeben wird, wie es bereits das Sozialhilfegesetz der 1960er Jahre vorsieht. Dahinter steckt die Philosophie vom Menschen: Wir trauen dir etwas zu, wir glauben, dass du etwas kannst, dazu helfen wir dir, dazu vermitteln wir Fähigkeiten. Hierfür ist natürlich auch Geld notwendig, es geht nicht ohne öffentliche Mittel. Aber das Ziel ist, wie heutige Sozialethiker manchmal sagen, in einer Justitia participativa, also in einer Beteiligungsgerechtigkeit, zu sehen. Eine solche Ausrichtung schließt das Verteilen nicht aus. Aber sie bringt einen anderen Akzent ins Spiel. Sie durchbricht die vornehmliche Wahrnehmung der Sozialpolitik als eine Verteilungsarbeit, das heißt, sie durchbricht die Überlegung, der Sozialstaat müsse immer mehr Geld an immer mehr Leute verteilen. Das kann nämlich unter den jetzigen Bedingungen nicht mehr funktionieren und ist auch grundsätzlich zu kritisieren. Wer den sozialpolitischen Instrumentenkasten darauf ausrichtet, dass alle, die Verantwortung wahrnehmen könnten, eine notwendige Hilfe zur Selbsthilfe erhalten, der sorgt für eine Sozialpolitik, die Anschluss an das Wirtschaftsgeschehen findet. Bisherige und zukünftige Förderungsmodelle stehen damit unter dem Beurteilungskriterium, dass eine Hilfe – wenn möglich – eine Hilfe zur Selbsthilfe sein soll, damit möglichst niemand ausgenommen ist, sich zu beteiligen, wenn es um eine Hilfe für ihn selbst geht. Erst das Zusammengehen des solidarischen Aspektes mit dem subsidiären Aspekt macht eine Hilfe möglich, die dem Menschen seine Eigenverantwortung und Freiheit nicht nimmt und ihn doch nicht alleine lässt.

Gerade wenn man häufig mit Familien und über Familienpolitik redet, merkt man, dass viele nicht mehr die Kraft haben, die sich andere von ihnen wünschen. Weil die Erosion spürbar ist, tritt der Staat mit vielen einzelnen Hilfen ein. Hinzu kommt die Beobachtung, dass in den letzten Jahrzehnten der Bevölkerungsanteil der Singles auf ca. 30 bis 40 Prozent angestiegen ist im Verhältnis zu der Gruppe der Gleichaltrigen, die eine Familie gegründet haben. Dies hat zur Folge, dass heute vielfach die eine Gruppe den Wohlstand anstrebt, den die andere Gruppe hat. Das gilt besonders für die Bevölkerungsgruppen mit geringem Einkommen, die nicht im Abseits stehen wollen. In den Familien dieser Gruppe findet vielfach eine Aufholjagd statt, die kaum gelingt, aber negative Wirkungen zeigt: Zur normalen Erwerbstätigkeit nehmen die Eltern zusätzliche Tätigkeiten wahr, um ihre Einnahmen zu verbessern. Dann aber fehlt die Zeit für die Kinder, deren Erziehung und Förderung, für den Ehepartner und damit für die Beziehung zueinander und für die Beziehung zu Nachbarn, Freunden, Arbeitskollegen – mit der Folge, dass die Vernetzung mit deren Lebenswelt zurückgeht. Die „Original-Ton: Familie"-Sammlung der familienpolitischen Aktion der rheinland-pfälzischen und saarländischen Diözesen hat dies auf einfache Weise bestätigt.[1] Eine kleine materielle Spirale nach oben bedeutet für manche Familien eine größere Lebensbewältigungsspirale nach unten. Generell lässt sich sagen – wie dies die Familienwissenschaftler und die Familienverbandsvertreter seit mehr als zehn Jahren tun –, dass die Zukunftsfähigkeit der Gesellschaft in Bezug auf das Heranwachsen der Kindergeneration *sozialisiert* wird, d. h. dass alle Gesellschaftsmitglieder gerne diese Leistungen von den Familie entgegennehmen, während die Lasten für diesen Teil der Zukunftsfähigkeit der Gesellschaft *privatisiert* werden, also von den Familien getragen werden. Was geleistet werden muss, ist Folgendes: Die betroffenen Familien mit geringerem Einkommen brauchen Unterstützung materieller und immaterieller Art, wodurch eine Stärkung

---

[1] Vgl. Bernhard Nacke (Hg.): Familienpolitische Herausforderungen. Erkenntnisse, Einsichten, Perspektiven, Mainz 2002.

der eigenen Kompetenz und Leistungskraft dieser Familien erreicht werden kann. Es muss möglich sein, mit *einem* Vollerwerbseinkommen eine Familie zu unterhalten. Dies ist übrigens seit vielen Jahrzehnten eine Grundforderung der Katholischen Soziallehre. Es gibt andere Grundmodelle in diese Richtung, wie beispielsweise das Erziehungsgehalt, das von einer Gruppe Wissenschaftler erfolgversprechend durchgerechnet wurde, oder das Familiengeld der CDU. Jedenfalls kommen wir ohne eine grundlegende Besserstellung der Familie nicht weiter. Diese Besserstellung kann nicht nur durch eine familiengerechtere Gestaltung der Arbeitswelt erreicht werden. Auch die notwendige Verbesserung der Bedingungen, damit auch der zweite Ehepartner Familie und Beruf miteinander verbinden kann, stellt keine befriedigende Lösung für alle dar.

Wenn die gesellschaftspolitischen Problemlagen so zugespitzt sind, dass wir in den einzelnen Problemfeldern auf dieselben Menschen stoßen, dann ist schnell einzusehen, dass wir die einzelnen Politikbereiche miteinander vernetzen müssen, damit Synergieeffekte entstehen und nicht Blockaden. Eine Wirtschaftspolitik, die Arbeitsplätze schafft, stärkt unser Sozialsystem nicht nur, weil mehr Wohlstand für die entstehen kann, die neue Arbeit gefunden haben, sondern auch, weil die Sozialkassen mehr Einnahmen haben.

Arbeitsplätze entstehen jedoch nicht nur durch Investitionen, durch mehr Nachfrage oder durch mehr Exportanreize aus der Weltkonjunktur. Vielmehr ist auch auf das Bedürfnis der Unternehmer nach gut und intelligent ausgebildeten Kräften hinzuweisen. Wir stimmen hier nicht einfach in das seit Jahren zu hörende Klagelied der Wirtschaft ein, dass die jungen Menschen nicht gut genug ausgebildet seien. Aber wir haben es mit der PISA-Studie schriftlich: Wir müssen uns im Bildungsbereich anstrengen, wenn wir in der Welt des Wirtschaftens mithalten wollen. Nun haben nicht erst die PISA-Ergebnisse wachgerüttelt, die Bildungspolitiker sehen seit Jahren Handlungsbedarf. Und doch hat der PISA-Schock heilsame Wirkung, denn wir können von diesem Schock nicht allzu schnell zur Tagesordnung zurückkehren. Also: Verbesserung der Bildung stärkt die Wirtschaft, entlastet das Sozialsystem. Bildung ist eine flankierende Maßnahme für die Sozialpolitik, dies ist nicht von der Hand zu weisen.

Wir müssen jedoch noch einen Schritt weiter gehen, so dass sich der Kreis erst schließt: Die Bildungspolitiker und die Interessensverbände im Bildungsbereich machen darauf aufmerksam, dass die Bildungsarbeit in der Schule unter der mangelhaften Erziehung mancher Schüler leidet. Wer anders als die Familien könnte hier Abhilfe schaffen? Die bisher immer umfänglicher gewordenen politischen Unterstützungsmaßnahmen sicherlich nicht. Sie müssten so ausgebaut werden, dass sie nicht mehr finanzierbar wären. Es ist eine Illusion zu glauben, mit Geld könne all dies ausgeglichen werden, was die Familien immer weniger leisten können. Es bleibt uns nichts anderes übrig, als uns neu der Familie zuzuwenden. Das ist keine Idealisierung, das ist pure Notwendigkeit. Mit dem Bemühen, die Familie als Ganze in den Blick zu nehmen, haben wir zwar die Richtung geändert, aber noch lange keine grundlegende Lösung gefunden. Vielleicht gibt es diese auch gar nicht, vielleicht müssen wir die vielen tausend Stellschrauben neu entdecken, die ein Umsteuern Schritt für Schritt notwendig machen. Das gilt besonders für die steuerliche Berücksichtigung der Leistungen der Familie.

Auch müssen wir in diesem Zusammenhang wenigstens darauf hinweisen, dass Lebensorientierung, Wertebildung und praktische Alltagsbewältigung Vorgänge sind, die durch Familie und Schule entscheidend gefördert werden können. Mehr denn je ist die Gesellschaft individualisiert und plural gestaltet. Wer in einer solchen Gesellschaft bestehen soll, ohne das Sozialsystem zu belasten, der braucht eine starke Persönlichkeitsstruktur, der muss mehr als bisher Eigenverantwortung tragen können. Wo anders soll er diese Kompetenz erlangen als an dem Ort, an dem er aufwächst? Stärkung der Familien bedeutet Stärkung der Persönlichkeiten. Das ist keine Ideologie, sondern die Konsequenz aus entwicklungspsychologischen Forschungsergebnissen über das Kleinkindalter. Es gilt, ohne Scheuklappen auf die Familie zu schauen und Wege zu deren Stärkung zu finden, damit unser Solidarsystem nicht an Überbelastung erstickt. Die Meldungen aus den Caritasbereichen mahnen zur Eile, beispielsweise steigen die Beratungsnachfragen, die Belastungen durch Pflegearbeit, die die Familie nicht mehr leisten, ebenfalls. Die Kosten hierfür werden in manchen Bundesländern nicht mehr ausgeglichen. Das Sozialsystem wird aller Voraussicht nach grobmaschiger. Die auffangende Instanz Familie ist so geschwächt wie noch nie. Es ist zu befürchten, dass dies keine Schwarzmalerei ist.

Es gilt das Augenmerk dem Umstand, Verantwortung wahrnehmen zu sollen und zu können. Papst Johannes Paul II. hat in der Enzyklika „Centesimus annus“ gesagt: Der Wohlfahrtsstaat, der direkt eingreift und die Gesellschaft ihrer Verantwortung beraubt, löst den Verlust an menschlicher Energie und das Aufblähen des Staatsapparates aus, der mehr von bürokratischer Logik als von dem Bemühen beherrscht wird, den Empfängern von Leistungen zu dienen. Wir stellen die Verantwortung des Einzelnen für sich in den Mittelpunkt. Bei der Suche nach politischen Lösungen von gesellschaftlich relevanten Problemen gilt das Subsidiaritätsprinzip für jeden konkreten Menschen. Danach ist immer zu prüfen, ob der Einzelne selbst das zu lösende Problem bewältigen kann. Erst wenn dies nicht oder unzureichend der Fall ist, soll auf der nächst höheren Ebene bzw. von der nächst größeren Gemeinschaft Unterstützung gegeben werden, mit der der Einzelne dann selbst seine Probleme angehen kann. Ist auch dies nicht zielführend, ist nach der noch größeren Einheit zu suchen, die zur Problemlösung beitragen kann. Ein weiteres Kriterium für die Entwicklung unseres Sozialsystems lautet: Die Verantwortung des Einzelnen für sich als nicht aufzugebende Größe muss so oft wie möglich eingefordert werden, ohne auch nur einen Menschen durch das soziale Netz fallen zu lassen.

C. Gesellschaft und Glaube

1984

Es ist eine alte Überlegung: Wie sehr darf Kirche sich auf diese Welt einlassen, wie sehr muss sie sich aus ihr herauslösen? Die Geschichte der Kirche kennt hierzu nahezu alle Facetten – vom Staatskirchentum, das alle Glieder des Gemeinwesens umfasst und bindet, bis hin zur unterdrückten und verfolgten Untergrundkirche, deren Hineinwirken in die Gesellschaft nach Möglichkeit unterbunden wird und die so oftmals nur Halt für wenige Einzelne bieten kann.

In unserem Land stellen sich die Fragen in solcher Radikalität nicht. Und dennoch gibt es immer wieder aus der Kirche und aus dem Glauben kommende Ansätze, sich deutlicher abzusetzen, ja abzuwenden von Staat und Gesellschaft. Eine solche Phase gab es gerade auch zu Beginn der 1980er-Jahre, in denen aufs Neue und in unterschiedliche Richtungen reflektiert wurde, wie Jesus selbst denn wohl christliche Gemeinde gewollt habe und mit welcher Konsequenz man dies leben müsse. Der Mainzer Bischof geht solchen Überlegungen nach, bedenkt positive Ansätze ebenso wie problematische Folgen aus Sicht der gesamten Kirche.

Ist die Kirche eine Kontrastgesellschaft?

Karl Kardinal Lehmann

Große grundsätzliche Themen zwischen Staat und Kirche haben wir zum gegenwärtigen Zeitpunkt nicht zu verhandeln. Auch wäre die Zeit zu knapp, um über Fragen prinzipieller Natur hier zu sprechen. Dennoch sollte der Empfang nicht nur dem partnerschaftlichen Gespräch und der Gefälligkeit dienen – so wichtig diese sind –, sondern wir möchten Ihnen auch einen kleinen Einblick geben in das spannungsreiche Leben zwischen Staat-Gesellschaft-Kirche, dem die Christen in den einzelnen Gemeinden heute ausgesetzt sind. Um mehr als Diskussionsanstöße kann es sich freilich nicht handeln.

Seit einigen Jahren findet ein attraktives Thema immer mehr Aufmerksamkeit im innerkirchlichen Bereich, nämlich die Überzeugung, das wahre Wesen der Kirche bestehe darin, eine echte Gegengesellschaft zu sein zu dem, was jeweils ist. Man müsse endlich darauf verzichten, Kirche und Staat insgeheim zur Deckung bringen zu wollen. Tragende Elemente im heutigen Gesellschaftssystem sind nach Meinung dieser Autoren und Gruppen falsch konstruiert. Freilich ist eine Umwälzung der Gesellschaft weder durch eine revolutionäre Entwicklung noch auf dem Wege eines „Marsches durch die Institutionen“ erreichbar. Der neue Weg besteht darin, dass die Kirche als Alternativ- oder Gegengesellschaft, als Modellgesellschaft Gottes umgebaut wird. Entscheidend sind dabei zwei Elemente: Durch die Bibel und das Neue Testament kann der Christ eine neue Einsicht gewinnen in die Andersartigkeit eines Umgehens mit Besitz, Macht und Gewalt. Dies vollzieht sich nicht allein im Einzelnen, sondern – und dies ist das zweite Element – in überschaubaren, auf Freiwilligkeit angelegten, kleinen, aber gleichgesinnten Gruppen. Hier werden neue Gesellschaftsformen ohne viel Propaganda einfach gelebt. Um den „Rest der Welt“ will man sich nur am Rande kümmern. Im Übrigen wird dieses Leben auf seine Weise kritisch und umformend zurückwirken auf die „alte“ Gesamtgesellschaft. Elemente solcher Entwürfe finden sich häufig. Sie sind in Gemeindemodellen, wie z. B. die „Integrierte Gemeinde“, in vielen Konzepten europäischer Basisgemeinden (im Unterschied zu den lateinamerikanischen Basisgemeinden) und bei manchen theologischen Autoren und religiösen Schriftstellern erkennbar. Der Einfluss gerade auf die Jugend und die studierende Generation ist nicht zu unterschätzen.

Diese Ideen sind nicht nur durch die Gunst des Zeitgeistes verführerisch, sondern hinter ihnen steckt auch eine Reihe von plausiblen Einsichten und Erfahrungen, von denen ich nur einige nennen möchte:

- Neuzeitliche Grundsituation: Man will sich nicht damit zufriedengeben, dass die Kirche im Zuge der neuzeitlichen Arbeitsteilung und Differenzierung aller Lebensbereiche in die partikuläre Instanz letzter Sinngebung allein abgedrängt und so gesellschaftlich marginalisiert wird. Man protestiert gegen die Reduzierung der Kirche als sozialer Einrichtung zur Neutralisation von Frustrationen. Man verzichtet jedoch auch auf eine Wiederherstellung verlorener oder höchst problematisch gewordener sozialer Privilegien. So sucht man in der Gesellschaft einen eigenen Ort, der sich nicht auf eine Sinnprovinz beschränken lässt, zugleich jedoch den Umarmungsmanövern der Gesellschaft nicht erliegen kann. Zugleich möchte das neue Modell Anstoß geben für eine Veränderung vieler Felder unseres öffentlichen Lebens. Die Kirche möchte nicht verzichten auf Mitspracherechte im Bereich anderer Funktionen des gesellschaftlichen Lebens, wie z.B. Wirtschaft, Medizin und Kultur.
- Die Berufung auf die Bibel liegt nahe: Hier scheint ein ursprünglicher Non-Konformismus im Sinne des hl. Paulus verwirklicht zu werden: „Gleicht euch nicht dieser Welt an, sondern wandelt euch und erneuert euer Denken“ (Röm 12,2). Immer wieder werden die Bilder des Matthäus-Evangeliums angeführt, die die christliche Gemeinde als „Salz der Erde“, „Licht der Welt“, „Stadt auf einem Berg“ (vgl. Mt 5,13.14) umschreiben. Die neuen Modelle scheinen diese biblischen Verheißungen eher zu erfüllen. Sie zeigen die Doppelfunktion der Gemeinde an, zwar Kontrast und Gegensatz zu sein, aber zugleich Impuls zur Veränderung der Welt.
- Das Programm der „Gegengesellschaft“ trifft sich mit nicht wenigen Bewegungen unserer Zeit, die eine Dezentralisierung und Verlagerung unseres Lebens mehr in kleinere und überschaubare Lebenswelten fordern. Es hat dadurch auch eine gewisse Analogie und Verwandtschaft mit dem Protest- und Kritikpotential der Gesellschaft von heute.

So wird verständlich, warum man in dem Modell der Gegengesellschaft eine Alternative sieht. Dennoch fordert diese Konzeption heraus. In ihrer Faszination werden leicht Unschärfen und Unklarheiten übersehen, von denen die Rede sein muss. Zunächst kann man sich fragen, ob hier nicht aus einer geschichtlich-sozialen Notlage, nämlich dass die Kirche heute nur noch ein Teilsystem der gesellschaftlichen Gesamtwirklichkeit ist, eine theologische

Überhöhung geschieht. Die verwandelte Kirche könnte gar nicht alles bereithalten, wozu sie selbst aufgerufen hat. Sie müsste ja die in der Gesellschaft nötigen Aktivitäten z. B. der Wirtschaft und Kultur selbst exemplarisch leisten. Ist dies aber real denkbar? Bedeutet dies nicht die Gefahr einer Flucht in Subkulturen, die beziehungslos und unverbunden neben der Gesamtgesellschaft stehen? Wenn die Gemeinde nur alle ihrer Größe und Leistungsfähigkeit zukommenden gesellschaftlichen Funktionen wahrnimmt, ist sie dann wirklich noch Sauerteig für die Welt? Kann eine solche leicht in sich selbst verschlossene Sonderwelt je noch impulsgebend auf die im Grunde ja schon abgeschriebene, „alte" Gesellschaft regenerativ zurückwirken? Ist die alte Versuchung nicht greifbar nahe, auf dem beschränkten eigenen Boden eine auserwählte Gemeinde, eine heile Welt, ja vielleicht das Reich Gottes selbst zu gründen?

Damit sollen die zuerst genannten positiven Anhaltspunkte nicht vom Tisch gewischt werden. Aber mir scheint, dass die „Kirchenträume" sich der Härte dieser Fragen noch nicht ausreichend gestellt haben. Freilich, dem Glaubenden ist ein solcher Traum nicht völlig verwehrt, aber ein solcher kommt doch nur im Schlaf.

Die Kirche von heute wird die Probleme der Autonomisierung aller Lebensbereiche und die Gefahr ihrer eigenen Marginalisierung nicht verharmlosen, wie es leider noch oft geschieht. Sie muss aber auch nüchtern zu ihrer schwierigen Verflechtung in der heutigen Gesellschaft stehen. Eine glatte Überforderung könnte nur zum Verlust der Tätigkeitsbereiche führen, in denen sie dem Menschen wirklich helfen kann. Ja, sie ist als „offenes System" auch genötigt, ihre Armut einzugestehen und anzunehmen: sie muss nicht über alle Mittel verfügen; sie kann nicht alles Gesellschaftliche in sich aufsaugen. Sie darf jedoch vor allem nicht ihre durch nichts eingeschränkte Sendung verlieren. So darf sie sich mit ihren verfügbaren Kräften nicht zu sehr auf den innerkirchlichen Lebensbereich einschränken lassen. Sie braucht viel Kraft für die Auseinandersetzung mit ihrer Umwelt. Sie kann nicht nur mit Gleichgesinnten verkehren und abseits der Großgesellschaft sich zurückziehen in ein selbstgeplantes Reich ihres Glücks. Sie muss die Sorgen und Nöte einer konkreten Gesellschaft mittragen und ausleiden, auch wenn sie manchmal der Komplizenschaft mit den Mächtigen verdächtigt wird. So ist sie selbst angefochtener und verwundbarer, aber gerade so verhindert sie auch, eine geschlossene Gesellschaft zu werden, die sich auf sich selbst bezieht.

Die Kirche von heute wird sich von solchen Utopien anregen und ein Stück weit immer auch verwandeln lassen. Kleinere und überschaubare

Lebenswelten haben einen echten und unaufgebbaren Sinn. Aber auch die Kirche kann nicht aus einer unverbundenen Vielfalt ordensähnlicher Zellen bestehen, die der Welt den Rücken gekehrt haben. Die Organisationen der Gemeinden in größeren Verbänden ermöglicht ein Wirksamwerden christlichen Geistes, wie es sonst unter den Bedingungen unserer Gesellschaft nicht möglich ist. Schrittmacherfunktion von Gemeinde und Kirche: Ja, aber nicht um den Preis gesellschaftlicher Abkapselung und der Verweigerung von Kommunikation. Darum bedürfen erst recht alternative Gemeindeformen wiederum der Verwurzelung in größeren Strukturen. Sonst sind sie zum Untergang verurteilt. So können sie auch das Leben von Kirche und Gesellschaft neu befruchten. Dies mag für die Betroffenen paradox und wenig attraktiv sein. Aber gerade die dahinter sichtbar werdende Spannung muss ausgehalten und ausgetragen werden. Leben besteht im fruchtbaren Ertragen und Ausgleichen solcher und vieler Polaritäten.

1991

Es war die Vorstellung von der Machbarkeit der Welt, welche die Menschen lange Zeit beflügelt und geprägt hat, ein Fortschrittsoptimismus, der sich in zahllosen Erfindungen gerade des letzten Jahrhunderts ja durchaus zu bestätigen schien. Hinter solchen Machbarkeitsüberlegungen verbirgt sich nicht selten ein Menschenbild, wonach der Einzelne die Welt einerseits nur auf sich selbst bezieht und andererseits glaubt, zur Realisierung sich den Menschen zu Nutze machen zu dürfen. Beide Facetten dieser Vorstellung waren schrittweise ihrem Ende näher gekommen – zu erinnern ist an große Umweltkatastrophen, ausgelöst durch Chemie- und Kernreaktorunfälle jener Jahre, aber auch daran, dass ein solches Menschenbild, das für Verführungen anfällig ist und die menschliche Freiheit letztlich negiert, gerade in Mittel- und Osteuropa überwunden worden war. Der Trierer Bischof bedenkt angesichts solcher Hintergründe und Problemlagen das Selbstverständnis des Menschen und das Wesen der Demokratie.

Der Mensch an den Grenzen seiner Technik

Bischof Hermann Josef Spital (†)

Wir leben in einer geschichtlich außerordentlich bewegten Zeit. Noch überschauen wir kaum, was in den Umwälzungen der letzten Jahre wirklich geschehen ist. Immer wieder neu reiben wir uns die Augen angesichts einer von Grund auf veränderten politischen Welt. Lassen Sie mich versuchen, ein Element der Veränderungen genauer zu betrachten.

Ich bin der festen Überzeugung, dass in den Umwälzungen der letzten Jahre nicht nur der Marxistische Sozialismus gescheitert ist; vielmehr bin ich der Meinung, dass eine bestimmte Art des Menschen, sich selbst zu verstehen, in ihrer Unzulänglichkeit entlarvt worden ist. Es geht in all dem, was wir da miterlebt haben, letztlich um unser Menschenbild, um unser Verständnis vom Menschen.

Meine These lautet: Der sich als „Techniker der Welt und seiner selbst" verstehende Mensch ist am Ende. Seit dem Beginn der Neuzeit hatte der Mensch ein neues Verhältnis zu der ihn umgebenden Welt gefunden; durch naturwissenschaftliche Experimente lernte er, sich mehr als je zuvor die Gesetzlichkeiten der Schöpfung zu Nutze zu machen. Er erkannte, „dass Wissen Macht ist". Er sah sich als Mitte und Bezugspunkt und die ihn umgebende Welt der Dinge als zu handhabendes Material für seine Tätigkeit.

Das galt im letzten nicht nur für seinen Umgang mit der Materie; auch die Menschen und Völker wurden einem solchen Verständnis untergeordnet. Wenn der französische Sonnenkönig Ludwig XIV. sagte: „L' État – c'est moi", zu Deutsch: „Der Staat, das bin ich", dann kommt darin ebenso das alles auf sich beziehende Verständnis vom Menschen zum Ausdruck, wie in den großen Wirtschaftsführern des 19. Jahrhunderts, die ihre Betriebe patriarchalisch auf sich ausrichteten – man denke nur an Persönlichkeiten wie Friedrich Krupp. Und schließlich erfasste diese Grundhaltung des „Machenkönnens" auch den Umgang des Menschen mit sich selbst.

Soweit die Ansage dessen, was ich mit meiner These zum Ausdruck bringen will.

Dass dieses Menschenbild in einer vom Christentum geprägten Welt entstehen konnte, ist eigentlich erstaunlich. Denn die Bibel, die Heilige Schrift des Christentums, beschreibt den Ursprung des Menschen anders: Wir lesen im Schöpfungsbericht, dass Gott sich vorgenommen hatte, den Menschen zu schaffen. Und dann wird das ausgeführt: „Gott schuf den Menschen als sein Abbild; als Abbild Gottes schuf er ihn. Als Mann und Frau schuf er sie" (Gen 1,27). Demnach ist der Mensch von Anfang an gar nicht als Einzelner geschaffen worden, sondern als ein „Paarwesen". Eigentlich hätte diese Beschreibung des Ursprungs des Menschen – die ja nicht einen Bericht von der Art und Weise geben will, wie Gott den Menschen erschaffen hat, sondern eine Wesensaussage über das beinhaltet, was der Mensch ist – das oben aufgezeigte Missverständnis gar nicht erst entstehen lassen dürfen.

Dass das technische Denken, das die Natur, beziehungsweise den jeweiligen Gegenstand „in den Griff" bekommen will und deshalb auf Präzision und strenger Gesetzlichkeit aufbaut, da an seine Grenze gelangt, wo der Mensch mit sich selbst oder mit seinen Mitmenschen umgeht, hat der Schweizer Schriftsteller Max Frisch in seinem 1964 erschienenen Roman „Mein Name sei Gantenbein" auf eine originelle und tiefsinnige Weise gezeigt. Es geht in diesem Buch um Geschichte und um Geschichten. Insofern es um Geschichte geht, geht es um etwas, das gerade die Natur nicht hat: Wo sich das Gleiche unter gleichen Umständen stets wiederholt, gibt es keine Geschichte. Geschichte hat nur der Mensch, der sich nie wiederholt.

Da entsteht das Problem. Wie soll sich der Mensch präzise kennen, wenn er, ohne sich zu wiederholen, zu stets Neuem voranschreitet; wie soll er hinter sein Geheimnis kommen, wenn jede Minute neue Geheimnisse birgt? Der Mensch ist stets auf der Suche nach sich selbst. Natürlich hat er einen Begriff von sich selbst, er kennt sich als den, der er bis zu diesem Augenblick gewesen ist. Aber dieser Begriff gewinnt keine Festigkeit, weil jede neue Erfahrung ihn modifiziert. Jede Erfahrung, die der Mensch macht, muss in das Bild eingeordnet werden, das er von sich selbst hat.

Damit kommen wir zu den Geschichten. Der Mensch als ein Wesen, das eine Geschichte hat, muss seine stets neuen Erfahrungen einordnen; den Prozess dieser Einordnung nennt Max Frisch: „sich die einer Erfahrung zugehörige Geschichte suchen". Er schreibt: „Ein Mann hat eine Erfahrung gemacht, jetzt sucht er die Geschichte dazu – man kann nicht leben mit einer Erfahrung, die ohne Geschichte bleibt, scheint es"[1].

Wir hören übrigens in dem Buch an keiner Stelle, welche Erfahrung der Erzählende eigentlich gemacht hat; natürlich nicht, denn die Erfahrung ist als solche ja gar nicht aussagbar. Während meine Erfahrung immer neu und

---

[1] Max Frisch: Mein Name sei Gantenbein. Roman, Frankfurt a. M. 1964, 14.

erstmalig ist, sind die Worte, mit denen ich sie auszusagen suche, immer alt und bereits vielmals gebraucht.

Stets gieße ich neuen Wein in alte Schläuche – woher gewinne ich die Sicherheit, daß er nicht den Geschmack dieser Schläuche annimmt? Was tue ich, um gleichwohl meine Erfahrungen zu beschreiben? Ich suche Worte zusammenzufügen, so dass sie aus ihrer Zusammenstellung den meiner Erfahrung gemäßen Geschmack bekommen; Frisch sagt: Ich erzähle eine Geschichte.

Es geht darum, die richtige Geschichte zu finden; die eine von den vielen möglichen Geschichten, die genau meine Erfahrung einfängt. „Ich probiere Geschichten an wie Kleider", schreibt Max Frisch. Aber jedes Mal passen sie irgendwie nicht; die angestrebte Präzision wird nicht erreicht, weil in jeder Geschichte, die ich anprobiere, immer schon ein Stück Erfahrungsdeutung enthalten ist. Welche Bedeutung ich aber einer Erfahrung zumesse, entspringt meiner freien Entscheidung – ich kann etwas so oder auch anders sehen. Wenn das so ist, dann kann ich aber auch mich selbst so oder anders sehen: Ich bin mir nicht einfach so vorgegeben, wie materielle Dinge oder Naturgesetzlichkeiten vorgegeben sind. Genau darum kann ich mit mir selber nicht technisch umgehen.

Im gleichen Roman zeigt Max Frisch aber auch auf, dass Ähnliches von dem Umgehen mit meinem Mitmenschen gilt. Er geht von der Überlegung aus: Wenn man schon sich selbst nicht befriedigend auf die Sprünge kommt, ist es dann nicht vielleicht möglich, wenigstens einen anderen so zu erkennen, wie er wirklich ist? Der Erzähler stellt sich vor, dass man den Versuch machen könnte, die Art, wie jemand sich gibt, zu unterlaufen, um so den Partner, wie er wirklich (das heißt: unabhängig von allem „sich geben") ist, vor Augen zu bekommen. Man müsste ihn des Zwangs entheben, vor uns sich geben, vor uns in einem Bild erscheinen zu wollen. Insofern dieser Versuch gemacht wird, kleidet der Erzähler sich in die Figur des Herrn Gantenbein. Gantenbein geht in einen Laden, kauft sich eine Blindenbrille, erschleicht sich vom Amtsarzt einen Blindenpass und steht nun vor allen Menschen als Blinder da. So hat er die Möglichkeit, den anderen (wenngleich durch eine Blindenbrille) zu sehen, ohne dass der andere unter dem Zwang steht, einen Zuschauer zu haben – ohne dass der andere „sich ins Bild setzen muss".

Dieser Versuch, durch die vorgetäuschte Blindheit besser dahinterzukommen, wer der andere ist, wird in vielen Variationen durchgespielt; ich kann hier nur eine einzige herausgreifen. Gantenbein heiratet eine Schauspielerin Lila, die – wie das bei Schauspielerinnen vorkommt – schön und umschwärmt, viel auf Reisen und nicht gerade treu ist. Ich zitiere:

„Wir sind glücklich wie kaum ein Paar. ... Lila betrügt mich (um dieses sehr dumme Wort zu gebrauchen) von Anfang an, aber sie weiß nicht, daß ich es sehe, und freut sich wie ein Kind, wenn ich sie draußen am Flughafen abhole, jedes Mal. Ich warte auf der Zuschauerterrasse, gestützt auf mein schwarzes Stöcklein, die Brille im Gesicht, versehen mit der gelben Armbinde. Sie winkt nicht, wenn sie dann im geführten Rudel der Passagiere über das weite Betonfeld geht, und natürlich winke ich auch nicht. Um nicht aus der Rolle zu fallen vor Freude. Ich sehe einen Herrn, der ihr den Mantel trägt, und Lila, während sie Ausschau hält, hängt ihm ein. Jetzt hat sie mich gesehen! Ich seh's. Und dann verschwinden sie unten in der Zollhalle. Nie werde ich fragen, wer dieser Herr gewesen ist. Denn Lila erwähnt ihn ja nie, und ich könnte nicht erklären, wieso ich von seiner Existenz überhaupt weiß, nicht ohne meine Rolle dadurch aufzugeben."[2]

Erlauben Sie mir noch ein Zitat:

„Hoffentlich gibt Gantenbein nie seine Rolle auf, die darin besteht, daß er glaubt. Wie zärtlich ist Lila jedesmal, wenn sie von ihren Gastspielen kommt! Sie sitzt auf seinem Knie, unbefangen in dem Grad, als er es ist, und überströmend von Zuneigung, weil da kein Blick ist, der sie trotzig und lügnerisch macht; glücklich wie noch nie mit einem Mann, frei von Heuchelei, da sie sich von keinem Verdacht belauert fühlt."[3]

Als Gantenbein einige Zeit später Lila gegenüber endlich gesteht, dass er nur scheinbar blind gewesen ist („Nun ja – eigentlich ist es eine Liebeserklärung, meint er, was er ausspricht"), da wirft Lila ihn hinaus. Sie fühlt sich verschaukelt. Er hat mit ihr gespielt, hat sie zum Narren gehalten: Liebe kann nur da gelebt werden, wo zwei Menschen sich zu geben bereit sind als die, die sie sind. In unserem Fall macht Lila nicht mehr mit, weil sie sich mit Recht verraten fühlt.

Der Versuch musste scheitern, weil er technisch-objektivistisch angelegt war und weil nicht beachtet wurde, dass der Mensch nie bloß Gegenstand sein kann. Wir Menschen können weder uns selbst noch unsere Mitmenschen in der Weise technischen Wissens erkennen; technisches Wissen stellt fest! Menschen aber sind nie festgestellt, weil sie freie Personen sind. Sie können umeinander nur wissen, wenn sie sich gegenseitig Vertrauen schenken.

Diese Eigenschaft des Menschen, dass er als freie Person eine Geschichte hat, die stets voranschreitet, und dass er zudem sich selbst nicht zutreffend verstehen kann ohne seine Bezogenheit auf andere Menschen, versucht die dialogische Philosophie schon beim Begriff des Menschen mit zu berücksich-

---

[2] Ebd., 125f.

[3] Ebd., 129.

tigen. Einer ihrer bedeutenden Vertreter ist der in Frankreich lebende Philosoph Emmanuel Levinas, der ursprünglich aus Litauen stammt. Bei ihm findet sich der Satz: „Das Ich ist in seiner Wahrheit, wenn die Angst vor dem Tod sich wandelt in die Angst, einen Mord zu begehen." Ein schwerverständlicher Satz – ich gebe es zu. Man muß ihn auseinandernehmen und ein wenig entfalten. „Das Ich ist in seiner Wahrheit ...", will sagen, daß der Mensch dann wirklich er selber ist, wenn die Bedingung, die dann angefügt wird, erfüllt ist. Was ist das für eine Bedingung: „wenn die Angst vor dem Tod sich wandelt in die Angst, einen Mord zu begehen". Die Angst vor dem Tod: Das ist die Angst um das Eigene, die Angst um sich selbst, die wir alle haben – und die in der Todesangst kulminiert. Diese Angst also soll sich wandeln, sie soll sich wandeln in die Angst davor, „einen Mord zu begehen". Wieso muss sich jemand fürchten, einen Mord zu begehen? Das kann ihm doch nicht zustoßen, wenn er es nicht will. Levinas denkt hier weiter; er sieht alle Menschen als Wesen, die auf die Mitmenschen angewiesen sind. Wenn ein Mensch sich anderen Menschen verweigert, so überlässt er sie sich selbst und entzieht ihnen etwas Lebensnotwendiges. Damit begeht er unter Umständen einen Mord.

Beim Nachdenken über diesen Satz fiel mir plötzlich das Gleichnis vom Barmherzigen Samariter ein, das Levinas, der Jude ist, nicht anführt: Der Priester und der Levit gehen an dem Menschen, der unter die Räuber gefallen ist, vorbei: Sie sorgen sich um ihre Geschäfte, um ihr Eigenes. Der Samariter aber läßt Geschäfte Geschäfte sein und nimmt sich für den unter die Räuber Gefallenen Zeit, er versorgt ihn und bringt ihn in die Herberge – er rettet ihm das Leben.

Wenn es mit dem Menschen so steht, dass er sozusagen wesensmäßig auf die anderen angewiesen ist, weil er ohne gelingende Beziehungen nicht leben kann, dann muss man tatsächlich Angst haben, einen Mord zu begehen – nämlich dann, wenn man sich anderen Menschen verweigert, obwohl sie einen notwendig bräuchten.

So weit meine Überlegungen zum Selbstverständnis des Menschen. Der Marxistische Sozialismus hat in der Weise technischen Denkens sowohl den Staat als auch die Gesellschaft sowie die Geschichte betrachtet – und damit letztlich auch den Menschen selbst. Er war überzeugt, den Verlauf der Geschichte so analysiert zu haben, dass er sie berechnend in den Griff nehmen könne; er glaubte, mittels der Technik eine klassenlose Überflussgesellschaft herstellen zu können – und damit letztlich alle Menschen glücklich zu machen, allerdings nur als funktionierende Rädchen im Kollektiv. Die Freiheit des Menschen war dazu hinderlich. Diese Betrachtungsweise ist in dem Geschehen, das wir in den letzten Jahren miterlebt haben, in sich selbst zusammengebrochen. Wir sollten das zum Anlass nehmen, Elemente dieser Betrachtungsweise, die es auch bei uns gibt, zu diagnostizieren und auszuschalten.

Der Mensch kann nur Mensch sein, wenn er seine Freiheit entfalten kann – zugleich aber darf er beim Gebrauch seiner Freiheit seine Bezogenheit auf den Mitmenschen nicht vergessen und muss dessen Entfaltungsmöglichkeit immer respektieren.

Die Demokratie ist die Staatsform, die am ehesten geeignet ist, dieser dialogischen Grundbeschaffenheit des Menschen zu entsprechen. Sie ist aufgebaut auf dem gemeinsamen Suchen nach der jeweils richtigen Lösung eines Problems; sie braucht den Dialog, das Gespräch. Auch wenn die Mehrheit schließlich entscheidet, muss sie es so tun, dass die Minderheit nicht vergewaltigt wird. Der Kompromiss ist eine in der Demokratie notwendige Größe.

Kompromisse sind aber oft nicht nur mühsam zu finden, sondern auch mühsam zu leben; bei Kompromisslösungen geht es für keinen so, wie er es sich eigentlich wünschen würde. Nicht der eigene Wunsch, das eigene Machen-Können, steht im Mittelpunkt, sondern das Aufeinander-Angewiesensein aller Bürger eines Staates. Demokratie ist darum sicher die schwierigste und oft auch umständlichste Staatsform – doch scheint sie die zu sein, die dem Menschen am meisten entspricht. Man kann diesen Satz aber auch umgekehrt lesen: Der Mensch muss sich bemühen, seinerseits der Demokratie zu entsprechen: Das heißt, er muss sich einüben in Gesprächsfähigkeit, Kompromissfähigkeit, in die Bereitschaft, den anderen wirklich in seiner Andersheit wahrzunehmen und zu akzeptieren. Diese Bereitschaft wird da nicht entstehen und wachsen können, wo der Mensch meint, sich selbst „technisch in den Griff" bekommen zu können – wo er sich seiner sicher zu sein wähnt, als ob er nicht stets neue Erfahrungen machen und neue Erkenntnisse in sein Menschsein integrieren müsste. Demokratie will darum nicht zusammenzwingen, sondern in einem steten Prozess die Bürger integrieren.

Keiner hat immer und ein für allemal Recht – weder Karl Marx noch Lenin, noch die Partei: Was wir haben, ist nichts anderes als ein Anrecht darauf, als Personen anerkannt, ernst genommen und geachtet zu werden – mit anderen Worten: in den Dialog aller Menschen einbezogen zu werden. Diese letzte Forderung gilt allgemein: Sie kennt keine Grenzen von jung oder alt, von geboren oder ungeboren, von Rasse, von Hautfarbe oder Sprache. Ich bin überzeugt, auch die Ausländerfeindlichkeit, die in unserem Land an vielen Stellen wieder aufbricht, hat ihren letzten Grund in einem selbstischen

Missverständnis der Menschen. Wer glaubt, mit der „Macht seines Wissens" für sich selbst sein und arbeiten zu können auf Kosten anderer, wird sich gegen „Fremde" wehren. Aber auch sie sind personale Geschöpfe.

Für mich als Christen steht die Person unseres Herrn und Erlösers Jesus Christus und nicht lediglich ein Buch aus gedruckten Sätzen in der Mitte der Welt und ihrer Geschichte. Zu diesem Herrn und Erlöser, der bei uns ist bis an das Ende der Zeit, kann und will ich eine persönliche Beziehung finden. Das ist das eigentliche Ziel meines christlichen Glaubens. Aus personalen Beziehungen können keine Ideologien entstehen, erst recht keine, die andere Personen ausschließen. Zwar müssen wir Christen bekennen, dass wir das im Lauf der Geschichte nicht immer beachtet haben. Es hat in der Geschichte mehrfach auch ideologische Verformungen des Christseins gegeben. Das objektivistisch-technische System-Denken ist manchmal auch in die Kirche eingedrungen. Aber von Haus aus gehört es da nicht hin; schon Paulus hat uns gelehrt, dass der Buchstabe tötet, der Geist aber lebendig macht (vgl. 2 Kor 3,6).

1997

In den letzten Jahrzehnten hat sich ein Prozess rasant ausgewachsen, der seit Jahrhunderten fortschreitend ist und seinen vielleicht deutlichsten Ausgangspunkt mit der Erfindung der Buchdruckerkunst hat: Menschen erhalten in hohem Maß Zugang zu Wissen und Information. Dies ermöglicht Freiheit und verschafft Bedrückung gleichermaßen – Letzteres erwächst dadurch, dass das nunmehr im Prinzip jedem Menschen fast uneingeschränkt zur Verfügung stehende Wissen zumeist ungefiltert, vielfach ungeordnet und in seiner Masse unbewältigbar aufscheint. Als Vertreter einer Generation, für welche die Computernutzung eine Selbstverständlichkeit darzustellen beginnt und die an der Schwelle zur Internet-Nutzung steht, fragt der Trierer Bischof nach den Auswirkungen für die Freiheit des Menschen.

Anforderungen der Mediengesellschaft – Information und Konfession

Bischof Hermann Josef Spital (†)

I.

Im Artikel 1 unseres Grundgesetzes heißt es: „Die Würde des Menschen ist unantastbar." Dieser Satz bezieht sich nicht auf die Menschen, sondern auf den Menschen; die Menschenwürde kommt jedem einzelnen Menschen zu. Darum heißt es in den folgenden Formulierungen bezüglich der einzelnen Rechte: „Jeder hat das Recht auf die freie Entfaltung seiner Persönlichkeit, soweit er nicht die Rechte anderer verletzt ...".

Uns heutigen Menschen kommt das selbstverständlich vor; es ist aber keineswegs selbstverständlich. Während wir Heutigen uns in unserem Menschsein von unserer je eigenen Personalität und Individualität her verstehen, war das in früheren Zeitaltern nicht so. Vielmehr verstand der Mensch, der ja zugleich ein Individual- wie ein Sozialwesen ist, sich in früheren Zeitaltern durchaus von seiner sozialen Einordnung und gesellschaftlichen Stellung her. Ich verdeutliche das an einem Beispiel aus der Bibel, weil mir dieses Buch einfach naheliegt; dieses Beispiel ließe sich aber leicht auch aus anderen Zusammenhängen ergänzen.

Als Samuel von Gott den Auftrag erhält, Saul zum König über Israel zu salben, sucht er ihn und lädt ihn ein, mit ihm zur Kulthöhe hinaufzugehen. Saul war zum Wohnort des Propheten Samuel gegangen, weil zwei Eselinnen seines Vaters entlaufen waren und er sie suchen sollte. Er wollte den Seher fragen, um einen Hinweis zu bekommen. Samuel sagt nun zu Saul: „Ich werde dir Auskunft über alles geben, was du auf dem Herzen hast. Über die Eselinnen, die dir vor drei Tagen abhanden gekommen sind, brauchst du dir keine Gedanken zu machen. Sie wurden gefunden. Auf wen aber richtet sich die ganze Sehnsucht Israels? Gilt sie nicht dir und dem ganzen Haus deines Vaters?" Damit deutet Samuel bereits an, dass Saul der Auserwählte Gottes für das Königsamt im Volk Israel ist. Saul versteht das und antwortet: „Bin ich nicht ein Benjaminiter, also aus dem kleinsten Stamm Israels? Ist meine Sippe nicht die geringste von allen Sippen des Stammes Benjamin? Warum sagst du so etwas zu mir?" (vgl. 1 Sam 9,20f). Saul spricht also nicht von sich und bezeichnet sich als Einzelnen für eine solche Aufgabe unwürdig; er versteht sich als Glied des kleinsten Stammes Israel und noch dazu aus der unbedeutendsten Sippe dieses Stammes. Ich denke, wir haben da ein Beispiel dafür, dass sich in früheren Gesellschaften die Menschen von ihrer Stammes- und Sippenzugehörigkeit her verstanden haben. Man könnte übrigens noch zahllose weitere Beispiele für diese Tatsache anführen.

Was ich hier an einer menschheitsgeschichtlichen Entwicklung aufzeige, hat seine Parallele in der Entwicklung eines jeden Einzelnen von uns. Das Kind sieht sich im Anfang seines Lebens durchaus als Teil seiner Eltern. Ein Kleinkind nennt sich selbst so, wie es von den Eltern genannt wird: „Peter will dies, Peter will das"; wir alle wissen, dass es ein markanter Einschnitt im Leben eines Kindes ist, wenn es beginnt „ich" zu sagen. Es geht normalerweise überein mit dem Zeitpunkt, in dem es beginnt, erste Sätze zu bilden. Mit dem „Ich-sagen" vollzieht das Kind eine erste Ablösung von seinen Eltern. Wir wissen, dass solche Ablösungsschritte sich bis zum Ende der Pubertätszeit steigern mit dem Ziel, dass das Kind zu einer selbständigen Persönlichkeit heranwächst, die dann auch fähig ist, ihr eigenes Leben frei zu gestalten.

Ich sehe eine gewisse Parallelität dieser Entwicklung jedes einzelnen Menschen mit der Entwicklung in der Menschheitsgeschichte. Menschheitsgeschichtlich stehen wir mit unserem Grundgesetz sozusagen am Ende der Ablösungsschritte. Ich weise darauf hin aus einem besonderen Grund: Während die Ablösungsschritte von dem jedem Menschen eingegebenen Wachstumsdrang her „vorprogrammiert" sind, gilt das nicht für den weiteren Weg, den der einzelne Mensch zu gehen hat. Wenn er sein Leben gestalten will, ist seine Freiheit, seine Selbstverantwortung, sein persönlicher Einsatz gefordert.

Im Blick auf den einzelnen Menschen ist das uns allen ohne weiteres klar: Es gilt aber eben auch für die Formen des menschlichen Zusammenlebens: Die Menschen lassen sich beim heutigen Bewusstseinsstand diese Formen nicht mehr einfach vorgeben; sie wollen vielmehr auch über die Gestaltung ihres Zusammenlebens frei entscheiden können. Die Form, die wir heute dafür gefunden haben, ist die repräsentative Demokratie. Jeder Politiker weiß, dass er um die Zustimmung seiner Wähler werben muss und nicht einfach aufgrund seiner Autorität Dinge vorgeben und anordnen kann.

Dass also ein heutiges Staatswesen ohne den – wie auch immer gestalteten – Einbezug der Freiheit seiner Bürger nicht mehr existieren kann, ist eine gewachsene Situation, die wir zur Kenntnis zu nehmen haben.

II.

Wir leben in einer Medien- und Informationsgesellschaft. Das brauche ich nicht weiter zu erläutern. Diese Gesellschaft ist dadurch gekennzeichnet, dass jeder Zugang zu allen Informationen und zu der Gesamtheit des Wissens der Menschheit hat bzw. sich verschaffen kann. Freilich liegt dieses Wissen nicht geordnet und gestaltet vor, sondern als ein Berg unterschiedlichster Informationen, Ausdeutungen, wissenschaftlicher Ergebnisse und ihrer Bestreitung usw.

Dass dieses eine neue Situation ist, möchte ich verdeutlichen an einer uns allen vertrauten historischen Tatsache: Für die Pastoralgeschichte meines Bistums z. B. gilt: Im 19. Jahrhundert verfügten in einem Dorf der Pfarrer und der Lehrer über die zugänglichen Informationen. Gewöhnlich hielten nur diese beiden eine Zeitung. Wenn Pfarrer und Lehrer sich einig waren, war auch das Dorf einigermaßen einig; wenn Pfarrer und Lehrer aber unterschiedliche Grundpositionen einnahmen, war das Dorf gespalten. Damals gab es eben noch eine informationsreiche, und damit lehrende und bestimmende Schicht, und eine informationsarme und damit hörende und fremdbestimmte Schicht.

Heute dagegen verfügen alle Menschen über Informationen – ja sie werden geradezu von Informationen, Meinungsäußerungen, Appellen überschwemmt und oft genug verunsichert.

Ich bin überzeugt, dass dieser Informationsbesitz zu einem ganz wesentlichen Teil dazu beiträgt, dass der Mensch heute sich als einzelner, weitgehend selbstbestimmungsberechtigter und freier Bürger fühlt. Er lässt sich nicht mehr einfach – wie in früheren Zeiten – in milieubedingte vorgegebene Strukturen einbinden.

Allerdings sind auch die tragenden Ordnungen, welche früher durch das Milieu weitgehend vermittelt und gestützt wurden, zerbrochen; der Mensch fühlt sich als einzelner zum Teil sehr unsicher und überfordert. Der Philosoph Karl Jaspers sieht unser Zeitalter in außerordentlich starker Weise als ein von „der Angst bestimmtes“ Zeitalter an.

Gerade in diesen Tagen ist mir die umfangreiche, von Peter L. Berger herausgegebene Studie der Bertelsmann-Stiftung zu Gesicht gekommen, welche den Titel trägt: „Die Grenzen der Gemeinschaft“. Ich konnte diese Studie wegen ihres Umfangs noch nicht durcharbeiten; die Fragestellung, die übrigens im Zusammenwirken mit dem „Club of Rome“ ausgearbeitet worden ist, finde ich ungewöhnlich aktuell und spannend.

Sie alle wissen, dass der Bericht des „Club of Rome“ über die „Grenzen des Wachstums“ der Menschheit zum Bewusstsein gebracht hat, „daß durch wirtschaftliche Aktivitäten die Ressourcen verbraucht werden, von denen die menschliche Existenz abhängt“.

In der Einleitung zu dem genannten Buch heißt es nun:

„Eine vergleichbare Aufgabe steht uns nunmehr bevor; Wir müssen uns darüber klar werden, daß es nicht nur Grenzen des Wachstums gibt, sondern auch Grenzen der sozialen Kohäsion, von denen unser Überleben als Menschen unter friedfertigen gesellschaftlichen Bedingungen abhängt. Dieser Bericht will dem Club of Rome und der Öffentlichkeit die Botschaft vermitteln, daß wir alle mit den kulturellen Ressourcen unserer Gesellschaften, mit Normen, Werten und gesellschaftlichen Grundhaltungen auf sehr sensible und sorgfältige Weise umgehen müssen“.[1]

Dem kann man nur zustimmen; auf einen Aspekt der hier aufgerissenen Fragen möchte ich im Folgenden mit der gebotenen Kürze eingehen.

III.

All das bisher Gesagte war Situations- und Zustandsbeschreibung. Erlauben Sie mir nun einen Hinweis darauf, wie wir die Herausforderungen, die unsere Zeitsituation stellt, bewältigen können.

Lassen Sie mich wieder mit einem Beispiel aus der Heiligen Schrift beginnen. Ihnen allen ist der Text vertraut, in dem berichtet wird, dass Jesus seine Jünger danach fragt: „Für wen halten die Leute den Menschensohn?“ Das ist eine Informationsfrage, und die Jünger geben ihrem Meister die gewünschte Information. Sie sagen: „Die einen für Johannes den Täufer, andere für Elija, wieder andere für Jeremia oder sonst einen Propheten.“ Das ist eine Sachinformationsfrage, die von den Jüngern sachlich beantwortet wird. Im weiteren Verlauf dieses Textes aber schlägt der Ton spürbar um. Jesus fragt: „Ihr aber, für wen haltet ihr mich?“ In dieser Frage geht es nicht mehr um eine Sachinformation; hier wird vielmehr eine Stellungnahme eingefordert. Jesus fragt nicht etwa: „Was meint ihr denn, wer ich sein könnte?“ – Eine solche Formulierung hätte man noch mehr oder weniger als Informationsfrage bezüglich einer so oder andersgearteten Meinung der Jünger auffassen können.

---

[1] Werner Weidenfeld: Vorwort, in: Peter L. Berger (Hg.): Die Grenzen der Gemeinschaft. Konflikt und Vermittlung in pluralistischen Gesellschaften, Gütersloh 1997, 11–15, hier 13.

Aber so fragt Jesus eben nicht. Er fragt vielmehr eindeutig: „Ihr aber, für wen haltet ihr mich?" – Damit ist ein Bekenntnis der Jünger herausgefordert.

Petrus versteht das sofort und antwortet entsprechend: „Du bist der Messias, der Sohn des lebendigen Gottes!" Das ist nicht mehr freibleibende Wiedergabe einer bestimmten Meinung, das ist vielmehr eine Confessio, die Konsequenzen für das Leben einschließt.

Ich habe dieses Beispiel gewählt, weil ich der Überzeugung bin, dass damit etwas für unsere Situation Grundlegendes verdeutlicht werden kann. Information und Konfession, Wissenserwerb in konsequenter Sachbezogenheit einerseits und Befähigung zu persönlicher Stellungnahme, zu verbindlichen Beziehungen, zur Übernahme von Verantwortung andererseits: Das sind die zwei Säulen, auf die sich heute jegliche Bildung des Menschen stützen und beziehen muss.

Auf beide Säulen kommt es an; man kann nicht die eine sozusagen durch die andere ersetzen wollen. Das würde der Situation des Menschen in der Welt nicht gerecht.

Wir leben in einer Wissens- und Informationsgesellschaft: Das ist wohl wahr. Die Luft ist voll von Nachrichten und Informationen; man wird davon geradezu überschwemmt und hat Mühe, nicht zu einem Schilfrohr zu verkommen, das von jedem Winde hin und her geweht wird. Man hat Mühe, sich zu orientieren – und angesichts dieser Mühe ist mancher in Versuchung, sich einfach dem jeweiligen Meinungsstrom anzupassen und jedem eindeutigen Bekenntnis auszuweichen.

Dass wir dahin gekommen sind, hat auch historische Ursachen, die ich nicht verkennen will. Wir haben in Europa Konfessionskriege erlebt und konnten uns nur mühsam zu einem Verständnis von Religionsfreiheit durchringen, wie es das Zweite Vatikanische Konzil verkündet hat. Konfession und Konfessionalität in diesem Sinne sind darum gesellschaftlich verpönt.

Konfessionskriege sind schrecklich – und niemand wünscht sich die Haltungen zurück, die zu so etwas geführt haben. Andererseits ist aber auch die Orientierungslosigkeit schrecklich; wenn niemand mehr weiß, wo er hingehört, ist ein gutes menschliches Miteinander auch unmöglich; wenn ein so kompetenter Diagnostiker wie Karl Jaspers unsere Gegenwart als ein „Zeitalter der Angst" charakterisiert hat, dann ist sicher ebendiese Orientierungslosigkeit einer der wichtigsten Gründe dafür. Angst schwächt den Lebenswillen des Menschen, lähmt seine Initiativkraft und stürzt ihn in eine Fülle von Selbstzweifeln. Da ist – wie der Münchener Fundamentaltheologe Eugen Biser einmal schreibt – dem Menschen vielleicht noch an Besitz und Position etwas gelegen, „nicht mehr aber an sich selbst“; er empfindet vielmehr sein Dasein eher als Last, wenn nicht gar als Zumutung.

Beide Erscheinungen haben ihre Ursache darin, dass man eine der beiden Säulen auf Kosten der anderen in den Vordergrund zu stellen suchte. Um den „Konfessionskämpfen“ zu entgehen, hat man versucht, Wissen und Nachrichten sozusagen „freibleibend“ zu vermitteln und zu verkaufen; derjenige, der etwas zu vermitteln hatte, zeigt sich betont uninteressiert daran, was der Empfänger des ihm vermittelten Wissens oder der ihm übermittelten Nachricht damit anfängt. Dafür Verantwortung zu übernehmen, wies man weit von sich. Man informiert „unabhängig“!

Dementsprechend lässt sich auch auf der Seite derjenigen, die sich Wissen vermitteln lassen oder Nachrichten empfangen, ein Trend ausmachen, möglichst viel, wenn nicht alles, wissen zu wollen und gleichzeitig all das „freibleibend“ zu erlangen: Man konsumiert Wissen und Nachrichten. Auf diese Weise aber verkommt man in Unverbindlichkeit und Beliebigkeit.

Wir Christen aber wissen darum, dass Gott der Schöpfer dieser Welt ist. Er trägt die ganze Wirklichkeit. Und weil die ganze Wirklichkeit von Gott her kommt, ist sie für uns verbindlich. Mit Recht kommentiert der österreichische Schriftsteller Matthias Mander den Begriff „Nachricht“ als etwas „Zum-danach-Richten“. Und das gilt selbstverständlich ebenso von allem Wissen, das wir erlangen. Wir sind in dieser Welt auf einen Weg gestellt, der einen Anfang und ein Ziel hat. Und die uns geschenkte Zeit will „ausgekauft“ werden, wie es im Epheserbrief einmal heißt.

Die Vorstellung, man könne freibleibend Wissen erwerben oder Informationen erlangen, ist absolut wirklichkeitsfremd. Sowohl die Freiheit, die das Kostbarste ist, was Gott uns Menschen geschenkt hat, als auch erworbenes Wissen sind dazu da, dass wir sie investieren. Wer auf einer Kreuzung steht, hat die Freiheit, alle vier Richtungen zu wählen: Wenn er aber eine der Richtungen gewählt hat, sind ihm die drei anderen verschlossen. Wer sich die Freiheit erhalten will, alle Richtungen zu wählen, kann nur noch stehenbleiben; er verurteilt sich selbst zu tödlicher Erstarrung. Die Zeit wird über ihn hinweggehen.

Nach Jahrzehnten einer rationalistischen Überbewertung reinen Wissenserwerbs ist heute die Befähigung, sich zu orientieren und einen Standpunkt zu finden, wieder ganz neu gefragt. Das zeigt sich auch daran, dass die Menschen heute wieder Gesichter sehen möchten, die die jeweilige Information oder das jeweilige Programm verantworten. Jeder Zeitungsredakteur weiß, dass eine bestimmte Mitteilung sehr viel intensiver aufgenommen wird, wenn sie mit dem Bild dessen, der da etwas mitteilt, versehen ist. Und dass unsere Wähler ganz offensichtlich wieder eher Personen als Programme wählen, weist in die gleiche Richtung.

Für mich als Christen ist in diesem Zusammenhang wichtig, dass Gott sich uns nicht einfach in Sätzen und Begriffen, sondern in einem lebendigen Menschen geoffenbart hat: in Jesus von Nazareth. Darum besteht christlicher Glaube nicht in erster Linie im Für-wahr-halten formulierbarer Sätze und Begrifflichkeiten; vielmehr ist christlicher Glaube das Leben in der Verbundenheit mit diesem gekreuzigten und auferstandenen und zur Rechten des Vaters sitzenden Herrn. Solches Leben in Verbundenheit aber ermöglicht Toleranz – denn strittig sind vor allem Begriffe und Sätze. Wo es aber um die lebendige Beziehung zu einer Person geht, muss ohnehin jeder seinen eigenen Weg finden und suchen. Ein solcher Vorgang schließt bei genauem Hinsehen Toleranz von sich aus ein. Denn eine persönliche Beziehung kann gar nicht anders als „je-persönlich" gedacht werden. Wo sie eingegangen und gelebt wird, schenkt sie Geborgenheit und befähigt zu einem Bekenntnis, das andere vielleicht zu gewinnen sucht, aber gerade darum niemanden irgendwohin zu zwingen versuchen kann.

Information und Konfession, Wissenserwerb und Befähigung zu persönlicher Stellungnahme – nur wenn wir beides miteinander verbinden, ist unser Miteinander in unserer freiheitlich-demokratischen Gesellschaft zukunftsfähig.

2004

Die Verschiebung der Grenzen technischer Machbarkeit hat längst auch das ärztliche Wirken erfasst. Und: Sie berühren dabei u. a. den tiefsten Punkt dieses Wirkens, den Umgang mit Leben und Tod. Aufgeworfen wurden neue Fragen, so beispielsweise nach dem Lebensende, der konkreten Bestimmung des Todeszeitpunktes, nach Lehren aus der deutschen Geschichte, nach dem ethisch-moralischen Selbstverständnis von Ärzten und medizinischem Personal, nach gesellschaftlichem Umgang mit Sterben und Tod – und auch nach der freien Selbstbestimmung des Menschen. Diese Diskussion holt zunehmend auch die Öffentlichkeit unseres Landes ein, nachdem sie in Nachbarländern schon länger mit Vehemenz geführt wird. In diese Situation hinein spricht der Speyrer Bischof einen bewegenden Appell.

Überlegungen zum menschenwürdigen Sterben

Bischof Anton Schlembach

Das Leben ist schön: „Evangelium Vitae" – übersetzt: Die frohe Botschaft vom Leben – lautet der Titel einer wichtigen Enzyklika Papst Johannes Pauls II. vom 25. März 1995[1]. Zum Leben gehört als zentraler Bestandteil jedoch auch das Sterben. Dieses ist zwar weniger schön, aber unausweichlich. Für den Menschen als einzigem Lebewesen, das um seinen unumgänglichen Tod weiß, bedeutet der Tod eine Frage, eine Anfrage, zugleich eine Herausforderung. Wie er verantwortlich zu leben hat, so hat er auch verantwortlich zu sterben. Wie er Verantwortung für das Leben seiner Mitmenschen trägt, so auch für ihr Sterben. Es besteht gesamtgesellschaftlicher Konsens, dass man für ein menschenwürdiges Sterben bei sich und bei den anderen Sorge zu tragen hat.

Was aber ist menschenwürdiges Sterben? Diese Frage spitzt sich heute zu. Hierfür gibt es mehrere Gründe: So führen die medizinisch-technischen Möglichkeiten zu einer nie da gewesenen Lebensverlängerung und damit auch oft zur Verlängerung des Sterbeprozesses mit einer nicht immer eindeutigen Grauzone von Leben und Sterben. Die zunehmende Langlebigkeit vermehrt die Zahl der Langzeit-Pflegebedürftigen, die nicht selten multimorbid und dement sind. Es drängt sich neu die Frage auf nach einem menschenwürdigen, lebenswerten Leben und nach dem Wert bzw. Unwert des Leidens. Auch die finanzpolitische Absicherung der Alten- und Pflegefürsorge, besonders auch angesichts des Geburtenrückganges, wird zum Problem.

Aufbrechende Fragen und Folgerungen aus der Anthropologie

Zugleich ist, und darauf möchte ich abheben, so etwas wie ein anthropologischer Paradigmenwechsel im gesellschaftlichen Bewusstsein feststellbar. Es wandeln und pluralisieren sich die Lebens- und Wertvorstellungen in

---

[1] Enzyklika Evangelium vitae von Papst Johannes Paul II. an die Bischöfe, Priester und Diakone, die Ordensleute und Laien sowie an alle Menschen guten Willens über den Wert und die Unantastbarkeit des menschlichen Lebens, hg. v. Sekretariat der Deutschen Bischofskonferenz, Bonn 1995 (= Verlautbarungen des Apostolischen Stuhls 120).

Bezug auf Gesundheit, auf Leid und Tod, auf Freiheit und Autonomie, auf Selbstbestimmung und Selbstverfügung, auf Gewissen und Barmherzigkeit, auf Menschsein und Menschenwürde, auf Lebensrecht, Lebensschutz und irdisches Leben insgesamt. Diese Begriffe werden heute bei uns mit unterschiedlichen, auch gegensätzlichen, sich ausschließenden Bedeutungsinhalten gefüllt. Nicht allein, aber wesentlich hängt dies auch damit zusammen, dass der Mensch, ohne dass dies überall deutlich bewusst ist, reflektiert und verbalisiert wird, immer mehr gesehen wird als nicht gottabhängiges und gottbezogenes Wesen, sondern als radikal säkularisiertes Individuum, als reines Diesseitswesen, als absolut autonomes Subjekt.

Von diesem anthropologischen Ansatz her ergeben sich Konsequenzen, die zwar oft nicht gezogen, oft sogar geleugnet werden, die aber logisch impliziert sind und früher oder später zur Praxis drängen. Zunächst wird die Freiheit behauptet, Art und Zeit des eigenen Todes selbst zu bestimmen, also das Recht auf Selbsttötung. Der Mensch kann und soll nach diesem Verständnis selbst bestimmen, welches Maß an Leiden er sich zumuten will. Ein leidvolles Leben bis zum natürlichen Tod auszuhalten oder das Leben eigenmächtig zu beenden, werden – ethisch betrachtet – als gleichrangige Optionen ausgegeben. Entsprechend ergibt sich in der Folge dann das Recht, u. U. sogar die Pflicht zur Beihilfe bei der Selbsttötung auf Verlangen. Die Mitmenschen und auch der Staat haben in der letzten Konsequenz schließlich die Wahl des selbstbestimmten Todes zur Kenntnis zu nehmen, zu akzeptieren, zu legalisieren, zu ermöglichen. Palliativmedizinische Behandlungsformen und aktive Euthanasie erscheinen unter solchen Vorgaben als gleichberechtigte Möglichkeiten. Sie gründen in unterschiedlichen, aber gleichberechtigten anthropologisch-weltanschaulichen Überzeugungen. Der tolerante Mensch und der weltanschaulich neutrale Staat einer pluralistischen Gesellschaft haben dem Rechnung zu tragen. Es gibt das Recht auf Selbsttötung, auf Beihilfe zur Selbsttötung, auf Tötung auf Verlangen. Nur darf dieses Recht nicht erzwungen werden.

Vom oben skizzierten Menschenbild her ergibt sich dann weiterhin die Kategorie des menschenunwürdigen, sinnlosen, lebensunwerten Lebens eines Menschen, und zwar nicht in dem Sinn, dass die Situation eines Menschenlebens, sondern dieses selbst ohne Würde und Wert ist. Das wäre dort gegeben, wo der Mensch unerträglich leidet oder nicht mehr über sich selbst bestimmen kann. Wo er unfähig wäre, selbstbestimmt, also menschenwürdig zu sterben, wäre er auch unfähig, selbstbestimmt, also menschenwürdig zu leben.

Tötung ohne Einwilligung, wo diese nicht mehr gegeben werden kann, erschiene dann als Gnadentod, genauer als eine Gnadentötung, Erlösung von einem menschenunwürdigen, sinnlosen, wertlosen, lebensunwerten Dasein. Es ist eine Entwicklung denkbar, die eine innere Logik hätte: Zuerst entscheidet der Betroffene selbst rechtens, wann sein Leben nicht mehr lebenswert, sondern tötenswert sein soll. Bei der Ausführung dieser Entscheidung wirken dann rechtens auch andere mit. Dann entscheiden andere nach seinem mutmaßlichen Willen, oder, wo die Ausübung des Willens von vornherein nicht gegeben ist, ohne seinen Willen. Schließlich entscheidet die Mehrheit oder die Allgemeinheit nach Kriterien, die sie für vernünftig und begründet hält. Diese werden sich voraussichtlich immer mehr mit einer ökonomischen Vernünftigkeit decken. Am Ende könnte dann eine gesellschaftlich und auch staatlich gelenkte Finalisierung des Menschenlebens stehen, die man als durchaus menschenwürdiges Sterben ausgibt.

Zur Rechtssetzung in Deutschland und ihrer Befragung heute

Die geltende Rechtsordnung in Deutschland lässt all dies jedoch nicht einmal im Ansatz zu, weil sie von einer radikal anderen anthropologischen Grundüberzeugung ausgeht. Der Bundesgerichtshof in Strafsachen hat noch 2001 wie selbstverständlich erklärt, die Rechtsordnung werte eine Selbsttötung als „rechtswidrig“ ungeachtet der Straflosigkeit hieran bloß passiv teilnehmender Personen.[2] Zum Beleg verweist der Bundesgerichtshof auf ein Präjudiz aus dem Jahr 1954, in dem es heißt: Es ist das „Sittengesetz“, das jeden „Selbstmord – von äußersten Ausnahmefällen vielleicht abgesehen – streng missbilligt, da niemand selbstherrlich über sein eigenes Leben verfügen und sich den Tod geben darf“.[3] Vom „Sittengesetz“ ist übrigens auch in Art. 2 Absatz 1 des Grundgesetzes die Rede. Nur wird es kaum noch wahrgenommen.

Das Bundesverwaltungsgericht hat in einem Urteil vom 16.1.1964 im Zusammenhang mit der Tötung Geisteskranker folgende Aussage gemacht:

„Jeder Mensch, also auch der kranke oder in seiner geistigen Verfassung beeinträchtigte oder körperlich mißgestaltete Mensch, hat Anspruch darauf, in seiner Menschenwürde geachtet und in seinem Recht auf Leben durch die Rechtsordnung geschützt zu werden. Eine durch die Grundsätze der Rechtsstaatlichkeit bestimmte

---

[2] BGH-NStZ 2001,324, 326

[3] BGH St 6,147,153.

Rechtsordnung gewährleistet dieses Recht. Die Vernichtung menschlichen Lebens, bei Kranken also auch die vorzeitige Herbeiführung des Todes, verstößt daher gegen die Grundsätze der Rechtsstaatlichkeit, und zwar auch dann, wenn die Tat aus Mitleid begangen wird; denn kein Mitglied der Rechtsgemeinschaft hat das Recht, aus persönlichen Beweggründen die für alle Angehörigen verbindlichen Grundsätze der Rechtsstaatlichkeit zu mißachten oder sich über sie nach Maßstäben hinwegzusetzen, die diesen Grundsätzen materiell widersprechen, mögen die persönlichen Motive auch - echtem oder mißverstandenem - humanem Empfinden entsprechen. Nach rechtsstaatlichen Grundsätzen kann daher die Tötung eines Menschen durch formales Gesetz weder gestattet noch geduldet werden."[4]

Gegen diese Rechtsordnung gibt es heute jedoch breiten Widerstand. Es wird versucht, sie zu modifizieren, letztlich umzuschreiben. So konnte Anfang Mai 2004 die Parlamentarische Versammlung des Europarates gerade noch die Annahme eines Berichtes verhindern, der die Entkriminalisierung der so genannten Euthanasie in Anlehnung an das holländische und belgische Modell nahelegte.

Wie es in Holland faktisch aussieht, darauf verweisen beispielsweise Zeitschriften-Überschriften: „Niederlande. Der Gedanke des Tötens. Der allgemeine Trend geht zum sozialverträglichen Frühableben. Das holländische Euthanasiegesetz wird von vielen Ärzten missbraucht. Sie erlösen auch Patienten, die gar nicht erlöst werden wollen. Der Staat lässt sie gewähren. Was sich da auftut für eine Gewöhnung an den Gedanken des Tötens, ist unabsehbar".[5] Welche Mentalität hinter dieser ausführlich dokumentierten Praxis steht, zeigt das Gespräch mit einer niederländischen Krankenschwester, die in Deutschland ein Altenpflegeheim leitet. Sie berichtet, dass ihr Vater vor etwa einem Jahr in Holland infolge aktiver Sterbehilfe „gestorben" sei. Er sei krebskrank gewesen, hätte keine schweren Schmerzen, wohl aber Angst gehabt, die verbleibende Lebenszeit könne „unwürdig" und belastend werden. Er bat den Hausarzt um „aktive Sterbehilfe". Dieser habe der wiederholt vorgetragenen Bitte entsprochen. Sie habe den Schritt nicht für richtig gehalten. „Aber ich hatte doch nicht das Recht, meinen Vater davon abzuhalten, es ist doch sein eigenes Leben und seine freie Entscheidung gewesen!" Im weiteren Gespräch stellte sich heraus, dass sie die Frage bewegte, ob nicht viele der Bewohner des Heims, das sie leitet, in einem schlimmeren Zustand sind als ihr Vater es war, ob deren Leben nicht „unwürdig" ist und warum sie noch leben

[4] Zitiert nach: Das Lebensrecht des Menschen und die Euthanasie, hg. v. Sekretariat der Deutschen Bischofskonferenz, Bonn 1975 (= Die deutschen Bischöfe 4), 7f.

[5] Vgl. Der Spiegel, 19.07.2004.

und ob sie noch leben wollten, wenn man ihnen die Möglichkeit „aktiver Euthanasie“ eröffnete. Auf die Frage, wann denn ein Menschenleben „unwürdiges Leben“ sei, sagte sie, dass das in Holland jeder für sich entscheiden müsse.[6]

Zum behaupteten Anspruch auf freie Gestaltung des Lebensendes in Literatur und Philosophie

Ich möchte den behaupteten Rechtsanspruch auf Selbsttötung und Tötung auf Verlangen, der die Euthanasiedebatte oft leitet, noch etwas kritisch vertiefen.

In seinem „Tagebuch 1966–1971“ schreibt *Max Frisch*: „Wir regeln den Eintritt in das Leben, es ist Zeit, dass wir auch den Austritt regeln.“

1967 schrieb der amerikanische Ethiker *Joseph Fletscher*: „Die Kontrolle des Sterbens (gemeint ist der selbstbestimmte Todeszeitpunkt) ist wie die Geburtenkontrolle eine Angelegenheit menschlicher Würde. Ohne sie wird der Mensch zur Marionette der Natur.“ Das aber sei des Menschen unwürdig. Die Würde des Menschen ist also seine Autonomie, verstanden als uneingeschränktes Selbstverfügungsrecht. Wo dieses Selbstbestimmungsrecht nicht oder noch nicht oder nicht mehr wahrgenommen werden kann, ist das Leben eines Menschen nicht menschenwürdig, weil die Menschenwürde nicht oder noch nicht oder nicht mehr vorhanden ist.

Auch *Immanuel Kant* hat die Autonomie als den entscheidenden Inhalt der Menschenwürde herausgestellt. Ein Lebewesen hat Würde, sofern es sich in Freiheit selbst bestimmt gemäß dem durch die Vernunft erkannten allgemein gültigen Sittengesetz. Menschenwürde, Autonomie und Freiheit gehören unzertrennlich zusammen. Die autonome Freiheit ist jedoch nicht nur auf sich selbst, sondern ebenso auf das allgemein verpflichtende Sittengesetz bezogen; sie ist überdies ein Postulat der praktischen Vernunft, gehört also dem Menschen als Vernunft- und Geistwesen an, ist demnach eine überempirische Bestimmung des Menschen. Die Selbsttötung lehnt Kant mit der Begründung ab, dass die Autonomie nicht die Freiheit einschließe, die Bedingung ihrer eigenen Möglichkeit, eben das Leben, zu vernichten.

Eine entscheidende Wende im Freiheits-, Autonomie- und Menschenwürdeverständnis hat in der Zeit nach Kant dort stattgefunden, wo die

[6] Zeitschrift für das Lebensrecht 2/2004, 39.

Rückbindung der Freiheit an das Sittengesetz, letztlich an Gott, geleugnet wird und wo Menschenwürde, Freiheit und Autonomie als rein empirische, ausschließlich der Welt der sinnlich wahrnehmbaren Erscheinungen zugehörige Wirklichkeit verstanden werden. Zugleich wird die Freiheit des Menschen absolut gesetzt. Sie ist in keiner Weise auf Beziehung und Bindung angelegt, ohne Normierung, rein emanzipatorisch. Die Menschenwürde ist ein total empirisch-biologisch bestimmbares Faktum und ausschließlich von biologischen Bedingungen abhängig. Daraus folgt, dass es biologisches menschliches Leben ohne Menschwürde geben kann, menschenunwürdiges, lebensunwertes, sinnloses, untermenschliches Leben. Nicht mehr das Leben, sondern die rein empirisch verstandene Autonomie ist dann das höchste und aufs höchste zu schützende Gut, und jede Einschränkung der Ausübung einer solchen Autonomie widerspricht letztlich der Menschenwürde.

Friedrich Nietzsche, der Prophet vom Tod Gottes als Voraussetzung für den wahrhaft autonomen Menschen, den Übermenschen, schreibt in seinem Zarathustra das Kapitel „Vom freien Tod“. Dort liest man:

„Viele sterben zu spät, und einige sterben zu früh. Noch klingt fremd die Lehre: ‚Stirb zur rechten Zeit!‘ ... Meinen Tod lobe ich euch, den freien Tod, der mir kommt, weil *ich* will ... Mancher wird auch für seine Wahrheiten und Siege zu alt; ein zahnloser Mund hat nicht mehr das Recht zu jeder Wahrheit ... Mancher wird nie süß, er fault im Sommer schon. Feigheit ist es, die ihn an seinem Aste festhält. Viel zu viele leben und viel zu lange hängen sie an ihren Ästen. Möchte ein Sturm kommen, der all dies Faule und Wurmfressne vom Baume schüttelt! Möchten Prediger kommen des *schnellen* Todes. Das wären mir die rechten Stürme und Schüttler an Lebensbäumen! Aber ich höre nur den langsamen Tod predigen und Geduld mit allem ‚Irdischen‘.“

Schon lange vor Nietzsche hatte *Jean Paul* (1796) in seiner „Rede des toten Christus vom Weltgebäude herab, dass kein Gott sei“ den absolut autonomen Menschen sagen lassen: „Ach, wenn ein jedes Ich sein eigener Vater und Schöpfer ist, warum kann er nicht auch sein eigener Würgeengel sein?“

Das Verständnis der transzendenzlosen Autonomie bzw. Menschenwürde bei Nietzsche ist triumphalistisch. Bei den atheistischen französischen Existenzialisten wird es tragisch, weil es, logisch redlich und konsequent zu Ende gedacht, zur Feststellung der absoluten und universalen Absurdität führt. *Sartre* sagt: „Ich bin meine Freiheit.“ Und da er jede der Freiheit vorgegebene Wirklichkeit leugnet, ist seine Folgerung: „Ich bin zur Freiheit verdammt.“

Und *Albert Camus* schreibt unter der Überschrift „Eine absurde Überlegung“: „Es gibt nur ein wirklich ernstes philosophisches Problem: den Selbstmord. Die Entscheidung, ob das Leben sich lohne oder nicht, beantwortet die Grundfrage der Philosophie. Alles andere, ob die Welt drei Dimensionen und der Geist neun oder zwölf Kategorien habe – kommt erst später. Das sind Spielereien; zunächst heißt es Antwort geben.“

Zum christlichen Verständnis

Es gibt eine christliche Antwort. Sie steht hinter der europäischen Kultur und hinter unserem Grundgesetz. Die Antwort auf die Frage nach dem menschenwürdigen Sterben hängt unzertrennlich zusammen mit der Frage nach dem menschenwürdigen Leben, mit der Frage nach dem Menschenverständnis sowie nach der inhaltlichen Bedeutung und nach der Begründung der Menschenwürde.

Die christliche Antwort auf unsere Fragestellung kann hier nur verkürzt und stichwortartig gegeben werden. Die Menschenwürde ist eine reale aber metaempirische, von Gott dem ganzen menschlichen Leben von seinem Beginn bis zu seinem Tod eingeschaffene und daher unverfügbare und unverlierbare Qualität. Sie ist mit dem Personsein und mit der Gottesebenbildlichkeit des Menschseins gegeben. Auch durch Krankheit und Behinderung geht sie nicht verloren. In keiner Situation kann und darf sie ihm abgesprochen werden. Deshalb gibt es kein „menschenunwürdiges“ und „lebensunwertes“ Leben, sondern nur einen menschenunwürdigen Umgang des Menschen mit sich selbst und eine menschenunwürdige Behandlung von Menschen durch Menschen.

Auch ein Leben ohne akutes Selbstbewusstsein und ohne aktive Selbstbestimmung ist nicht würde-los und un-mensch-lich. Deshalb ist die empirische Autonomie nicht der primäre Inhalt der Menschenwürde. Die Autonomie des Menschen ist immer begrenzt und herausgefordert durch die eigene individuelle Natur, durch die Mitmenschen, durch die Mitwelt, durch Gott. Eine totale Autonomie ist potentiell und tendenziell totalitär. Menschliches Leben ist verdanktes Leben, Gabe und Aufgabe von Gott. Der Mensch ist deshalb nicht absoluter Herr und Besitzer seines Lebens, hat also auch kein uneingeschränktes Verfügungsrecht über sein Leben. Deshalb hat er auch nicht das Recht auf Selbsttötung, noch weniger das Recht der Tötung auf Verlangen durch andere.

Das „natürliche" Sterben und das Sterben durch die eigene oder eines anderen Hand (genauer die Tötung) sind keine gleichrangigen Optionen des Sterbens. Dem Menschen kann daher nicht die moralische und rechtliche Freiheit und Möglichkeit eröffnet werden, zwischen diesen beiden Optionen wählen zu dürfen oder gar zu müssen. Selbsttötung und Tötung auf Verlangen sind keine sich aus der Menschenwürde ergebenden Menschenrechte, sondern verstoßen gegen diese.

Alles Menschenleben bleibt Fragment, das sich nach Erlösung und Vollendung sehnt – vor und nach dem Tod. Das Leid in seinen vielfältigen Formen ist Ausdruck dieser Erlösungsbedürftigkeit. Aber auch das Leid, selbst das unabwendbare Leid, hat immer einen Sinn. Nach *Viktor E. Frankl*, dem Begründer der Logotherapie, ist es sogar „die höchste Chance der Sinnerfüllung". Er beruft sich auf Goethe: „Es gibt keine Situation, die man nicht veredeln könnte, entweder durch Leisten oder durch Dulden." Einer unheilbaren, verzweifelten Krankenschwester sagte er: „Acht Stunden am Tag für unheilbar Kranke zu arbeiten, ist keine Kunst. Aber jetzt nicht mehr arbeiten können und nicht verzweifeln, das wäre eine viel größere Leistung. Und begehen Sie nicht ein Unrecht an allen, denen Sie Ihr Leben geweiht haben, wenn Sie jetzt so tun, als ob das Leben eines siechen, arbeitsunfähigen Menschen sinnlos wäre."[7]

Die Herausforderung des Sterbens und Todes besteht nach christlichem Verständnis darin, dass ich mich mit meiner Autonomie der Liebe Gottes und der Fürsorge von Menschen übergebe, im Vertrauen darauf, dass mir die Kraft geschenkt wird, den Lebensweg bis zu seinem natürlichen Ende zu gehen, und dass ich gepflegt werde. Kirche, Gesellschaft und Staat müssen alles tun, um dieses Vertrauen zu rechtfertigen. Das verpflichtet z.B. zur Erziehung zum wahren Menschenverständnis und Menschsein. Vor allem ist in allen Lebensbereichen Überzeugungsarbeit für die Zusammenhänge von wahrem Humanismus, unverlierbarer Menschenwürde, unantastbaren Menschenrechten, Moral und Glaube an einen menschenfreundlichen Gott zu leisten. Wo diese Zusammenhänge in einer reflektierten und argumentativ begründeten Urevidenz nicht mehr gesehen werden, ist es früher oder später um die Menschlichkeit geschehen.

Werner Heisenberg berichtet von einem Gespräch im Jahr 1927 mit einigen jungen Physikern. Angesichts der Tatsache, dass die Zahl der religiösgläubigen Naturwissenschaftler zunehme, meinte man, Naturwissenschaft

---

[7] Psychotherapie für den Laien, 150.

und Glaube würden sich nicht ausschließen, aber sie seien getrennt und je der objektiven bzw. der subjektiven Wirklichkeit zugeordnet. Heisenberg meldete Zweifel an.[8] Und Wolfgang Pauli bemerkte:

„Die vollständige Trennung zwischen Wissen und Glauben ist sicher nur ein Notbehelf für sehr begrenzte Zeit. Im westlichen Kulturkreis zum Beispiel könnte in nicht zu ferner Zukunft der Zeitpunkt kommen, zu dem die Gleichnisse und Bilder der bisherigen Religion auch für das einfache Volk keine Überzeugungskraft mehr besitzen; dann wird, so fürchte ich, auch die bisherige Ethik in kürzester Frist zusammenbrechen, und es werden Dinge geschehen von einer Schrecklichkeit, von der wir uns jetzt noch gar keine Vorstellung machen können."

Konsequenzen

Zu fördern ist die beständige Entwicklung der Palliativmedizin. Nicht Sterbehilfe als Nachhilfe zum Sterben ist angezeigt, sondern menschliche und christliche Sterbebegleitung in der christlichen Hospizbewegung. Der Christ sieht in der Haltung des gekreuzigten Jesus, der sein Sterben zum Höchstfall der Gottes- und Nächstenliebe gemacht hat, die Ikone des menschenwürdigen Sterbens. Vom Gottesglauben und von der christlichen Nächstenliebe her weiß er sich verpflichtet zum Aufbau einer wahrhaft humanen und christlichen Sterbekultur. Deren Ziel, von dem wir allerdings weit entfernt sind, lässt sich so darstellen: Niemand soll aus Angst vor dem Sterben sich töten. Niemand soll in einem ohnmächtigen und einsamen Hilfeschrei nach Tötung verlangen. Niemand soll allein sterben. Niemand soll durch die Hand eines anderen sterben. Jeder soll an der Hand des Mitmenschen sterben, der ihn auch dann begleitet, auch betend begleitet, wenn er bewusstlos und der empirischen Autonomie total entmächtigt ist. Gerade hier ereignet sich die Höchstform der christlichen Nächstenliebe, die ihrerseits wiederum Humanisierung bewirkt.

Schließen möchte ich mit einem Blick auf die große Dichterin jüdischer Herkunft, *Hilde Domin* in Heidelberg. Kurz vor ihrem 95. Geburtstag, am 27. Juli 2004 wurde sie gefragt: Was ist Ihnen im Rückblick auf Ihr langes Leben besonders wichtig? Ihre Antwort: Dankbarkeit. Dabei hatte sie jahrzehntelang im Exil gelebt. Die Frage, ob sie an Gott glaube, wollte sie offen

---

[8] Vgl. Werner Heisenberg: Der Teil und das Ganze. Gespräche im Umkreis der Atomphysik, München 1969, 117.

lassen. Sie sagte aber: „Ich glaube an die Gnade, die Gnade als ein Geschenk … Die Gnade als verpflichtendes Geschenk … Nicht im Stich lassen, sich nicht und andere nicht, das ist die Mindest-Utopie, ohne die es sich nicht lohnt, Mensch zu sein." Ihr Lebensmotto ist das „Dennoch" – dennoch lieben, damit möglich wird, dass der Mensch den Menschen ein Helfer sei. Für ihr wichtigstes Gedicht hält sie das „Abelgedicht". Dort heißt es:

„Abel steh auf
es muss neu gespielt werden
täglich muss es neu gespielt werden
täglich muss die Antwort noch vor uns sein …
steh auf
damit Kain sagt
damit er es sagen kann
Ich bin dein Hüter
Bruder
wie sollte ich nicht dein Hüter sein
Täglich steh auf
damit wir es vor uns haben
dies Ja ich bin hier
ich
dein Bruder"

Soweit Hilde Domin.

Ich füge hinzu: Ein Bruder tötet nicht seinen Bruder. Einen Bruder tötet man nicht.

2005

Die Frage nach Bildung erfuhr gerade im letzten Jahrzehnt eine enorme politische Aufwertung. Einerseits war es das schwache Abschneiden deutscher Schülerinnen und Schüler bei internationalen Vergleichsstudien, andererseits die zunehmende Erkenntnis, dass ein rohstoffarmes Land, das sich im wirtschaftlichen Globalisierungsprozess zudem zunehmend von Massenproduktionsfabrikaten verabschieden muss, dringend auf gut ausgebildete Menschen und auf die Fähigkeit zu technischer Innovation setzen muss, wenn der Wohlstand erhalten bleiben soll. Aber auch die Bedeutung des Begriffs Bildung selbst, nach damit verbundenen Inhalten und Zielbestimmungen, stand und steht zur Debatte. In diesen Zusammenhang hinein setzt der damalige Trierer Bischof einige Wegmarkierungen aus christlicher Sicht.

An der Bildung entscheidet sich unsere Zukunftsfähigkeit

Reinhard Kardinal Marx

„Orientierung, nach der heute mit Recht gefragt wird, kann nur von Orientierten kommen."[1] So Bundespräsident Horst Köhler in seiner Begrüßungsansprache an Papst Benedikt XVI. zum Weltjugendtag in Köln. Bildung und Erziehung sind zweifellos zentrale Faktoren, um Orientierung zu schaffen. Zudem weitet diese Perspektive den Bildungsbegriff, der allzu oft verkürzt und instrumentalisiert wird. Bildung ist als politisches Thema nicht zu unterschätzen. Aber Bildung ist weit mehr: Bildung ist ein Lebensthema. Der Blick darauf, was Bildung und Erziehung bedeuten, und die Frage, ob sie ein Schicksals- und Zukunftsthema sind, lohnen sich – in vielerlei Hinsicht.

Ein Gedicht Johann Wolfgang von Goethes kann uns einführen:

Natur und Kunst, sie scheinen sich zu fliehen
Und haben sich, eh' man es denkt, gefunden;
Der Widerwille ist auch mir verschwunden,
Und beide scheinen gleich mich anzuziehen.

Es gilt wohl nur ein redliches Bemühen!
Und wenn wir erst in abgemessnen Stunden
Mit Geist und Fleiß uns an die Kunst gebunden,
Mag frei Natur im Herzen wieder glühen.

So ist's mit aller Bildung auch beschaffen:
Vergebens werden ungebundne Geister
Nach der Vollendung reiner Höhe streben.

Wer Großes will, muss sich zusammenraffen;
In der Beschränkung zeigt sich erst der Meister,
Und das Gesetz nur kann uns Freiheit geben.

(J. W. von Goethe, Natur und Kunst, sie scheinen sich zu fliehen)

---

[1] Begrüßung Seiner Heiligkeit Papst Benedikt XVI. durch Bundespräsident Horst Köhler auf dem Konrad-Adenauer-Flughafen Köln/Bonn, 18.8.2005, zitiert nach: http://www.bundespraesident.de/Reden-und-Interviews-,11057.625310/Begruessung-Seiner-Heiligkeit-.htm?global.back=/-%2c11057%2c1/Reden-und-Interviews.htm%3flink%3dbpr_liste%26link.sTitel%3dPapst.

Im Einstein-Jahr mag auch ein Satz des großen Physikers erhellend sein: „Bildung ist das, was übrig bleibt, wenn wir alles vergessen, was wir gelernt haben." In diesem Satz von A. Einstein und bei Goethe kommt zum Ausdruck, dass Bildung sprachlich zweierlei bezeichnet: den Prozess der Bildung (jemanden/sich bilden) und das Ziel (Bildung haben, gebildet sein). Zudem ist eines von vornherein klar: Bildung und Wissen sind nicht gleichzusetzen. Auch wenn dies im Zusammenhang der PISA-Debatte nicht immer deutlich unterschieden wird. Ohne Frage sind Wissen und eine fördernde und fordernde Wissensvermittlung eine zentrale Aufgabe mit Blick auf unser Schul- und Ausbildungssystem. Ein qualifizierter Wissenserwerb in Schule und Ausbildung ist eine wichtige Voraussetzung, um das Arbeitsleben gut zu bewältigen. Das hören schon die Kleinen bei ihrer Einschulung. Und vermutlich können wir diesen Hinweis nicht früh genug geben.

Aber Bildung ist weit mehr als das und weit grundlegender.[2] Bildung ermöglicht Zukunft! Von daher kann man das Thema Bildung durchaus als Schicksalsthema bezeichnen. Das Schicksal unserer menschlichen, sozialen und wirtschaftlichen Zukunft hängt auch davon ab, welche Bedeutung wir der Bildung zumessen und ob dem ein normativer Maßstab zugrunde liegt, also Bildung und Erziehung aufeinander bezogen bleiben.

Bildung ist, in einem umfassenden Sinn verstanden, ein „Grundnahrungsmittel". Und das gilt gleich in mehrfacher Hinsicht. Bildung dient zunächst der individuellen Entfaltung: Von Geburt an sind wir mit der Fähigkeit begabt, zu lernen, uns weiterzuentwickeln, zu dem Menschen zu werden, der wir letztlich sein wollen und der wir von Gott her sein können und sollen. Der etwas veraltete Begriff der „Herzensbildung" verdeutlicht diesen Aspekt.

Zum zweiten dient Bildung der sozialen Entfaltung: Wir sind soziale Wesen, die sich erst in Beziehung mit anderen voll entfalten. Diese Angewiesenheit auf Andere spiegelt sich auch in der Bildung wieder: Wir bilden uns ja nicht selbst, sondern wir brauchen ein Gegenüber, um Bildung zu erlangen. Dieses Gegenüber erstreckt sich zudem weit über die Grenzen unseres Lebens: auch unsere Geschichte, unsere Tradition und unsere Zukunft bilden uns. Ein weiterer Aspekt ist unter dem Begriff der sozialen Entfaltung wichtig: Bildung hat nicht nur Auswirkungen auf das Individuum, sondern auch

---

[2] Der notwendige und für die gegenwärtige Diskussion auch aufschlussreiche Blick in die Geschichte dieses Begriffs kann hier nicht unternommen werden. Es sei verwiesen auf: Clemens Menze: Art. Bildung, in: Staatslexikon, hg. v. d. Görres-Gesellschaft, Bd. 1, Freiburg i. Br./Basel/Wien ^{7}1985, Sp. 783–796.

auf die Gesellschaft. Hier besteht ein enger Wechselbezug von Individuum und Gesellschaft.

Bildung dient drittens der ökonomischen Weiterentwicklung: In Zeiten hoher Arbeitslosigkeit und schwachen Wirtschafts-Wachstums werden die Bedeutung und das Fehlen von Bildung auch in Zahlen beziffert und stehen oftmals auf der Soll-Seite der Bilanzen.

Schließlich, und das ist ein entscheidender Punkt: Bildung dient der religiösen Entfaltung: Erst aus der Bindung zu Gott, der re-ligio, erwächst für den Menschen seine Personwürde und damit letztlich seine Freiheit.[3] Dies ist aber zugleich Gabe und Aufgabe, denn die menschliche Entfaltung ist ja nicht abgeschlossen mit der Geburt, sondern braucht lebenslange Aufmerksamkeit und Entwicklung. Der Mensch steht als Geschöpf Gottes vor der Herausforderung, sein Leben aktiv und verantwortlich zu gestalten. Die Befähigung und Ermächtigung, um dieser Herausforderung gerecht werden zu können, ist eine vorrangige Aufgabe von Bildung. Darauf wies auch Johannes Paul II. beim XIV. Weltkongress der katholischen Schulen 1994 in Rom hin: „Die Bildung des Verstandes muss notwendigerweise mit der Bildung des Gewissens und der Entwicklung des sittlichen Lebens durch die Übung der Tugenden sowie mit dem sozialen Lernen und der Öffnung für die Welt einhergehen. Diese unerlässliche Gesamterziehung des Menschen ist der Weg der Entwicklung und der Förderung der Person und der Völker, der Weg der Solidarität und des brüderlichen Einvernehmens, der Weg Christi und der Kirche."[4] Diese religiöse Bildung ist Sache der Kirche und nicht des Staates, der dafür allerdings die Möglichkeit eröffnen kann und soll.

Die vier Dimensionen der Bildung – die individuelle, die soziale, die ökonomische und die religiöse Dimension – spreche ich mitten in einer vielstimmigen Diskussion über Bildung an. Einiges, was man von Schule und Bildung liest und hört, lässt doch aufhorchen. Etwa wenn wir von der schwindenden Autorität der Schule lesen, und davon, was noch schlimmer sei, dass „die Schule nur einen einzigen Zweck hat – nämlich die Kinder auf die Arbeitswelt

---

[3] In diesem Zusammenhang sei an Augustinus erinnert, der eine erste christliche Bildungstheorie entworfen hat. Zentrum war die Heilsnotwendigkeit von Erziehung und Bildung. Vgl. dazu Norbert Mette: Art. Erziehung, in: NHThG, Bd. 1, München 1991, 377.

[4] Hier zitiert nach: Eröffnungsansprache des Vorsitzenden der Kommission für Erziehung und Schule der Deutschen Bischofskonferenz, Weihbischof Engelbert Siebler beim 4. Bundeskongress Katholische Schulen am 15. April 2005 (vgl. http://dbk.de/aktionen/schulkongress/schulkongress_2005~04.html).

der Erwachsenen vorzubereiten"[5]. Was Neil Postman über die USA schreibt, braucht hier ja nicht zu gelten. Aber auch manche Bildungsanalysten hierzulande schauen nicht unkritisch auf unser Bildungssystem. Hartmut von Hentig beispielsweise formuliert: „Die Schule entlässt die jungen Menschen kenntnisreich, aber erfahrungsarm, erwartungsvoll aber orientierungslos, ungebunden, aber auch unselbständig – und einen erschreckend hohen Anteil unter ihnen ohne jede Beziehung zum Gemeinwesen".[6] Er antwortet jedoch auch gleich auf die behauptete Orientierungslosigkeit. Sie „ist Bildung – nicht Wissenschaft, nicht Information, nicht die Kommunikationsgesellschaft, nicht moralische Aufrüstung, nicht der Orientierungsstaat"[7]. Auch wir, die wir in Rheinland-Pfalz mehr als 75 Schulen in kirchlicher Trägerschaft unterhalten, müssen uns solchen und ähnlichen Einschätzungen stellen.

In diesem Dilemma stehen wir: Einerseits sind „Defizite allgemeiner Bildung maßgeblich am Entstehen [gesellschaftlicher] Krisen beteiligt (...), etwa der Verlust von weltanschaulichen [und damit auch religiösen] Orientierungen und Sinnperspektiven sowie von Gerechtigkeitssinn, Fairness sowie moralischer und ästhetischer Sensibilität"[8], wie Arno Anzenbacher feststellt. Andererseits veranlasst die weltanschauliche Neutralität des Staates die Bildungspolitik, „weltanschauliche und ethische Diskurse weitgehend aus dem öffentlichen Bildungswesen herauszuhalten"[9].

Ein weiteres Dilemma: Einer Bildungsphilosophie muss eine entsprechende Anthropologie zugrunde liegen, die jedoch inzwischen in Teilanthropologien der einzelnen Wissenschaften – zumindest zum Teil – aufgelöst worden ist.[10] Wir haben kein gemeinsames normatives Bild vom Menschen und wissen in der Folge nicht mehr, wohin wir ihn bilden wollen, wenn wir auch wissen, dass alle Bildung letztlich Selbstbildung ist, aber als Kommunikationsgeschehen. Wie weit geht unser Auftrag, den Menschen zu begleiten, zu fördern? Gleichzeitig wird Bildung als „der Grundbegriff der Pädagogik

---

[5] Neil Postman: Die zweite Aufklärung. Vom 18. ins 21. Jahrhundert, Berlin 1999, 165.

[6] Hartmut von Hentig: Die Schule neu denken. Eine Übung in pädagogischer Vernunft, Weinheim/Basel/Berlin 2003, 10.

[7] Hartmut von Hentig: Bildung 9.

[8] Arno Anzenbacher: Bildungsbegriff und Bildungspolitik, in: Jahrbuch für christliche Sozialwissenschaften 40 (1999) 12–37, hier 31.

[9] Ebd. 33. Dabei stellt Anzenbacher fest, dass die „bildungspolitische Bedeutung dieses Dilemmas mit dem Bedeutungsverlust der großen Kirchen zugenommen hat".

[10] Vgl. Otto Friedrich Bollnow: Pädagogische Anthropologie als Integrationskern der allgemeinen Pädagogik, in: Andreas Flitner/Hans Scheuerl (Hg.): Einführung in pädagogisches Sehen und Denken, Weinheim/Basel 2000,196–207.

in Deutschland“[11] gesehen, wenn man sich auch nicht einig ist, wie man ihn füllen soll.[12] Die mit der neuen Lehramtsstudienreform in diesem Land in den Mittelpunkt rückende „Bildungswissenschaft“ steht damit vor einer großen Herausforderung.

In diesen Dilemmata bieten wir das christliche Verständnis vom Menschen an. Wir meinen damit wesentliche Grunddimensionen einer Bildungskultur ansprechen zu können, die sich auch und gerade als hilfreich, vernünftig und dem Menschen gemäß aufzeigen lassen.

1. Bildung ist Recht und Pflicht

Die Allgemeine Erklärung der Menschenrechte von 1948 hält in Artikel 26 fest: „Jeder hat das Recht auf Bildung.“[13] Zumindest eine Grundschulbildung muss allen Menschen kostenlos zugänglich sein. Auf diesem Menschenrecht basiert auch das zweite der Milleniums-Entwicklungsziele (Millenium Development Goals), die die Generalversammlung der Vereinten Nationen 2000 beschlossen hat. Kern der Milleniums-Entwicklungsziele ist die Absicht, „Armut, Hunger und elende Lebensbedingungen entschlossen [zu] bekämpfen“[14]. Um dieses Gesamtziel zu erreichen, und das heißt gerechte Lebensbedingungen für alle Menschen zu schaffen, muss auch eine allgemeine Grundschulbildung gesichert sein.[15]

Bei diesem zweiten Milleniums-Entwicklungsziel geht es mit Rückgriff auf die Menschenrechte nicht um die Sicherung einer Wissensvermittlung, sondern auch hier wird ein umfassenderes Recht auf Bildung artikuliert. So lesen wir in der Allgemeinen Erklärung der Menschenrechte: „Die Bildung

---

[11] Vgl. Art. Bildung, in: Winfried Böhm: Wörterbuch der Pädagogik, Stuttgart [14]2000, 75–77, oder: Art. Bildung, in: Horst Schaub/Karl G. Zenke: Wörterbuch Pädagogik, München [6]2004, 95 f.

[12] Man spricht ja von „der gegenwärtigen Auflösungstendenz der Erziehungswissenschaft“, vgl. Herbert Gudjons: Pädagogisches Grundwissen. Überblick – Kompendium – Studienbuch, Bad Heilbrunn [8]2003, 183.

[13] Vgl. http://www.dgvn.de/publikationen/Allg_Erkl_MR.htm. Dieses allgemeine Menschenrecht auf Bildung wird auch von den kirchlichen Verlautbarungen aufgegriffen, so z. B. in Pacem in terris (Johannes XXIII., 1963) 12.

[14] Gemeinsame Konferenz Kirche und Entwicklung (GKKE): Millenniumsziele auf dem Prüfstand. Vierter GKKE-Bericht zur Halbierung der extremen Armut, Berlin/Bonn 2005, 12.

[15] Dieses zweite Ziel lautet im Wortlaut der MDGs: „Goal 2: Achieve universal primary education. Target 3: Ensure that, by 2015, children everywhere, boys and girls alike, will be able to complete a full course of primary schooling.“ Vgl. http://www.un.org/millenniumgoals.

muss auf die volle Entfaltung der menschlichen Persönlichkeit und auf die Stärkung der Achtung vor den Menschenrechten und Grundfreiheiten gerichtet sein."[16]

Das Menschenrecht auf Bildung ist keine bloße Erklärung guten Willens, sondern daraus ergeben sich konkrete Verpflichtungen, Konsequenzen und Zuständigkeiten. Das Recht auf Bildung geht einher mit der Pflicht. Zunächst ist Bildung „Recht und Pflicht der Person"[17]. Als „natürlicher Institution" zwischen Person und Gesellschaft/Staat kommt der Familie, näherhin den Eltern, eine entscheidende Rolle zu. Nicht ohne Grund ist das Recht der Eltern, die Art der Bildung für ihre Kinder zu wählen, ebenfalls in den Menschenrechten festgeschrieben.[18] Eltern stehen in der Erstverantwortung, für die Erziehung und Bildung ihrer Kinder Sorge zu tragen. Das hat nicht nur Papst Johannes Paul II. immer wieder deutlich gemacht,[19] das steht auch so in der Verfassung: „Pflege und Erziehung der Kinder sind das natürliche Recht der Eltern und die zuvörderst ihnen obliegende Pflicht." (Art. 6 Abs. 2 Satz 1) Die staatliche Gemeinschaft hat „über ihre Betätigung zu wachen", so die Verfassung.

Das, was sich so leicht sagen lässt, ist doch eine große und verantwortungsvolle Aufgabe. Zum einen geht es um die elterliche Sorge für Erziehung und Bildung in der Familie. Es ist eine zwar private, aber gesellschaftlich bedeutsame Einübung in Werte, in soziale Kompetenzen und in eine Lebenskultur, die von vielen geteilt werden sollte und nicht nur eine Einübung in individualistische Lebensstile ist. Manche Familien brauchen Unterstützung und Stärkung, damit sie ihren Erziehungsauftrag auch wahrnehmen können. Hier ist der Staat immer wieder gefordert.[20] Aber auch wir als Kirche müssen unseren Beitrag leisten. Erinnert sei an die Aktion unserer Bistümer in Rhein-

---

[16] So in Art. 26, Abs. 2 Allgemeine Erklärung der Menschenrechte (AEMR).

[17] Marianne Heimbach-Steins: Menschenbild und Menschenrecht auf Bildung. Bausteine für eine Sozialethik der Bildung, in: dies./Gerhard Kruip (Hg.): Bildung und Beteiligungsgerechtigkeit. Sozialethische Sondierungen, Bielefeld 2003, 23–43, hier 35.

[18] Vgl. AEMR Art. 26, Abs. 3.

[19] Vgl. Johannes Paul II., Familiaris Consortio 36.

[20] Vgl. z. B. Bernhard Nacke: Die Selbstständigkeit der Familie stärken durch eine familiare Ordnungspolitik? In: Bernhard Nacke/Elisabeth Jünemann (Hg.): Der Familie und uns zuliebe. Für einen Perspektivenwechsel in der Familienpolitik, Mainz 2005, 103–124; Elisabeth Bußmann: Ohne Familie ist kein Staat zu machen, in: ebd., 296–307.

land-Pfalz: „Familien kommen ins Spiel“ und deren Auswertung, die beispielhaft sichtbar machte, wie viel die Diözesen hier leisten.[21]

Zum anderen eröffnet sich an den Schnittstellen von Elternhaus und Kindergarten bzw. Schule ein weiteres Feld, das Engagement und Verantwortung fordert. Die elterliche Sorge um Erziehung und Bildung kann nicht ausschließlich an die Schule delegiert werden.[22] Eltern können und sollen gemeinsam mit den Lehrerinnen und Lehrern Sorge tragen für eine gelingende Erziehung und Bildung der ihnen anvertrauten Kinder und Jugendlichen. Es geht um eine „Erziehungs- und Bildungspartnerschaft“[23].

Bereits die Pastoralkonstitution „Gaudium et Spes“ des II. Vatikanischen Konzils hat deutlich auf den Zusammenhang von Kultur, Bildung und Familie hingewiesen. Angesichts der zunehmenden globalen Verflechtung und Ausweitung von Kultur und Bildungsinhalten betont „Gaudium et Spes“ die notwendige Erziehung zu einer menschlichen Gesamtkultur:

„ ... es bleibt Verpflichtung eines jeden, die Totalität der menschlichen Person zu wahren, die vor allem durch die Werte der Vernunft, des Willens, des Gewissens und der Brüderlichkeit bestimmt ist, Werte, die alle in Gott dem Schöpfer ihren Grund haben und in Christus wunderbar geheilt und erhoben sind.

Insbesondere in der Familie, sozusagen der Mutter und Hüterin dieser Erziehung, lernen die Kinder, von Liebe umhegt, leichter die wahre Ordnung der Wirklichkeit; die erprobten Formen der menschlichen Kultur prägen sich gleichsam von selbst dem Geist der heranwachsenden Jugend ein.“ (GS 61)

Lebensorientierung, Wertebildung und praktische Alltagsbewältigung sind Vorgänge, die durch Familie und Schule entscheidend gefördert werden können.

Gerade an diesem Punkt wird deutlich, dass bildungspolitische Überlegungen eng mit Sozialpolitik zusammenhängen. Denn die Stärkung der Familien bedeutet Stärkung der Persönlichkeiten, und dies wirkt sich letztlich auf unser Sozialsystem aus. Anders gesagt: die Verbesserung der Bildung stärkt die Wirtschaft, entlastet das Sozialsystem. Bildung ist eine flankierende

---

[21] Vgl. Familienpolitische Herausforderungen. Erkenntnisse, Einsichten, Perspektiven, hg. v. Bernhard Nacke, Mainz ²2003.

[22] Vgl. z.B. Dieter Skala: Familie und Bildung – eine politische Herausforderung, in: B. Nacke/E. Jünemann: Der Familie und uns zuliebe, 191–214.

[23] Vgl. Schule als Erziehungsgemeinschaft. Beiträge zu einer öffentlichen Diskussion, hg. v. Arbeitskreis Katholischer Schulen in freier Trägerschaft in der Bundesrepublik Deutschland, Bonn o.J. (2003).

Maßnahme für die Sozialpolitik, ja sie ist Teil der Sozialpolitik![24] Deshalb ist die Stärkung der Familien für unser Gemeinwesen auch ökonomisch überlebensnotwendig.

2. Ist Bildung verwertbar?

In der Aufklärung – und das entspricht alter abendländischer Tradition – wird Bildung grundlegend mit dem Merkmal der Zweckfreiheit, des Selbstzweckes versehen. Im Hintergrund stehen die Kritik an der Entwurzelung, sogar an der Enthumanisierung des Menschen und die Idee der Individualität, die jedoch nicht von der grundlegenden Verfasstheit des Menschen als Beziehungswesen getrennt werden darf. Wird die heutige Bildungslandschaft diesem Anspruch der Zweckfreiheit noch gerecht?

Aus wirtschaftsethischer Perspektive steht die Frage nach Bildung in einem Spannungsfeld von Ethik und Ökonomie.[25] In den bildungspolitischen Diskussionen der letzten Jahre wird Bildung oftmals aus wirtschaftlicher Sicht mit Begriffen wie Effizienz, Leistungssteigerung, Humankapital, Arbeitsmarktkompatibilität, Entlastung des Sozialsystems etc. in Verbindung gebracht. Das reduzierte und einseitige Menschenbild des *homo oeconomicus* prägt auch diese Auseinandersetzungen. Bei aller Wichtigkeit und Bedeutsamkeit ökonomischer Aspekte der Bildungsfrage greift diese Sicht dennoch zu kurz. Bildungsökonomie alleine reicht nicht aus, um zu einer nachhaltigen Reform der Bildung zu führen. Es geht mindestens ebenso sehr um die Gestaltung einer ethisch begründeten Bildungspolitik.

Wirtschaftsethisch könnte man von Bildung als Konsumgut sprechen. Die aus ethischer Sicht wichtige Forderung nach Zweckfreiheit der Bildung lässt sich hier mit einem Gedanken aus ökonomischer Sicht verbinden. Bildung wird „ökonomisch gesprochen konsumiert, da sie ihren Nutzen in sich selbst trägt und unabhängig von einer zeitlich nachgelagerten Verwertung ist. Dabei muss es sich nicht um die unmittelbare Freude am Lernen handeln, vielmehr kann die erzielte Förderung individueller Reife und Urteilskraft als

---

[24] Vgl. Reinhard Marx /Bernhard Nacke: Gerechtigkeit ist möglich. Zwischenrufe zur Lage des Sozialstaats, Freiburg i. Br./Basel/Wien 2004, 78–80.

[25] Vgl. zu den folgenden Ausführungen: Uschi Backes-Gellner/Heiko Weckmüller: Art. Bildung und Ausbildung, in: Handbuch der Wirtschaftsethik. Bd. 4: Ausgewählte Handlungsfelder, Gütersloh 1999, 152–173.

Erhöhung des Lebensstandards interpretiert werden."[26] Die Rede von Bildung als Konsumgut widerstände so einer reinen Zweckgebundenheit von Bildung.

Wissen ist unter marktwirtschaftlichen Vorzeichen eine Ressource und der Mensch wird als „Humankapital" gesehen. Dabei darf es jedoch nicht stehen bleiben, sondern es geht um die Entfaltung der menschlichen Person. Johannes Paul II. hat betont, dass „der Reichtum der Industrienationen" im „Besitz von Wissen, von Technik und von Können" liegt, und deshalb gilt: „Die wichtigste Ressource des Menschen ist in der Tat ... der Mensch selbst." (cf. CA 32) Das bezieht sich nicht nur auf technische Fähigkeiten und direkt verwertbares Wissen, sondern auf den ganzen Menschen, auch auf seine sittlichen Kräfte.

3. Bildung braucht Zeit

Ich möchte auf einen Faktor aufmerksam machen, der entscheidend ist für die Frage nach der Zukunftskraft von Bildung und in den bisherigen Diskussionen kaum Platz einnimmt: Bildung und Zeit. Bildung braucht Zeit. Damit ist nicht nur die messbare Zeit gemeint, die wir tatsächlich zum Erwerb von Wissen benötigen, sondern auch die Zeit unseres Lebens und die gemeinsam verbrachte Zeit in Familie und Gesellschaft.

Die Notwendigkeit lebenslangen Lernens oder – besser noch – lebenslanger Bildung ist unbestritten.[27] Dennoch braucht es auch hierfür konkrete Unterstützungsmaßnahmen. Menschen müssen sich Zeit nehmen können für lebenslanges Lernen. Analog zu den „Erziehungszeiten" könnte man deshalb über eine deutschlandweite Schaffung einer auch rechtlich garantierten „Bildungszeit" nachdenken, damit Menschen während des gesamten Lebens selbstbestimmt ihren Bildungsinteressen nachgehen können, die langfristig

---

[26] Ebd., 169.

[27] Vgl. dazu u.a. Deutsche UNESCO-Kommission (Hg.): Lernfähigkeit: Unser verborgener Reichtum. UNESCO-Bericht zur Bildung für das 21. Jahrhundert, Neuwied/Berlin 1997. Schon im Dezember 1995 hat die Katholische Bundesarbeitsgemeinschaft für Erwachsenenbildung in Deutschland gemeinsam mit dem zuständigen Bundesministerium das „Europäische Jahr des Lebenslangen Lernens (LLL)" mit einem Symposion eröffnet, in dessen Dokumentation eine Analyse ausgewählter weltweiter Literatur aufgenommen ist. Vgl. Bernhard Nacke/Günther Dohmen (Hg.): Lebenslanges Lernen. Erfahrungen und Anregungen aus Wissenschaft und Praxis, Würzburg 1996.

der Wirtschaft und der Qualität ihrer Arbeit dienen.[28] In Rheinland-Pfalz gibt es sie ja schon unter dem Titel Bildungsfreistellungsgesetz. Auch muss hier das gerade der Landesregierung vorgelegte Sachverständigengutachten Weiterbildung genannt werden, das wohl als neuer Versuch zur Stärkung der Bildung – als lebenslanges Lernen verstanden – anzusehen ist.[29]

Darüber hinaus geht es, wenn wir die Bedeutung von Zeit aus einer grundlegenden Perspektive betrachten. Leo J. O'Donovan SJ (Präsident der Georgetown University) sprach beim Bildungskongress der Kirchen im Jahr 2000 von „Bildung im Zeitalter der Beschleunigung".[30]

Der notwendige marktwirtschaftliche Wettbewerb ruft Beschleunigung hervor, die seit Beginn der Industrialisierung beharrlich angestiegen ist. Durch die sozialen Kommunikationsmittel, die ein ganz eigenes Tempo ermöglichen und erfordern, wird diese Beschleunigung selbst noch einmal beschleunigt. In dem so geprägten Zeitalter der Beschleunigung wird Bildung zwangsläufig auf einen Funktionalismus reduziert. Für Selbstzweck, für Zweckfreiheit bleibt keine Zeit mehr. Dabei funktioniert Bildung eben nicht nach dem Modell des „Nürnberger Trichters": was oben reinkommt, kommt auch unten wieder raus. Dies funktioniert erst recht nicht, wenn Bildung nur noch ein beschleunigtes Verfahren ist und ausschließlich auf Funktionalität reduziert wird.

O'Donovan betont als unterbrechenden Hebel die Religion, die sich nicht auf Funktionalität beschränken lässt und in ihrem Bezug auf Gott, der außerhalb aller Funktionalisierung liegt, der zunehmenden Beschleunigung eine Grenze setzt. Für die nachhaltige Reform der Bildung ist eine „Aufhebung des Nutzenkalküls"[31] notwendig. Jenseits aller Kosten-Nutzen-Fragen, jenseits von Funktionalität und Zielgerichtetheit brauchen wir eine Bildung und ein Lernen für die „lange Dauer", nicht nur für den Moment. Das bezieht sich zunächst auf einen immer wieder zu überprüfenden Kanon von Basis-

---

[28] Vgl. zu dieser konkreten Forderung: Arbeitsgruppe „Zukunft von Bildung und Qualifizierung" in der gemeinsamen Initiative „Beteiligung schafft Gerechtigkeit", Lebenslanges Lernen unter der Perspektive von Beteiligungsgerechtigkeit, in: M. Heimbach-Steins/G. Kruip (Hg.): Bildung und Beteiligungsgerechtigkeit, 255–266, hier 265.

[29] Sachverständigenrat Weiterbildung, Abschlussbericht, hg. v. Ministerium für Wissenschaft, Weiterbildung, Forschung und Kultur, Mainz 17.10.2005.

[30] Leo J. O'Donovan SJ: tempi – Bildung im Zeitalter der Beschleunigung. Bildungskongress der Kirchen am 16. November 2000 in Berlin, hg. v. der Zentralstelle Bildung der Deutschen Bischofskonferenz, Bonn o. J. (Sonderdruck).

[31] Ebd., 8.

wissen und von Schlüsselkompetenzen. Aber noch wichtiger ist: „Lernen für die lange Dauer (heißt ...) vor allem *das Lernen zu lernen.*“[32]

Gegen die funktionalistische Tendenz eines wirtschaftsgelenkten Denkens setzt O' Donovan die Tradition des jüdisch-christlichen Erbes, wie sie sich im Gebot der Sabbat-Ruhe vom Beginn der Schöpfung an zeigt. Der Sabbat bzw. der Sonntag ist der Ruhetag Gottes, und erst recht soll es der Ruhetag des Menschen sein. In dieser scheinbar so unnützen Funktion hat der Sonntag eine hohe Nützlichkeit. In der Unterbrechung der alltäglichen Geschäftigkeit liegt für den Menschen die Möglichkeit, zu sich selbst zu finden und sich selbst zu überschreiten, um sein Leben Gott zu verdanken. Der Mensch darf nicht vollkommen ökonomisiert werden.[33] Mit O'Donovan möchte ich gerade im Blick auf die Bildung solche Unterbrechungen fordern. Die scheinbar „unnützen“ Bildungsinhalte – vor allem im geisteswissenschaftlichen und kulturellen Bereich, aber auch die Religion, die sich einer Funktionalisierung widersetzt – sind letztlich langfristig sehr „nützlich“. Es geht um die Notwendigkeit des Nutzlosen. „Solche Sabbaträume und Sabbatzeiten brauchen wir in unseren Schulen. Sie sind Inseln der Reflexion und der Selbstentfaltung und machen den Horizont weit. Sie nützen langfristig auch dem Beschäftigungssystem. Aber sie nützen vor allem dem Leben.“[34]

In der biblischen Schöpfungserzählung markiert der Sabbat den Abschluss eines – im wahrsten Sinne – kreativen Prozesses. „Und Gott segnete den siebten Tag und erklärte ihn für heilig; denn an ihm ruhte Gott, nachdem er das ganze Werk der Schöpfung vollendet hatte.“ (Gen 1,3) Der Sabbat ist geheiligte Zeit, Ruhepause. Aber der Sabbat setzt auch Kreativität frei, setzt Schöpfung frei. So wie die Religion insgesamt Unterbrechung ist, ist auch der Sabbat Unterbrechung der Alltäglichkeit. Bei Johann Baptist Metz heißt es: „Die kürzeste Definition von Religion: Unterbrechung.“[35] Unterbrechung – und damit noch einmal die Möglichkeit, anderes zuzulassen und anderes aufzugreifen, nicht nur in der Verlängerung des Nützlichen und Ökonomisierbaren verbleiben, sondern die „Notwendigkeit des Nutzlosen“ erkennen. Da,

---

[32] Ebd., 13.

[33] Vgl. dazu auch Gesprächskreis „Juden und Christen“ beim ZdK: Juden und Christen in Deutschland. Verantwortete Zeitgenossenschaft in einer pluralen Gesellschaft, Bonn 2005, Kap. IV.

[34] L. J. O' Donovan: tempi – Bildung im Zeitalter der Beschleunigung, 16.

[35] Johann Baptist Metz: Glaube in Geschichte und Gesellschaft. Studien zu einer praktischen Fundamentaltheologie, Mainz 1977, 150.

wo wir uns vom Üblichen und Nützlichen frei machen, kann das Übernützliche und Innovative Raum greifen.

Eine Unterscheidung in sogenannte „starke“ und „schwache“ Fächer ist nicht hilfreich. Die „starken“ Fächer dürfen nicht gegen die „schwachen“ Fächer ausgespielt werden. Die Einsicht, dass geisteswissenschaftliche, musische und kulturelle Bildungsinhalte sehr nützlich sind, wird auch in der Bildungsdiskussion in der letzten Zeit wieder stärker anerkannt. Es braucht Räume für soziales Lernen, für Persönlichkeitsbildung und für Wertevermittlung. Dies ist Aufgabe aller Fächer, aber dazu dient in besonderer Weise auch der Religionsunterricht, der sich natürlich nicht darin erschöpft, aber zu den Möglichkeiten des vollen Menschseins gehört.

Die Bildung von Werten verweist auf einen besonderen Aspekt im Diskurs um Bildung. „Wert“ ist ursprünglich ein Begriff aus dem Wirtschaftsleben und seine Verwendung im ethischen Zusammenhang ist relativ jung (etwa Ende des 19. Jahrhunderts).[36] Der Begriff „Wert“ wird oft stellvertretend benutzt, wenn vom „Guten“ die Rede ist. Während „das Gute“ auch eine objektive Instanz behaupten konnte, ist „Wert“ stärker auf das Subjekt bezogen. „Werte sind ein Ergebnis von subjektiven Bewertungen“[37] und ermöglichen gleichzeitig Rationalisierung, Verhältnisbestimmung und Zielorientierung, sie hängen mit der Kombination von Wissen und bestätigenden starken Erfahrungen zusammen. Im Grunde geht es um das „sich gewöhnen an Tugenden“ und damit an das richtige und gute Leben.

Der Soziologe Hans Joas schließt sich in seiner Analyse nicht der inflationären Rede vom Werteverfall an, sondern sieht Schwierigkeiten in der Wertevermittlung. Eine beschleunigte Globalisierung und Pluralität führen zur Zunahme von Entscheidungsnotwendigkeiten, für die mehr und mehr Handlungsoptionen zur Verfügung stehen. Auch reicht theoretisches Wissen um Werte nicht aus, sondern es braucht Erfahrung im Umgang mit Werten, um sich entscheiden zu können und danach zu handeln. Die Erfahrungen von Fremdheit und von nachlassender Stabilität und Bindung unterstreichen die Notwendigkeit von Orientierung und Unterstützung. Es greift sicherlich zu kurz, wenn ausschließlich Lehrer und Erzieher für die Wertebildung verantwortlich gemacht werden. Vielmehr muss sich unsere gesamte Gesell-

---

[36] Vgl. zum Begriff „Werte“: Hans Joas: Die Entstehung der Werte, Frankfurt a. M. 1997.

[37] Wolfgang Stegemann: Werte, Wertbildung und die Bibel, in: Wolfgang Thierse u. a. (Hg.): Werte bilden. Politik, Kultur, Wirtschaft, Kirche und Hochschule im Diskurs, Stuttgart 2005, 158.

schaft für die Vermittlung und Bildung von Werten verantwortlich fühlen. Wertebildung kann nicht delegiert werden, sondern erfordert auch das eigene Leben und Handeln als Vorbild.[38]

4. Bildung zur Vernunft

Die Unterscheidung (nicht die Trennung) von Glauben und Wissen bzw. Denken ist eine der wesentlichen Leistungen abendländischer Kultur.[39]

In der allgemeinen Diskussion wird allzu häufig insbesondere von denen, die der Kirche fern- oder kritisch gegenüberstehen, ein nicht ohne weiteres berechtigter Gegensatz zwischen Glauben und Wissen aufgebaut. Ein differenzierter Blick zeigt jedoch, dass Kirche und Theologie sehr daran liegt, Glaube und Vernunft in ein wechselseitig-konstruktives Verhältnis zu stellen. Glaube wird kirchlicherseits keinesfalls als die bessere Alternative zu Wissen und Vernunft interpretiert. Dies war schon ein Reflexionsstand in den ersten Jahrhunderten des christlichen Glaubens. Letzten Endes setzt der Glaube sogar Wissen voraus. Denn auch im Glauben gibt es rational einholbares Wissen, das allgemein zugänglich ist.

Die Pastoralkonstitution des Zweiten Vatikanischen Konzils „Gaudium et spes“ hebt hervor, dass die Vernunftnatur der menschlichen Person nach dem Wahren und Guten strebt, das über alles Materielle hinausgeht. Es heißt dort:

„In unermüdlicher Anwendung seiner Geistesanlagen hat [der Mensch] im Lauf der Zeit die empirischen Wissenschaften, die Technik und seine geistige und künstlerische Bildung sehr entwickelt. In unserer Zeit aber hat er mit ungewöhnlichem Erfolg besonders die materielle Welt erforscht und sich dienstbar gemacht. Immer jedoch suchte und fand er eine tiefere Wahrheit. Die Vernunft ist nämlich nicht auf die bloßen Phänomene eingeengt, sondern vermag geistig-tiefere Strukturen der Wirklichkeit mit wahrer Sicherheit zu erreichen, wenn sie auch infolge der Sünde zum Teil verdunkelt und geschwächt ist.“[40]

---

[38] Vgl. zu diesem Gedankengang: Linda Reisch: Ein Vorbild – was ist das? In: W. Thierse u. a. (Hg.): Werte bilden, 87–98, bes. 89 ff.

[39] Das Verhältnis von Glauben und Wissen bzw. Denken kann hier nicht erschöpfend behandelt werden. Es sei hierzu auf die einschlägigen Artikel in der Theologischen Realenzyklopädie (TRE) und im Lexikon für Theologie und Kirche (LThK³) mit weiterführenden Literaturangaben verwiesen.

[40] Gaudium et spes (GS) 15.

Grundlegend vertieft hat Johannes Paul II. das Verhältnis von Glaube und Vernunft in der Enzyklika *Fides et ratio* aus dem Jahr 1998. In ihr wird die Trennung zwischen Glaube und Vernunft als ein Drama bezeichnet, das geistesgeschichtlich weitreichende Folgen nach sich gezogen hat. Dabei können sich Glaube und Vernunft wechselseitig Hilfestellung geben, indem sie füreinander die Funktion kritisch-reinigender Prüfung übernehmen und sich gegenseitig anspornen, auf dem Weg der Wahrheitssuche voranzuschreiten.[41] „Die philosophische Reflexion kann viel beitragen zur Klärung des Verständnisses von Wahrheit und Leben, von Ereignis und lehrmäßiger Wahrheit. Besonders kann sie zur Klärung der Beziehung zwischen transzendenter Wahrheit und menschlich verständlicher Sprache beitragen."[42]

Gerade angesichts der zunehmenden Zahl ethischer Problemstellungen muss sich die theologische Disziplin christliche Ethik „einer der Wahrheit des Guten zugewandten philosophischen Ethik bedienen; einer Ethik also, die weder subjektivistisch noch utilitaristisch ist. Die erforderliche Ethik impliziert und setzt eine philosophische Anthropologie und eine Metaphysik des Guten voraus."[43]

Letztlich geht es um die Frage, ob am Anfang der Schöpfung eine vernünftige, geistige Kraft – man könnte auch sagen, ob zu Beginn der Dinge die Vernunft bzw. das Vernünftige – steht oder nicht.[44] Sicherlich lässt sich die These vertreten, dass das Vernünftige ein Zufallsprodukt des Unvernünftigen ist und erst im Laufe der Geschichte hervortritt. Doch die christliche Theologie stellt dieser These seit alters her die Grundüberzeugung entgegen, dass die schöpferische Kraft der Vernunft am Anfang steht und seit Beginn der Welt wirksam ist. Dadurch, dass ihr ein Primat einzuräumen ist, versteht sich das Christentum auch heute noch als vernunftgeleitete *Aufklärung*[45], weil nur

---

[41] Vgl. Fides et Ratio (FeR) 99.

[42] FeR 100. Vertieft hat Kardinal Ratzinger die Gedanken von Fides et ratio in seinem Festvortrag anlässlich der Eröffnung der 1200-Jahr-Feierlichkeiten des Bistums Paderborn im Januar 1999.

[43] FeR 98.

[44] Mit Vernunft ist an dieser Stelle nicht ein neuzeitlicher Vernunftbegriff gemeint, der verengt ist auf lediglich das, was beweisbar ist, sondern ein Vernunftbegriff, der offen ist für den Glauben bzw. für die Perspektiven des Glaubens im Sinne von „Logos".

[45] Soweit die These von Joseph Kardinal Ratzinger: Der angezweifelte Wahrheitsanspruch. Die Krise des Christentums am Beginn des dritten Jahrtausends, in: Frankfurter Allgemeine Zeitung, 08. Januar 2000, II. Ihm zufolge ist die Option für die Priorität der Vernunft und des Vernünftigen nicht mehr naturwissenschaftlich einholbar und lässt auch die Philosophie an ihre Grenzen stoßen. Steht die Vernunft am Anfang, lässt sich auf die Uranfänglichkeit des Logos nicht verzichten, so Ratzingers Quintessenz.

deshalb „Klarheit“ möglich ist, denn die Welt ist intelligibel! Die Kirche verteidigt deshalb eine „starke Vernunft“, die dem Menschen zutraut, Wahrheit zu erkennen und nicht nur bei persönlichen Meinungen und subjektiven Gefühlen stehenzubleiben. Joseph Kardinal Ratzinger formulierte dies (1992) so: „Als am meisten universale und rationale religiöse Kultur hat sich der christliche Glaube erwiesen, der auch heute der Vernunft jenes Grundgefüge an moralischer Einsicht darbietet, das entweder zu einer gewissen Evidenz führt oder wenigstens einen vernünftigen moralischen Glauben begründet, ohne den eine Gesellschaft nicht bestehen kann.“[46]

Christentum und Aufklärung, Glaube und Vernunft, Glaubens- und Weltwissenschaft, so lässt sich zusammenfassen, stellen keine Widersprüche dar. Sie sind jeweils gekennzeichnet durch ein konstruktives und sich ergänzendes Nebeneinander. Insgesamt überzeugt das Christentum „durch die Verbindung des Glaubens mit der Vernunft und durch die Ausrichtung des Handelns auf die Caritas, auf die liebende Fürsorge für die Leidenden, Armen und Schwachen, über alle Standesgrenzen hinweg.“[47] Obschon die Synthese von Vernunft, Glaube und Leben in der Gegenwart scheinbar an Wirkmächtigkeit verloren hat und immer wieder in Zweifel gezogen wird, bleibt sie Kernbestandteil christlicher Tradition und ohne wirkliche Alternative! Sie war und ist ein geistiger Fortschritt.

5. Bildung und Gerechtigkeit

Ausgehend vom christlichen Menschenbild trägt die katholische Soziallehre in die Diskussion um Bildung die Forderung nach sozialer Gerechtigkeit ein. Dies zunächst ganz grundlegend: Gerechtigkeit ist Thema und Lernziel von Bildung. Zur vollen Entfaltung des Menschen gehört seine Fähigkeit, Ungerechtigkeit wahrzunehmen, moralisch zu beurteilen und durch sein Handeln zur Gerechtigkeit zu führen. Diese Fähigkeit stellt uns alle selbstredend vor eine permanente Herausforderung und die Defizite sind offensichtlich. Wir leben noch längst nicht in der „besten aller möglichen Welten“.

---

[46] Joseph Kardinal Ratzinger: Was ist Wahrheit? Die Bedeutung religiöser und sittlicher Werte in der pluralistischen Gesellschaft, in: ders.: Werte in Zeiten des Umbruchs. Die Herausforderungen der Zukunft bestehen, Freiburg i. Br./Basel/Wien 2005, 49–66, hier 64.

[47] Joseph Kardinal Ratzinger: Der angezweifelte Wahrheitsanspruch, I.

Gerechtigkeit kann nicht verwirklicht werden ohne die verantwortliche Teilhabe und Teilnahme aller gesellschaftlichen Glieder. Im Sozialwort der Kirchen von 1997 *Für eine Zukunft in Solidarität und Gerechtigkeit*[48] heißt es:

„Suche nach Gerechtigkeit ist eine Bewegung zu denjenigen, die als Arme und Machtlose am Rande des sozialen und wirtschaftlichen Lebens existieren und ihre Teilhabe und Teilnahme an der Gesellschaft nicht aus eigener Kraft verbessern können. Soziale Gerechtigkeit hat insofern völlig zu Recht den Charakter der Parteinahme für alle, die auf Unterstützung und Beistand angewiesen sind. (...) Sie erschöpft sich nicht in der persönlichen Fürsorge für Benachteiligte, sondern zielt auf den Abbau der strukturellen Ursachen für den Mangel an Teilhabe und Teilnahme an gesellschaftlichen und wirtschaftlichen Prozessen."[49]

Dies gilt natürlich auch im Blick auf den Prozess der Bildung.

Die Forderung nach Beteiligungsgerechtigkeit richtet sich hier an zwei wesentliche Dimensionen von Bildung: Zunächst an die Frage der Bildungsfinanzierung, die auch eine ordnungspolitische Fragestellung ist. Die Lasten des Bildungssystems müssen gleichermaßen und auf faire Weise auf alle Glieder der Gesellschaft verteilt werden. Die praktische Relevanz dieser Forderung erweist sich zum Beispiel an der Diskussion um die Finanzierung des gesamten Bereichs Bildung und Erziehung, vom Kindergarten bis zur Hochschule.

Die zweite Dimension betrifft die Bildungsbeteiligung. Die Kommission VI der Deutschen Bischofskonferenz hat in ihrer Schrift *Das Soziale neu denken* darauf hingewiesen:

„Die Zukunftsfähigkeit einer Gesellschaft und die Beteiligungschancen jedes Einzelnen hängen zu einem großen Teil davon ab, wie gut es ihr gelingt, Bildung, und zwar das ganze Leben begleitend, zu ermöglichen. Dies wird zu einer der wichtigsten Zukunftsinvestitionen. Auch für den Einzelnen werden Lebens- und Beteiligungschancen zunehmend durch seine Fähigkeiten zum Lernen bestimmt."[50]

---

[48] Zur Rezeption vgl. Bernhard Nacke (Hg.): Sozialwort der Kirchen in der Diskussion. Argumente aus Parteien, Verbänden und Wissenschaft, Würzburg 1997.

[49] Kirchenamt der Evangelischen Kirche in Deutschland/Sekretariat der Deutschen Bischofskonferenz (Hg.): Für eine Zukunft in Solidarität und Gerechtigkeit. Wort des Rates der Evangelischen Kirche in Deutschland und der Deutschen Bischofskonferenz zur wirtschaftlichen und sozialen Lage in Deutschland, Hannover/Bonn 1997, Nr. 112, die EKD-Denkschrift „Gemeinwohl und Eigennutz" aus dem Jahr 1991, Nr. 155 zitierend.

[50] Das Soziale neu denken. Für eine langfristig angelegte Reformpolitik, hg. v. Sekretariat der Deutschen Bischofskonferenz, Bonn 2003 (= Die Deutschen Bischöfe – Kommission für gesellschaftliche und soziale Fragen 28), 23.

Es geht um Gerechtigkeit hinsichtlich der Chancen eines Zugangs zu Bildung, die jedem gleichermaßen offenstehen müssen. Dies schließt sowohl die Forderung nach Finanzierbarkeit ein als auch die Freiheit von diskriminierenden Zugangsbeschränkungen. Darüber hinaus „muss das Bildungssystem so organisiert sein, dass Eingangsschwellen und Bildungsresistenzen abgebaut werden. Das Bildungssystem muss Bildungsteilnehmende dazu befähigen, zu Subjekten ihres eigenen Lernens zu werden."[51] Dieser Anspruch sollte trotz aller ökonomischen Bedingungen und Zielsetzungen auch bei der Einführung und Gestaltung neuer Bachelor- und Master-Studiengänge gewahrt bleiben[52] – gerade auch angesichts der europaweit beschämenden deutschen Zahlen über die geringe Teilhabe unterer sozialer Schichten an der Ausbildung für Akademikerberufe.[53]

Dass Gerechtigkeit als Orientierungsgröße im Bildungszusammenhang hilfreich für eine zukunftsfähige Gesellschaftspolitik ist, lässt sich auch an folgendem Zusammenhang verdeutlichen: Einerseits ist der aus den unteren sozialen Schichten kommende Anteil der Studierenden immer geringer geworden; andererseits beobachten wir, dass die Anzahl der Akademikerkinder rückläufig ist. Beide Entwicklungen zusammen beschleunigen den Rückgang der akademisch ausgebildeten Personen in Deutschland. Eine Orientierung an Gerechtigkeit auch im Bildungsgeschehen verhindert Fehlentwicklungen, wenn – wie aufgezeigt – beispielsweise der aus unteren Sozialschichten kommende Anteil der Studierenden wesentlich erhöht würde. Orientierung an Gerechtigkeit ist damit nicht eine falsch verstandene Moralisierung der Politik, sondern die Überwindung eines Pragmatismus[54], der in Sackgassen

---

[51] Marianne Heimbach-Steins/Gerhard Kruip: Wir brauchen eine „Sozialethik der Bildung"! Einführung in Thema und Struktur des Bandes, in: dies./ders. (Hg.): Bildung und Beteiligungsgerechtigkeit, 15.

[52] Vgl. auch Ulrich Bartosch: Bildung à la Bolognese. Vom Wert des Bachelor/Master-Studiums der Sozialen Arbeit und den Herausforderungen einer ökonomisierten Bildungspolitik, in: W. Thierse u. a. (Hg.): Werte bilden, 25–46.

[53] Vgl. Die wirtschaftliche und soziale Lage der Studierenden in der Bundesrepublik Deutschland 2003. 17. Sozialerhebung des Deutschen Studentenwerks durchgeführt durch HIS Hochschul-Informations-System. Ausgewählte Ergebnisse, hg. v. Bundesministerium für Bildung und Forschung, Bonn/Berlin 2004, insbes. 9–22.

[54] Vgl. Bernhard Nacke: Wodurch Gesellschaft sich entwickeln kann. Visionen als Orte der Überwindung des Dualismus von Utopie und Pragmatismus, in: ders. (Hg.): Visionen für Gesellschaft und Christentum, Teilband 1: Wodurch Gesellschaft sich entwickeln kann, Würzburg 2001, 13–54.

führt. M. a. W.: Eine solche Beteiligungsgerechtigkeit zeigt dann auch ihre nachhaltige Wirkung.[55]

Aus diesem Blickwinkel ist auch die soziale Dimension von Bildung wichtig. Bildung dient nicht nur der individuellen „Menschwerdung", sondern hat auch eine gesellschaftliche Bedeutung. Im Gemeinsamen Wort der Kirchen *Für eine Zukunft in Solidarität und Gerechtigkeit* heißt es entsprechend: „Um sich beteiligen zu können und die Möglichkeit zu haben, in der öffentlichen Meinungsbildung gehört und verstanden zu werden, ist [...] ein Bildungssystem notwendig, das neben beruflichen Fähigkeiten politisches Urteilsvermögen und die Fähigkeit zu politischem Engagement vermittelt."[56]

Das Schicksals- und Zukunftsthema Bildung ist auch verknüpft mit dem Schicksalsthema Armut. Damit Armut jedoch kein unentrinnbares Schicksal ist, ist ein Wechsel der Perspektive notwendig. Entgegen der weit verbreiteten Annahme, dass Armut gleichsam von Generation zu Generation weiter „vererbt" wird, möchte ich zuspitzen, dass nicht Armut, sondern der Zugang zu Bildung an die nächste Generation weitergegeben wird.

Der 2. Armuts- und Reichtumsbericht der Bundesregierung[57] belegt, dass das Risiko des Arbeitsplatzverlustes wesentlich vom Bildungs- und Berufsabschluss abhängt. Je niedriger der Ausbildungsstatus, desto höher die Gefahr der Arbeitslosigkeit. Auch die PISA-II-Studie (2003) hat nachgewiesen, dass besonders in Deutschland der Zugang zu höherwertigen Bildungsgängen und -abschlüssen wesentlich durch Herkunft, Bildungsstand und berufliche Stellung der Eltern bestimmt ist. Entscheidend ist nicht primär das Einkommen der Eltern, sondern das Bildungsniveau der Eltern. Ein höheres Elterneinkommen kann ein geringeres Bildungsniveau nur begrenzt kompensieren. Die Entscheidungsfindung für einen bestimmten Bildungsweg hängt stark von unterschiedlichen biographischen Erfahrungen ab.

Unsere Gesellschaft steht vor der Grundsatzentscheidung, wie die Zukunft gesichert werden kann. Aus kirchlicher Perspektive muss die Grundoption lauten: Alle Menschen dieses Landes müssen an der gesellschaftlichen Entwicklung qualifiziert beteiligt sein und das ihnen Zukommende erhalten. Keiner darf verloren gehen. „Jeder ist nötig." (Papst Benedikt XVI.) Diese Option hat auch Konsequenzen für den Bildungsbereich. Der Versuch,

---

[55] Vgl. Helge Wulsdorf: Nachhaltigkeit. Ein christlicher Grundauftrag in einer globalisierten Welt, Regensburg 2005.

[56] Für eine Zukunft in Solidarität und Gerechtigkeit, 113.

[57] 2. Armuts- und Reichtumsbericht der Bundesregierung „Lebenslagen in Deutschland", 2. März 2005.

Armut mit Geld zu bekämpfen, ist nicht erfolgreich. Es kommt heute darauf an, in die Köpfe der Menschen zu investieren, und dies im Sinne lebenslangen Lernens.

Lebenslanges Lernen beginnt in der *Familie* und wird hier durch Erziehung grundgelegt. Deshalb muss an erster Stelle die Stärkung der Familien stehen durch den Abbau finanzieller Benachteiligungen und die Stärkung von Erziehungskompetenzen. Dazu dienen unter anderem die Förderung der Familienbildung und eine Verbesserung des Betreuungssystems. An dieser Stelle möchte ich auch auf die wichtige Arbeit der *Familienbildungsstätten* hinweisen.

Im *Kindergarten* können alle Kinder, aber besonders auch Kinder aus benachteiligten Familien, wirksam gefördert und unterstützt werden. Eine rechtzeitige Förderung wirkt sich positiv auf die Schulkarriere dieser Kinder aus. Um den Bildungsauftrag des Kindergartens entsprechend zu stützen, gibt es viel zu tun. Die aktuellen Diskussionen geben dies auch wieder. Zur Konkretisierung des frühkindlichen Bildungsauftrages haben die Kirchen gemeinsam mit dem Land und weiteren Partnern im August 2004 die „Bildungs- und Erziehungsempfehlungen für Kindertagesstätten in Rheinland-Pfalz“ unterzeichnet. Dass hierbei auch der religiösen Bildung in allen – nicht nur den katholischen – Kindergärten ein besonderer Schwerpunkt gewidmet ist, ist sehr zu begrüßen.

Ähnliches müsste gelten für eine auch inhaltliche Profilierung des Konzepts *Ganztagsschule*. Auch diese Schulform ist darauf angelegt, elterliche Erziehung zu ergänzen, nicht zu ersetzen. Notwendig im Sinne einer Erziehungspartnerschaft ist dabei aufgrund des langen Zeitraumes, den Kinder und Jugendliche in der Schule verbringen, nicht ein Weniger, sondern im Gegenteil ein Mehr an Kooperation zwischen Elternhaus und Schule. Darüber hinaus gilt es, die zur Verfügung stehende zusätzliche Zeit durch ein sorgfältig erarbeitetes, Vielfalt präsentierendes pädagogisches Konzept zu gestalten. Dabei sollten unterrichtsergänzende Förderungs-, sowie individuelle Begabungs- und Betreuungsmaßnahmen im Vordergrund stehen. Schließlich sollte dem Prinzip einer freiwilligen Teilnahme Vorrang gegeben werden vor einem verbindlichen Ausbau des Ganztagsschulwesens.[58]

[58] Vgl. Ganztagsangebote: Freiwillig, subsidiär und vielfältig. Stellungnahme der Deutschen Bischofskonferenz zu Ganztagsschulen, Freising 12.03.2003 (veröffentlicht als Pressemitteilung der Deutschen Bischofskonferenz, 13.03.2003).

Die Kommission für Erziehung und Schule der Deutschen Bischofskonferenz (K VII) hat im vergangenen Jahr ein Positionspapier verabschiedet zum Thema Schulversagen. „Den Schüler stark machen – neue Wege in *(Haupt-)Schule* und Beruf“[59] geht von dem Befund aus, dass jeder fünfte Jugendliche in Deutschland die *Schule* ohne Abschluss verlässt oder die *Berufsausbildung* abbricht, und jeder siebte Jugendliche sogar gänzlich ohne Berufsausbildung bleibt. Schule allein ist mit diesen Aufgaben überfordert und es bedarf einer gesamtgesellschaftlichen Anstrengung, um diesen Schülern und Jugendlichen eine gerechte Möglichkeit der Integration in das Gesellschafts- und Arbeitsleben zu ermöglichen.[60] „Die Katholische Kirche sieht durchaus ihre Aufgabe als Schulträger auf diesem Feld, aber noch weit mehr als ‚Fürsorger‘ für diese vergessenen Jugendlichen. Sie will und muss – aus christlicher Nächstenliebe – mahnend und ermutigend auf diese Generation aufmerksam machen.“[61]

Die notwendigen Anstrengungen im Bildungs-, Ausbildungs- und Wissenschaftsbereich, um allen Menschen in unserem Land gerechte Chancen zu ermöglichen, greifen nicht kurzfristig, sondern erst mittel- und langfristig. Sie sind zudem eng verknüpft mit den zukünftigen Entwicklungen in der Wirtschaft und am Arbeitsmarkt. Bildung ist ein Schlüssel zur Überwindung der Arbeitslosigkeit und zur Bekämpfung von Armut in Deutschland. Und Armut selbst hat wiederum weitreichende Folgen: eine eingeschränkte materielle Grundversorgung, schlechtere Gesundheit, verminderte soziale Teilhabemöglichkeiten und wiederum verminderte Bildungschancen. In einem prinzipiell chancengerechten Zugang zu Bildung und Ausbildung liegt ein Schlüssel zur Beendigung der Armutsspirale.

Die christliche *Option für die Armen* richtet sich auch auf die Frage der Bildung.[62] Die Sorge für Gerechtigkeit ist ein beständiger Aufruf an die Verantwortlichen, alle verfügbaren Mittel einzusetzen, um Gerechtigkeit zu

---

[59] DBK, Kommission für Erziehung und Schule: Den Schüler stark machen. Neue Wege in (Haupt-)Schule und Beruf, Bonn 2004.

[60] Mit diesem Positionspapier wurde auch ein Aktionsprogramm zur Umsetzung in der Region Hamburg initiiert.

[61] Den Schüler stark machen, 1. Zur Situation.

[62] Aus einer anderen Perspektive betont dies auch der Education for All (EFA) Global Monitoring Report 2005 der UNESCO: „Bildungssoziologische Studien belegen, dass Schüler, deren familiärer Hintergrund und Freundeskreise ähnliche Ideale aufweisen, wie jene durch die Schule geförderte, dazu neigen, sich stärker zu bemühen und bessere kognitive Fähigkeiten als andere erzielen, die dem Widerspruch zwischen ihren eigenen Idealen und denen der Schule entfliehen wollen, indem sie rebellieren, z. B. sich weniger bemühen. Der Bedarf nach einer Bildungspolitik,

verwirklichen. Es ist der Wille Gottes, die Benachteiligten zu ihrem Recht kommen zu lassen. Gerechtigkeit stellt damit keine beliebige Größe dar, die neben anderen Faktoren auch berücksichtigt werden muss. Gerechtigkeit ist vielmehr Ausdruck und Kennzeichen der heilmachenden Gottesherrschaft.[63]

Die mangelnde Chancengleichheit der Menschen in unserem Land im Blick auf Bildung ist eine der großen sozialen Fragen des 21. Jahrhunderts. Am Thema Bildung, das eng verknüpft ist mit der Entwicklung der Familien und unserem gesellschaftlichen Wertesystem, entscheidet sich unsere Zukunftsfähigkeit. Es ist unsere Aufgabe, Gerechtigkeit und dabei das Recht auf Bildung als Ziel nicht aus dem Auge zu verlieren. Bildung ist ein Schicksalsthema – um unserer Zukunft willen![64]

---

die sich an expliziten sozialen Zielsetzungen orientiert, ist eine Herausforderung für die Qualität von Schulbildung, der nicht mehr länger nur mit technischen Mitteln begegnet werden kann." UNESCO (Hg.): EFA Global Monitoring Report 2005. Verpflichtung zur Qualität. Zusammenfassung, Paris 2004, 13 (vgl. www.unesco.org/education/gmr_download/summary_german.pdf).

63 Vgl. Für eine Zukunft in Solidarität und Gerechtigkeit, bes. 39–50.

64 Vgl. zur Illustration ein Zitat aus dem 4. Jahrhundert vor Christus von dem chinesischen Philosophen Tschuang-Tse: „Willst du für ein Jahr vorausplanen, so baue Reis. Willst du für ein Jahrzehnt vorausplanen, so pflanze Bäume. Willst du für ein Jahrhundert planen, so bilde Menschen!"

D. Staat und Kirche

1987

Auseinandersetzungen über das wechselseitige Verständnis und Verhältnis von Staat und Kirche, von Staat und Religion sind Urthemen, die sich schon in den biblischen Schriften finden, die Altertum, Mittelalter und Neuzeit durchziehen und bis heute ihren Niederschlag finden. Dabei hängen Überlegungen zu Distanz und Nähe, zu direkter oder auch (bloß) orientierender Einflussnahme von vielfachen staatlichen und gesellschaftlichen Diskussionslagen und Gegebenheiten ab. Auf dem Hintergrund einschlägiger kirchlicher Papiere thematisiert der Speyrer Bischof kirchliche Aufgaben in Gesellschaft und Staat und skizziert die Kirche als politischen Faktor.

Aufgaben der Kirche in Staat und Gesellschaft

Bischof Anton Schlembach

Es ist schon Tradition, dass beim St. Martinsempfang des Katholischen Büros einer der rheinland-pfälzischen Bischöfe einige Gedanken zum Bereich Kirche – Gesellschaft – Staat vorträgt. Ich möchte die Gelegenheit benützen, um einige grundsätzliche Aussagen über Kirche und Politik zu machen. Diese Aussagen stützen sich auf das Arbeitspapier der Gemeinsamen Synode der Bistümer in der Bundesrepublik Deutschland „Aufgaben der Kirche in Staat und Gesellschaft“ vom 15. Februar 1973 und auf das einschlägige Kapitel der Pastoralkonstitution des Zweiten Vatikanischen Konzils vom 7. Dezember 1965 (Nr. 73–76) „Das Leben der politischen Gemeinschaft“.

Über das Verhältnis von Kirche zur Politik gibt es bekanntlich nicht nur verschiedene, sondern sogar widersprüchliche Auffassungen. Aufgrund des Selbstverständnisses der katholischen Kirche und aufgrund der geschichtlichen Erfahrung gilt: Die Kirche ist schon durch ihr bloßes Dasein ein Politikum. Sie wirkt immer in den politischen Raum hinein – ob sie spricht oder schweigt, ob sie handelt oder untätig ist. Denn die Verkündigung des Evangeliums, die Verkündigung der Wahrheit von Gott, von Jesus Christus, vom Menschen und seinem Heil hat eine politische Dimension und deshalb auch eine politische Wirkung. Noch mehr gilt dies vom Leben und Handeln, zu dem das Evangelium verpflichtet, und zu dem die Kirche aufruft und anleitet. Eine Kirche, die ganz unpolitisch wäre, würde sich selbst aufgeben.

Weil die Kirche auch ein politischer Faktor ist, stehen sie und ihr Wirken notwendig in einer Beziehung zur staatlichen Ordnung eines Volkes und zur Völkergemeinschaft. Aufgrund ihrer Katholizität will sie in allen Völkern und Staaten leben und wirken; gleichzeitig steht sie ihnen auch gegenüber und überschreitet sie. Sie versteht sich nämlich nicht nur politisch und nicht nur als Teil der gesellschaftlichen Kräfte, sondern als Ort einer den staatlichen Anspruch überbietenden Öffentlichkeit unter dem legitimierenden Anspruch Gottes. Umgekehrt wirkt auch das Handeln des Staates und der staatlichen Zusammenschlüsse auf die Kirche zurück.

Das Zweite Vatikanische Konzil stellt fest:

„Die Kirche, die in keiner Weise hinsichtlich ihrer Aufgabe und Zuständigkeit mit der politischen Gemeinschaft verwechselt werden darf noch auch an irgendein politisches System gebunden ist, ist zugleich Zeichen und Schutz der Transzendenz der menschlichen Person [d.h. Zeichen und Schutz dafür, daß der Mensch nicht total im Politischen und überhaupt im Irdischen aufgeht].

Die politische Gemeinschaft und die Kirche sind auf je ihrem Gebiet voneinander unabhängig und autonom. Beide aber dienen, wenn auch in verschiedener Begründung, der persönlichen und gesellschaftlichen Berufung der gleichen Menschen. Diesen Dienst können beide zum Wohl aller um so wirksamer leisten, je mehr und besser sie rechtes Zusammenwirken miteinander pflegen" (GS 76).

Die Kooperation von Kirche und Staat verlangt Abgrenzungen, Absprachen, Abmachungen und ständigen Dialog.

Wie sieht die *rechtliche Regelung des Verhältnisses von Staat und Kirche in der Bundesrepublik Deutschland* aus?

Die Bundesrepublik Deutschland versteht sich als freier Rechtsstaat, Sozialstaat, Wohlfahrtsstaat, Kulturstaat. Er ist dem einzelnen Bürger nicht nur verantwortlich für Ruhe und Ordnung im Innern und Schutz gegen äußere Feinde, er ist darüber hinaus zur allgemeinen Daseinsvorsorge verpflichtet. Diese umfasst nicht nur die materielle, sondern auch die geistige Daseinsvorsorge, also Erziehung, Bildung, Kunstpflege bis hin zur Ermöglichung und Förderung der Verwirklichung des „religiösen Interesses", das in den Kirchen und Religionsgemeinschaften seine gesellschaftliche Gestalt angenommen hat.

Eine so ausgestaltete staatliche Verantwortung und Kompetenz bedeutet, dass sich der Staat aller Lebensbereiche annehmen kann und muss, die mit dem Gemeinwohl in Beziehung stehen. Sie bedeutet aber nicht, dass der Staat *selbst* überall zugunsten des Wohls der Einzelnen und der Gemeinschaft eingreifen muss. Im Gegenteil, in unserer freiheitlichen Gesellschaftsordnung ist der Staat gehalten, vorrangig die Aktivitäten der gesellschaftlichen Kräfte, zu denen auch die Kirche gehört, anzuerkennen und zu fördern. Denn totales staatliches Engagement führt zwangsläufig zum totalen Staat. Dieser aber ist nicht nur unvereinbar mit der geltenden Verfassungsordnung des Grundgesetzes, er steht auch in striktem Widerspruch zu der Auffassung vom Staat, die sich gleichermaßen an Freiheit und Würde des Einzelnen orientiert. Der Staat unseres Grundgesetzes schützt neben der Freiheit seiner Bürger und Gruppierungen in besonderem Maße durch Art. 4 und Art. 140 des Grundgesetzes das Grundrecht der Einzelnen und der Religionsgemeinschaften auf

Religionsfreiheit sowie das kirchliche Recht auf Eigenständigkeit und Selbstbestimmung.

Das Staat-Kirche-Verhältnis des Grundgesetzes vermeidet extreme Lösungen. Es verbindet grundsätzliche Trennung von Staat und Kirche mit öffentlich-rechtlicher Anerkennung und sachorientierter Zusammenarbeit. Es ist gekennzeichnet durch weltanschauliche Neutralität des Staates im Sinne der Nichtidentifikation mit einer bestimmten Religionsgemeinschaft. Diese ist aber nicht gleichbedeutend mit Indifferenz. Im Gegenteil, die Kirchen finden in der Verfassung ausdrücklich Erwähnung als wichtige Bestandteile des Gemeinwesens. Nicht nur ihr Heilsauftrag als solcher, sondern auch und gerade ihr soziales und kulturelles Wirken wird durch die Verleihung des öffentlich-rechtlichen Status anerkannt sowie durch Konkordat und Kirchenverträge abgesichert.

Der Kirche die staatliche Unterstützung und Förderung im geistigen, sozialen und kulturellen Sektor mit dem Hinweis versagen zu wollen, sie solle alles, was sie zur Daseinsvorsorge beiträgt, selbst bestreiten, wäre angesichts der Steuerbelastung der einzelnen Bürger im Sozialstaat anachronistisch, ja ungerecht, wäre angesichts der Praxis der staatlichen Subventionierung auch eine Verletzung der staatlichen Neutralität. Denn die staatliche Förderung ist heute nicht die Ausnahme, sondern die Regel. Die staatliche Förderung auch der Kirchen ist deshalb keine Privilegierung, sondern die Zubilligung normaler, üblicher Behandlung. Sie hilft mit, dass die Kirche in unserem demokratischen Gemeinwesen und in unserer pluralen Gesellschaft ihre Aufgabe als *freie* Kirche erfüllen kann.

Welches ist *Inhalt und Umfang des politischen Auftrags der Kirche* im Allgemeinen und in der Bundesrepublik Deutschland im Besonderen? Dieser Frage möchte ich mich noch zuwenden. Zuerst und vor allem begründet und verteidigt die Kirche den Staat und die staatliche Autorität als Grundwert. „Offenkundig sind … die politische Gemeinschaft und die öffentliche Autorität in der menschlichen Natur begründet und gehören zu der von Gott vorgebildeten Ordnung“, sagt die Pastoralkonstitution des Zweiten Vatikanischen Konzils (Nr. 74). Sie spricht von der „Verantwortlichkeit, Würde und Bedeutung der Regierenden“; von den Staatsbürgern, die gegenüber der legitimen staatlichen Autorität, die im Rahmen der sittlichen Ordnung für das Gemeinwohl sorgt, „im Gewissen zum Gehorsam verpflichtet“ sind (Nr. 74). Ausdrücklich wird auf die Pflicht der Bürger hingewiesen, „dem Staat jene materiellen und persönlichen Dienste zu leisten, die für das Gemeinwohl notwendig sind". Sie sollen auch von der staatlichen Autorität nicht „ungebührlich große Zuwendungen und Begünstigungen fordern".

Wörtlich heißt es:

„Alle Staatsbürger aber sollen daran denken, von Recht und Pflicht der freien Wahl Gebrauch zu machen zur Förderung des Gemeinwohls. Die Kirche ihrerseits zollt der Arbeit jener, die sich zum Dienst an den Menschen für das Wohl des Staates einsetzen und die Lasten eines solchen Amtes tragen, Anerkennung und Achtung".

Die Pastoralkonstitution fordert: Die „staatsbürgerliche und politische Erziehung ist eifrig zu pflegen". Sie ermutigt alle, die geeignet sind, „den schweren, aber zugleich ehrenvollen Beruf des Politikers auszuüben, und sich diesem Beruf unter Hintansetzung des eigenen Vorteils und materiellen Gewinns [zu] widmen" (Nr. 75).

Bei der Behandlung der wichtigsten politischen Aufgabe, Frieden zu schaffen und zu erhalten, sagt die Pastoralkonstitution: „Inständig muß man zu Gott beten, daß er ihnen [den Politikern] die Kraft gibt, dieses hohe Werk der Liebe zu den Menschen, den kraftvollen Aufbau des Friedens immer wieder neu zu beginnen und tapfer durchzuhalten" (Nr. 82).

Als zweites reklamiert die Kirche für sich den Anspruch, ihre Sendung im Staat uneingeschränkt erfüllen zu können. Das Zweite Vatikanische Konzil führt aus:

„Immer und überall ... nimmt sie das Recht in Anspruch, in wahrer Freiheit den Glauben zu verkünden, ihre Soziallehre kundzumachen, ihren Auftrag unter den Menschen unbehindert zu erfüllen und auch politische Angelegenheiten einer sittlichen Beurteilung zu unterstellen, wenn die Grundrechte der menschlichen Person oder das Heil der Seelen es verlangen" (Nr. 76).

Die Kirche weiß sich beauftragt, Anwalt des Menschen und des Menschlichen zu sein, seine Personalität, Sozialität und Transzendentalität bewusst zu machen, bewusst zu erhalten, zu verteidigen, zur Entfaltung zu bringen.

Die Kirche vertritt die sittlichen Werte und Normen, die der pluralistische Staat aus sich selbst nicht entwickeln kann, die aber zum Zusammenleben der Menschen, zur Ordnung der Gesellschaft, des Staates und der Völkergemeinschaft unerlässlich sind. So hilft sie, das ethische Minimum abzusichern, ohne das humanes Leben und Zusammenleben zerfallen müssen.

Dazu gehört z.B. dem Eigenschutz, dem Macht- und Besitzstreben Schranken zu setzen; zerstörerischen Polarisationen im politischen Meinungskampf entgegenzutreten; Achtung vor Person und Anschauung Andersdenkender einzufordern und zur Versöhnung aufzurufen; hinzuweisen auf

Aufgaben, die in den Randzonen einer leistungsorientierten Wohlstandsgesellschaft liegen.

Wenn die Kirche mahnt, warnt, fordert, ihre gesellschafts- und staatskritische Funktion wahrnimmt, darf sie nicht ihre eigenen Fehler übersehen. Sie muss den Gründen ihrer Fehler in der Vergangenheit ebenso nachgehen, wie sie sich heute ständig daraufhin zu überprüfen hat, wo sie mehr Gerechtigkeit, Menschlichkeit und Liebe bei sich selbst zu verwirklichen hat.

Die Kirche sucht schließlich die Zusammenarbeit mit allen Kräften, die die demokratisch-rechtsstaatliche Ordnung tragen und weiterentwickeln wollen. Zu ihnen gehören vor allem die politischen Parteien. Auch wenn das Verhältnis von Kirche und politischen Parteien variabel ist – ihre Nähe oder Distanz zu den Parteien ist abhängig vom Grad der Gemeinsamkeit im Erstreben humaner Grundwerte und vom Maß des zugestandenen kirchlichen Freiheitsraumes –, sucht sie das Gespräch mit ihnen, das beratende, helfende und mahnende Zwiegespräch. Es kann aber auch Parteien geben, denen die Kirche ablehnend gegenüberstehen und vor denen sie warnen muss. Das sind solche, die ihr Parteiprogramm auf antichristliche, inhumane, ideologische Grundsätze stellen und den politischen Auftrag der Kirche als Ganzes bekämpfen sowie die verfassungsrechtliche Grundordnung gewaltsam beseitigen wollen.

Wenn im Vorhergehenden einfachhin von „Kirche“ gesprochen wurde, so ist bei diesem Begriff doch sorgsam zu differenzieren. Der politische Auftrag kommt der gesamten Kirche zu. Es muss jedoch klar unterschieden werden, wie das Konzil anmahnt, „zwischen dem, was die Christen als Einzelne oder im Verbund im eigenen Namen als Staatsbürger, die von ihrem christlichen Gewissen geleitet werden“ sagen und tun, „und dem, was sie im Namen der Kirche zusammen mit ihren Hirten tun“ (GS 76).

Die Träger des Amtes müssen mit ihrer kirchlichen Autorität sprechen, wenn es um die Würde und Grundrechte des Menschen und um die Freiheit der Gesellschaft geht. Sie stehen dabei in einem dauernden Dialog mit den Gläubigen, ihren Verbänden, den Räten und anderen Gruppierungen.

Was die Konkretisierung der allgemeinen christlichen und ethischen Grundsätze und ihre Anwendung im politischen Bereich anbelangt, gilt die wichtige Ausführung in Nr. 43 der Pastoralkonstitution:

„Oftmals wird gerade eine christliche Schau der Dinge ihnen [den Laien] eine bestimmte Lösung in einer konkreten Situation nahelegen. Aber andere Christen werden vielleicht, wie es häufiger, und zwar legitim, der Fall ist, bei gleicher Gewissenhaftigkeit in der gleichen Frage zu einem anderen Urteil kommen [... Es] müßte doch klar bleiben, daß in solchen Fällen niemand das Recht hat, die Autorität der Kirche ausschließlich für sich und seine eigene Meinung in Anspruch zu nehmen. Immer aber sollen sie in einem offenen Dialog sich gegenseitig zur Klärung der Frage zu helfen suchen; dabei sollen sie die gegenseitige Liebe bewahren und vor allem auf das Gemeinwohl bedacht sein."

Im Horizont des eben Gesagten seien noch stichwortartig die Problemkreise benannt, die die Kirche, besonders die Kirche in der Bundesrepublik Deutschland im politischen Bereich heute zu bedenken hat, bei denen sie mitzureden und sich einzubringen hat:

Verteidigung des Staates und der staatlichen Autorität gegen Anarchismus und Utopismus; Verteidigung des staatlichen Gewaltmonopols gegen jede Form des Terrorismus; Überwindung der Arbeitslosigkeit; Verteidigung der Ehe und Familie, des Lebensrechts der ungeborenen Kinder, des Elternrechts, der humanen und religiösen Bildungsziele in den Schulen; Humanität beim Anfang und Ende des menschlichen Lebens; Gentechnologie; Aids; Schutz des Sonntags; Mediengesetzgebung; Zukunft des ländlichen Raumes; Ausländer und Asylanten; Europa; Entwicklungshilfe; Weltwirtschaftsordnung; Friede in Freiheit und Gerechtigkeit weltweit, unter besonderer Betonung des Grundrechtes auf Religionsfreiheit; Bewahrung der Schöpfung.

Am Anfang meines Vortrags sagte ich: Die Kirche ist schon allein durch ihr Dasein ein Politikum. Am Schluss sei mit demselben Nachdruck betont: So wesentlich die politische Verantwortung, der politische Auftrag und die politische Diakonie für die Kirche ist, das politische Wort ist nicht das Erste und nicht das Letzte, was die Kirche zu verkünden hat. Deshalb darf es keine Politisierung der Kirche geben.

Das Erste und das Letzte ist Gott, der in Jesus Christus sich zum Heil der Welt gemacht hat und macht und am Ende der Geschichte endgültig machen wird.

Die oberste Aufgabe der Kirche ist, diesen Gott zu verkünden und die Menschen, alle Menschen zum Glauben, zum gelebten Glauben an diesen Gott zu führen. Dann werden die Menschen auch immer besser wissen, was der Mensch ist, was er wirklich braucht, was seine Rechte und Pflichten sind und worin das Gemeinwohl besteht. In der gelebten Gemeinschaft mit dem Gott Jesu Christi werden die Menschen auch die Kraft finden, menschlich und mitmenschlich zu sein, immer menschlicher und mitmenschlicher zu werden. Und dies wird dem kirchlichen und dem politischen Leben gleichermaßen förderlich sein.

1992

Mit dem Vereinigungsprozess von 1989/1990 hatte Deutschland seine staatliche Einheit wiederhergestellt, zugleich hatte man mit dem Grundgesetz auf eine schon im Westen bewährte Verfasstheit zurückgegriffen. Erste Wahlen auf gesamtdeutscher Ebene hatten stattgefunden und das Wesen der parlamentarischen Demokratie auf dieser Ebene Einzug gehalten. Parallel aber gab es Diskussionen um die gegenwärtige und zukünftige Verfasstheit, beispielsweise auch um den Gottesbezug in der Verfassung. Der Bischof von Speyer verweist in seinem Beitrag auf innere Gefährdungen der Demokratie – und skizziert hieraus einen Auftrag für die Kirche.

Demokratie – ihre Bedingungen und Gefährdungen

Bischof Anton Schlembach

Dieses Thema, zu dem ich einige Gedanken sagen möchte, ist auf den ersten Blick ein rein politisches, also kein Thema für die Kirche. Bei näherem Zusehen aber zeigt sich bald, dass Demokratie sich nicht auf das Politische reduzieren lässt. Sie reicht in Wirklichkeiten und Fragen hinein, die auch Angelegenheiten der Kirche sind.

In der griechischen Mythologie wird erzählt, dass bei der Erschaffung des Menschen die Götter ratlos waren. Alle Begabungen und Fähigkeiten für Lebewesen hatten sie schon an die Tiere verteilt: Fell, Federkleid, Klauen, Zähne – alles war schon ausgegeben. Da stahl Prometheus für den Menschen von Hephaistos und Athene das Feuer und die dazugehörige technische Intelligenz. Aber auch dies reichte nicht zum Leben und Überleben des Menschen. Voll Mitleid schenkte Zeus dem Menschen noch die politische Intelligenz. Damit hatte er endlich die volle Ausrüstung zum Menschsein.

Hinter diesem Mythos steht die Überzeugung, dass Politik für den Menschen lebensnotwendig ist, dass Befähigung und Verpflichtung zur politischen Ordnung und Kultur sich vom Göttlichen herleiten.

Wie aber soll die politische Ordnung konkret aussehen?

Die katholische Kirche vertritt offiziell die Auffassung, dass eine demokratische Staatsform, in der die Regierung ihre Begründung und Legitimität im Volk hat, die heute den Völkern gemäße politische Ordnungsgestalt ist. In der Pastoralkonstitution des Zweiten Vatikanischen Konzils heißt es:

„In vollem Einklang mit der menschlichen Natur steht die Entwicklung von rechtlichen und politischen Strukturen, die ohne jede Diskriminierung allen Staatsbürgern immer mehr die tatsächliche Möglichkeit gibt, frei und aktiv teilzuhaben an der rechtlichen Grundlegung ihrer politischen Gemeinschaft, an der Leitung des politischen Geschehens, an der Festlegung des Betätigungsbereichs und des Zwecks der verschiedenen Institutionen und an der Wahl der Regierenden. Alle Staatsbürger aber sollen daran denken, von Recht und Pflicht der freien Wahl Gebrauch zu machen zur Förderung des Gemeinwohls. Die Kirche ihrerseits zollt der Arbeit jener, die sich zum Dienst an den Menschen für das Wohl des Staates einsetzen und die Lasten eines solchen Amtes tragen, Anerkennung und Achtung." (Nr. 75)

Ein demokratischer Staat ist nicht autark. Er lebt von Bedingungen, die bewusst zu halten, zu erhalten und zu verteidigen allen am Herzen liegen muss, denen der demokratische Staat ein Herzensanliegen ist. Die Demokratie ist niemals einfach gesichert, sondern eher immer gefährdet, deshalb eine beständige Aufgabe. Der Staatsrechtler Ernst-Wolfgang Böckenförde hat im Blick auf diesen Sachverhalt die These aufgestellt, dass der heutige freiheitliche und säkulare Staat nicht mehr societas perfecta ist. „Er ist zu seiner eigenen Fundierung und Erhaltung auf andere Mächte und Kräfte angewiesen", er lebt von Voraussetzungen, „die er selbst nicht garantieren kann."[1] Für die Demokratie gibt es Unverzichtbares, das nicht im politischen Raum angesiedelt ist. Sie hat eine offene Flanke.

Die wichtigste Voraussetzung für eine freiheitliche-pluralistische Demokratie ist eine Rechtsordnung, welche die Grundrechte und Grundpflichten der Bürger und des Staates festlegt. Demokratie gründet so sehr im Rechtsstaat, dass der Rechtsstaat im Begriff der Demokratie mitgedacht wird. Die Demokratie, das ist das große Erbe Griechenlands, ist ihrem Wesen nach an die „Eunomia", an die Gültigkeit des wahren und guten Rechts gebunden und kann nur in solcher Beziehung Demokratie bleiben. Dieses gute Recht des Rechtsstaates ist unmanipulierbar, kann nicht der Abstimmung unterliegen, sondern liegt jeder Abstimmung voraus und zugrunde. Ihre Abschaffung würde der Demokratie das Fundament entziehen und sie bodenlos machen. Demokratie würde totalitär. Ein unbeschränktes Recht der Mehrheit wäre eine formal-demokratische Spiegelung des Absolutismus, würde zur Diktatur der Mehrheit verkommen.

Die Hinrichtung Jesu entsprach bekanntlich auch einer Mehrheitsmeinung.

Nach dem Ersten Weltkrieg ist in sämtlichen Staaten Mittel-, Ost- und Südeuropas mit Ausnahme der Tschechoslowakei, in insgesamt dreizehn Staaten, die freiheitliche Ordnung wieder abgeschafft worden.

Demokratie ist nie bloße Herrschaft von Mehrheiten.

Abstimmen auf demokratischem Wege ist nicht nur an formale Spielregeln gebunden, sondern auch an inhaltliche Festlegungen. Die die Demokratie

[1] Ernst-Wolfgang Böckenförde: Staat – Gesellschaft – Kirche, Freiburg i. Br./Basel/Wien 1982, 67.

tragende Rechtsordnung ist eine Werteordnung, ein bestimmtes Wertegefüge, das sich ableitet von einem bestimmten Menschenbild. Eine Werteordnung legt ja fest, was für den Menschen wert-voll, also gut und notwendig ist, was seinem Wesen und seiner Würde entspricht, von seinem Wesen und von seiner Würde gefordert wird.

Reale und verbindliche Werte und daraus abgeleitetes verpflichtendes Recht als Grundvoraussetzung für Demokratie bedeutet dann auch, dass Ethos und Moral der demokratischen Politik vorgegeben sind. Nur dort wird gut regiert, sagt Plato, wo man das Gute kennt, anerkennt und zum Maß und zum Ziel hat. In einer Demokratie wird nur dann gut regiert, wo bezüglich des Guten eine Grundeinsicht, ein Grundkonsens und eine Grundakzeptanz bestehen.

Demokratie lebt wesentlich von einem Wissen um den Menschen, um seine moralische Verantwortlichkeit und damit um seine Geistigkeit und Personalität; von einem Wissen um Gut und Böse, um das, wozu er berechtigt und nicht berechtigt ist, wozu er verpflichtet ist und wozu nicht; von einem Wissen um einen Grundbestand von moralischer Wahrheit.

Bei der inhaltlichen Umschreibung dieses Grundbestandes denkt man bei uns an die Charta der Menschenrechte, an unser Grundgesetz, an die Zehn Gebote der Bibel, in denen Judentum und Christentum mit den ältesten und reinsten Traditionen der ganzen Menschheit kommunizieren.

Zum Begriff des Ethos und der Ethik gehört nicht nur der Gedanke des Guten und des Wahren, sondern auch das Element des Unbedingten, des Absoluten. Ethik und damit Politik hat deshalb immer und notwendig eine religiöse Dimension.

Eine bestimmte Art von Aufklärung, die dies nicht sieht oder leugnet, belehrt der kritische, auch religionskritische Philosoph der Frankfurter Schule, Max Horkheimer:

„Alle Versuche, die die Moral anstatt durch den Hinblick auf ein Jenseits auf irdische Klugheit begründen ... beruhen auf harmonistischen Illusionen ... Alles, was mit Moral zusammenhängt, geht letzten Endes auf Theologie zurück, alle Moral, zumindest in den westlichen Ländern, gründet in der Theologie."[2]

---

[2] Max Horkheimer: Die Sehnsucht nach dem ganz Anderen, Hamburg 1970, 61.

„Politik, die ... Theologie nicht in sich bewahrt, bleibt, wie geschickt sie sein mag, letzten Endes Geschäft.“[3]

Eine sich transzendenzlos verstehende, nur weltimmanente, rein pragmatische Politik gerät zur ethischen Beliebigkeit und ist nicht mehr immun gegen eine Zerstörung der Demokratie.

Es ist daher nicht überraschend, sondern liegt in der inneren Logik der Demokratie, dass in unserem Grundgesetz nicht nur inhaltlich bestimmte Grundrechte formuliert werden, die sich aus der unantastbaren Würde des Menschen als erstem Grundwert ableiten, sondern dass dort neben der verfassungsmäßigen Ordnung auch die Rede ist vom „Sittengesetz“ (Art. 2,2) und von Gott. Gott ist sogar das erste Subjekt in der Präambel, die ein integraler Bestandteil unseres Grundgesetzes ist. Es liegt in dieser Perspektive, wenn die Verfassung für Rheinland-Pfalz mit den Worten beginnt: „Im Bewußtsein der Verantwortung vor Gott, dem Urgrund des Rechts und Schöpfer aller menschlichen Gemeinschaft“ und wenn dann in Art. 33 als erstes Erziehungsziel der Schule die „Gottesfurcht“ genannt wird.

Damit steht unsere Demokratie in der Tradition der amerikanischen Unabhängigkeitserklärung vom 4. Juli 1776. Dort heißt es:

„Wir halten die folgenden Wahrheiten für offenkundig,
daß alle Menschen als Gleiche geschaffen sind,
daß sie von ihrem Schöpfer mit bestimmten unveräußerlichen Rechten ausgestattet sind, zu denen das Recht auf Leben, auf Freiheit und auf das Streben nach Glück gehören,
daß zur Sicherung dieser Rechte Regierungen unter den Menschen geschaffen werden, welche ihre rechtmäßige Macht von der Zustimmung der Beherrschten ableiten.“

Wenn unsere Überlegungen stimmen, dann hängt der Bestand einer freiheitlichen Demokratie nicht nur, aber ganz wesentlich auch an Moral und Religion, an Anerkennung und Praxis von Ethik und Gottesglauben. Von daher kommen dann auch Gefährdungen unserer Demokratie in den Blick, die zu verdrängen, zu tabuisieren oder zu verharmlosen gerade auch politisch unverantwortlich wäre. Einige möchte ich noch ausdrücklich benennen.

Demokratie hat dort keine hinreichende Voraussetzung und ist deshalb auf Dauer nicht möglich, wo das allgemeine Bewusstsein materialistisch und atheistisch ist. So wie der Atheismus Gott ausschließt und Gottesglauben für

[3] Max Horkheimer: Zur Kritik der instrumentellen Vernunft, Frankfurt a. M. 1967, 227.

unvernünftig hält, so der Materialismus immaterielle, dem Menschen, der Gesellschaft und dem Staat vorgegebene, letztlich von Gott gegebene Rechte und Pflichten, die mit dem Menschen als Menschen, mit seiner Würde, Wahrheit und Gutheit, kurz: mit seiner Wirklichkeit gegeben und aufgegeben sind.

Rudolf Bultmann hat in seinem Johanneskommentar bei der Auslegung des Prozesses Jesu den sehr bedenkenswerten Satz formuliert: „Ein unchristlicher Staat ist grundsätzlich möglich, aber kein atheistischer Staat“[4] – jedenfalls nicht als solcher, der auf Dauer zugleich Rechtsstaat bleibt. Zur letzten Absicherung der Demokratie gehört, dass Gott auch öffentlich als Höchstwert anerkannt wird, der Gott allerdings, der auch für den Atheisten Toleranz und Nächstenliebe gebietet. Wo der Atheismus das grundlegende öffentliche Dogma wird, verlieren Recht und Demokratie ihre tiefste Wurzel. Sie leben geradezu von der Absage an das Dogma des Atheismus als Voraussetzung der öffentlichen Rechts- und Staatsordnung; sie leben von einer auch öffentlich anerkannten Ehrfurcht vor Gott als dem Grund von Ethos und Recht.

In den letzten Jahren vor seinem Tod machte Altbundespräsident Karl Carstens wiederholt die beunruhigende Aussage:

> „Meine größte Sorge im Hinblick auf die Zukunft sind nicht die Atomwaffen als solche, so schrecklich sie sind, ist nicht die Bedrohung der Umwelt, so sehr sie uns beunruhigt, und ist nicht die Bevölkerungsexplosion in der Dritten Welt, so schwer es sein wird, dafür eine Lösung zu finden. Meine größte Sorge ist, daß wir in unserer Zivilisation die religiöse Dimension verlieren könnten. Dann allerdings könnte das Ende über uns hereinbrechen ... Es ist mir klar geworden, daß ein Volk ohne metaphysische Bindung, ohne Bindung an Gott, weder regiert werden, noch auf die Dauer blühen kann.“[5]

Auch der Agnostizismus ist kein stabiles Fundament für Demokratie. Er führt höchstens zu einem hypothetischen Wertbewusstsein und zu einer hypothetischen Zivilisation.

Wo z.B. die Vernunft des Menschen auf die sogenannte instrumentelle Vernunft reduziert wird, wo nur noch die naturwissenschaftlich-technische Vernunft vernünftig ist, wo es nicht auch eine praktische Vernunft, eine moralische Vernunft gibt, die ebenso wie die instrumentelle zu sicheren Einsichten, zu ethischen und metaphysischen Wahrheitsgewissheiten kommen kann, da

---

[4] Rudolf Bultmann: Das Evangelium des Johannes, Göttingen 1957, 511.

[5] Karl Carstens: Vom Geist der Freiheit. Betrachtungen über Deutschland aus christlicher Verantwortung, Stuttgart 1989, 51.

hat die Eunomie als Grundvoraussetzung der Demokratie keinen Mutterboden. Der agnostische naturwissenschaftliche Positivismus, nicht als naturwissenschaftliche Methode, aber als Weltanschauung, führt notwendig zum Rechtspositivismus; da wird die Mehrheitsmeinung zur eigentlichen Rechtsquelle; da gibt es den objektiven Unterschied zwischen Recht und Unrecht, also auch von Rechtsgewalt und Unrechtsgewalt nicht mehr, sondern nur die Herrschaft der Mehrheit oder die Durchsetzung der augenblicklich stärkeren Gruppe.

Der bekannte englische Professor und Kulturkritiker C. S. Lewis hat in seinen Vorlesungen schon 1943 auf die Folgen eines konsequent positivistischen Denkens, das jeden objektiven Wert leugnet, hingewiesen. Es führt zur Zerstörung der Moral und damit zur Abschaffung des Menschen. Dieses Denken sah er damals in ganz Europa verbreitet. Er sagte:

„Ich denke hier nicht einzig … an jene, die im Augenblick unsere politischen Feinde sind. Der Prozeß, der, falls man ihm nicht Einhalt gebietet, den Menschen zerstören wird, spielt sich unter Kommunisten und Demokraten ebenso augenfällig ab wie unter Faschisten. Die Methoden mögen sich zunächst in der Brutalität unterscheiden. Aber manch ein sanftäugiger Naturgelehrter mit Zwicker, manch erfolgreicher Dramatiker, manch ein Amateurphilosoph in unserer Mitte verfolgt auf die Länge genau dasselbe Ziel wie die herrschenden Nazis in Deutschland. Das traditionelle Wertesystem soll ‚abgetakelt' und die Menschheit in eine neue Form umgeprägt werden."[6]

Der große Naturforscher und Naturphilosoph Werner Heisenberg, einen Gedanken Wolfgang Paulis wiedergebend, war überzeugt:

„Die vollständige Trennung zwischen Wissen und Glauben ist sicher nur ein Notbehelf für sehr begrenzte Zeit. Im westlichen Kulturkreis zum Beispiel könnte in nicht zu ferner Zukunft der Zeitpunkt kommen, zu dem die Gleichnisse und Bilder der bisherigen Religion auch für das einfache Volk keine Überzeugungskraft mehr besitzen; dann wird, so fürchte ich, auch die bisherige Ethik in kürzester Frist zusammenbrechen, und es werden Dinge geschehen von einer Schrecklichkeit, von der wir uns jetzt noch gar keine Vorstellung machen können."[7]

Kardinal Joseph Ratzinger führte bei seinem Vortrag über Europa im Speyerer Dom an Pfingsten 1990 aus, dass der Kommunismus wesentlich in der Verknüpfung von agnostisch-atheistischem Fortschrittsglauben, Absolutsetzung

---

[6] C. S. Lewis: Die Abschaffung des Menschen, Einsiedeln 1979, 27.

[7] Werner Heisenberg: Der Teil und das Ganze. Gespräche im Umkreis der Atomphysik, München 1969, 118.

der technisch-wissenschaftlichen Zivilisation und Verheißung des neuen Menschen bestand. Er fügte hinzu:

> „Wenn das Geschehene zum Heil werden soll, müssen wir uns allerdings bewußt werden, daß der Marxismus nur die radikale Durchführung eines ideologischen Konzepts war, das auch ohne ihn weitgehend die Signatur unseres Jahrhunderts bestimmt … Dieser systematische Ausschluß des Göttlichen aus der Gestaltung von Geschichte und Menschenleben unter Berufung auf die Endgültigkeit wissenschaftlicher Einsicht ist vielleicht das eigentliche Neue und zugleich das wahrhaft bedrohliche Element am Marxismus. Ich behaupte nun, daß auch außerhalb des marxistischen Denkens in der Lebenswelt des Westens diese gleiche Kombination in weniger strengen Formen wirksam ist."[8]

Eine weitere Gefährdung der Demokratie liegt in einem verabsolutierten Freiheitsverständnis.

Wenn Freiheit nur emanzipatorisch verstanden wird, wenn emanzipatorische Freiheit als Höchstwert gilt, wenn individuelle Freiheit und Bindung grundsätzlich und immer als Alternativen und Gegensätze gesehen werden, dann ist eine Koexistenz von Freiheit und Recht der anderen, das objektiv moralisch bindet, eine Koexistenz von Freiheit und verpflichtenden Werten nicht mehr einsichtig und sinnvoll. Recht ist dann ein Negativbegriff, ein Mittel, um Bindungen und damit Unfreiheit aufrechtzuerhalten. Kampf für die Freiheit ist dann identisch mit der Zerstörung von Bindungen und Grenzen.

Die Eunomie, die Grundlage der Demokratie ist, lebt von der gegenteiligen Überzeugung, von der Überzeugung, dass es Bindungen gibt, die dem Menschen gemäß sind, weil der Mensch nicht auf Isolation, sondern auf Beziehung angelegt ist; dass die wahre Freiheit gerade auf der rechten Ordnung der Bindungen beruht; dass der Mensch nur dann menschlich bleibt, wenn er nicht nur das physische Nichtkönnen, sondern genauso das moralische Nicht-Dürfen in Freiheit als reale und verbindliche Grenze respektiert.

Eine Autarkie, die den Menschen beziehungslos, und eine Autonomie, die den Menschen bindungslos und normlos sieht und machen will, verhelfen ihm nicht zur Selbstverwirklichung, sondern richten ihn zugrunde, ihn und die Gesellschaft und den Staat dazu. Wer den Menschen zur Beliebigkeit befreien will, betreibt nicht seine Befreiung, sondern seine Selbstzerstörung und die Zerstörung des menschlichen Zusammenlebens. Die Herrschaft der Beliebigkeit schließt die Herrschaft des Rechtes aus.

---

[8] Joseph Ratzinger: Wendezeit für Europa? Diagnosen und Prognosen zur Lage von Kirche und Welt, Einsiedeln/Freiburg i. Br. 1991, 90.

Gefährdung der Demokratie liegt vor, wo die Grundwerte und Grundrechte, die einen demokratischen Staat fundamentieren, keine öffentliche Evidenz mehr haben, deshalb ins Private, Subjektive, im Grunde ins Beliebige abgedrängt werden.

- Wo die Wahrheitsfrage öffentlich ausgegrenzt wird, vielleicht sogar als grundsätzlich unbeantwortbar abgetan wird,
- wo statt Wahrheit nur Meinung gefragt ist,
- wo Verteidigung der Wahrheit sofort als Fundamentalismus bekämpft wird,
- wo die moralische Frage umgangen oder gar lächerlich gemacht wird,
- wo der Vermittlung von Werten in der Erziehung keine Bedeutung zugemessen wird,
- wo man nicht mehr öffentlich in einer Gesellschaft um die Bestimmung und Begründung der Inhalte von Recht, Gerechtigkeit und Werte ringt,
- wo die individual-ethischen Werte weniger gelten als die sozialethischen,
- wo der öffentlichen Sorge um die physische Integrität eine weitgehende Unempfindlichkeit für die moralische Integrität des Menschen gegenübersteht,
- wo man im Staat möglichst alles moralfrei und wertfrei regeln will,
- wo die Rechtsprechung sittliche und religiöse Werte nicht mehr als schützende Rechtsgüter ansieht, sondern nur noch die materiellen Güter und die emanzipatorische Freiheit des einzelnen,
- wo Gott aus dem öffentlichen Bewusstsein verdrängt wird,

da lösen sich die Fundamente der Eunomie, der humanen Rechtsordnung und damit der Demokratie auf.

Aus unseren Überlegungen ergibt sich, dass die Kirche für die Demokratie eine hohe Verantwortung hat, für ihren Bestand und für ihre Absicherung. Die Kirche ist öffentlicher Anwalt von Ethos und Religion, von Gewissensbildung und Gewissensbindung, von Erziehung zur moralischen Verantwortung, von Ehrfurcht vor Gott und den Menschen, von christlicher Gottes- und Nächstenliebe.

Wenn sie diesem ureigenen Auftrag zu wenig nachkommt oder gar untreu wird, dann hat das nicht nur für sie selbst negative Folgen, sondern auch für die Demokratie.

Die Kirche muss Überzeugungen schaffen, sie muss das Göttliche und das daraus folgende Moralische einsichtig werden lassen. Wenn die Kirche nicht überzeugt ist und nicht überzeugen kann, hat sie auch kein Recht mehr,

Öffentlichkeit zu verlangen. Sie wäre dann entbehrlich. Aber sie würde dann mit ihrer eigenen Überzeugungslosigkeit der Gesellschaft und dem Staat das entziehen, was für diese unentbehrlich ist: die Grundlagen von Menschlichkeit und Freiheit.

Auch von daher ergeht an die Kirche der Anruf, sie selbst zu sein, ihren Dienst an der Sendung Jesu Christi, in dem Gott um des Menschen willen Mensch geworden ist, unverkürzt und auch politisch-öffentlich zu leisten.

Die verantwortlichen Politiker aber tun gut daran, die Kirche nicht nur zu dulden, sondern zu fördern. Denn Kirche und Demokratie sind Verbündete.

1993

Mit dem Wiederaufbau nach Ende des Zweiten Weltkrieges wurden die beiden großen Kirchen zunächst ein selbstverständlicher Teil des neuen deutschen Staatswesens, politisch und verfassungsrechtlich unangefochten und getragen durch eine hohe Zustimmung aus der Bevölkerung. Seit den 1960er Jahren jedoch stellen Soziologen einen gewissen Entfremdungsprozess fest – verfasste Religion und individuelle Religiosität treten in eine gewisse Spannung zueinander.

Aus Anlass des 25jährigen Bestehens des Katholischen Büros Mainz analysiert Professor Kaufmann die Situation, bedenkt Auswirkungen für das Handeln der Kirche in Staat und Gesellschaft und stellt Überlegungen an, was in dieser Situation gegebene Antworten sein könnten.

Kirche und Staat in der postmodernen Gesellschaft

Franz-Xaver Kaufmann

Um das Verhältnis von Kirche und Staat war es in den letzten zwei Jahrzehnten in der alten Bundesrepublik auffallend still geworden. In den 70er Jahren erschienen zwar noch einige bedeutende systematisierende Werke, die sozusagen den Stand der Dinge, wie sie sich in den 50er und frühen 60er Jahren entwickelt hatten, festschrieben. In den 80er Jahren finden sich jedoch fast nur noch historisierende Studien. Man hatte offensichtlich ein Verhältnis gefunden, mit dem Kirchen und Politik gut leben konnten, ein Verhältnis, das zwar nicht von allen Autoren gleich interpretiert wird, aber im Kern auf der wechselseitigen Anerkennung zweier hinsichtlich ihrer Aufgabenstellung verschiedener, aber im Kern gleich bedeutungsvoller Partner beruhte. Ausdruck dieses von Paul Mikat etwas zweideutig als „Parität" bezeichneten Verhältnisses war das Kirchenvertragsrecht:

„Soweit Fragen, die das Verhältnis zu den Kirchen betreffen, in staatlichen Rechtsnormen geregelt werden, geschieht dies in aller Regel aufgrund vorheriger Absprache des Inhalts mit den Kirchen. Nicht mehr die einseitige staatliche Rechtsetzung, sondern Vertrag und Vereinbarung sind damit – meist auch der Form, zumindest aber der Sache nach – die typischen Gestaltungsformen des heutigen Staatskirchenrechts. Das bedeutet indessen nicht, daß der Staat nicht zu einseitiger Regelung oder Entscheidung befugt sei."[1]

Ohne auf ihre Gesetzgebungskompetenz zu verzichten, hat somit die Bundesrepublik mit Unterstützung des Bundesverfassungsgerichts ein gegenüber der Weimarer Zeit wesentlich entkrampfteres, insgesamt als positiv zu bezeichnendes Verhältnis zu ihren Kirchen gefunden, das Ernst-Wolfgang Böckenförde als „Balancierte Trennung von Staat und Kirche" beschreibt: „Die Trennung, um die es dabei geht, ist nicht eine einseitige, die die Kirche in Abhängigkeit vom Staat bringt, sondern eine zweiseitige, die Staat und Kirche durch ihre organisatorisch-institutionelle Entflechtung zur Selbständigkeit

---

[1] Konrad Hesse: Art. Kirche und Staat I–IV, in: Evangelisches Staatslexikon, Stuttgart [3]1987, Bd. 1, 1566.

und Unabhängigkeit im Verhältnis zueinander verhilft."[2] Zwar bleiben die Kirchen den staatlichen Gesetzen unterworfen, jedoch nur insoweit, als dadurch die Kirchen nicht „in ihrer Besonderheit als Kirche härter, ihr Selbstverständnis, insbesondere ihren geistlich-religiösen Auftrag beschränkend"[3] betroffen sind. Es wird ihnen im Anschluss an Art. 137 der Weimarer Reichsverfassung ein öffentlich-rechtlicher Status zugebilligt, der das Recht zur Ordnung ihrer eigenen Angelegenheiten beinhaltet. Gleichzeitig stehen ihnen privilegierte Formen des Zugangs zur Politik offen, wie nicht zuletzt die Existenz der katholischen Büros zeigt. Der politische Einfluss der Kirchen vollzieht sich also nicht nur auf dem Wege der ihren Grundsätzen verpflichteten Bürger und Politiker, die sich beispielsweise zu Vereinen, Verbänden oder Parteien zur Verfolgung ihrer Interessen zusammenschließen können, sondern darüber hinaus in der Form einer *körperschaftlichen Repräsentation,* die im Wesentlichen den Kirchenleitungen besondere Chancen sichert, Gehör zu finden. Trotz gelegentlicher politischer Initiativen, diesen Zustand im Sinne einer entschiedeneren Trennung – genauer gesagt: im Sinne eines Statusverlustes der Kirchen im Verhältnis zum Staat – zu ändern, hat sich dieses Verhältnis bis heute in bemerkenswerter – und wie gesagt *stiller* – Weise aufrechterhalten lassen. Offensichtlich besteht auf beiden Seiten kein Interesse an der Änderung dieses im internationalen Vergleich ziemlich einmaligen Zustandes.

Die *historischen Wurzeln* dieses Verhältnisses liegen zum einen im Selbstverständnis der römisch-katholischen Kirche, die seit dem den Investiturstreit beendenden Wormser Konkordat (1122) an der Gleichrangigkeit von „Imperium" und „Sacerdotium" festgehalten hat. In der Auseinandersetzung zwischen der Kirche und dem entstehenden Nationalstaat diente dann die Lehre, die Kirche sei gleichermaßen „Societas Perfecta", d. h. autark und autonom, zur Rechtfertigung der Gleichrangigkeit, die sich allerdings formal der Konkordate als Verträgen zwischen souveränen Staaten bediente. Die zweite Wurzel ist das evangelische Landeskirchentum, für das nach seiner Abschaffung durch die Weimarer Reichsverfassung ein funktionales Äquivalent gefunden werden musste. Aber durch die Jahrhunderte hindurch blieb das Verhältnis von Kirche und Staat spannungsgeladen. Das harmonische Einvernehmen in der alten Bundesrepublik beruhte auf der außerordentlichen Konstellation

[2] Ernst-Wolfgang Böckenförde: Staat – Gesellschaft – Kirche, Freiburg i. Br./Basel/Wien 1982 (= Christlicher Glaube in moderner Gesellschaft, Teilbd. 15), 64.

[3] BVerfGE 42, 312.

der Nachkriegszeit, als die Staatlichkeit durch das Dritte Reich an Legitimität verloren und die neuentstehende Demokratie noch nicht konsolidiert war. Die Überwindung des parteipolitischen Konfessionalismus durch die Gründung der CDU und der bedeutende Einfluss überzeugter Christen nicht nur in dieser Partei, sondern auch in der SPD, haben zweifellos zu diesen Verhältnissen beigetragen.

Ernsthaft in Frage gestellt wurde dieses Verhältnis eigentlich nur einmal, nämlich im Zuge der Verhandlungen über den Einigungsvertrag. Zwar war der Rechtsstatus der Kirchen in der ehemaligen DDR vergleichsweise günstig geblieben, aber seine praktische Handhabung war von politischen Konjunkturen abhängig und daher stets prekär. Die staatlich eingezogene Kirchensteuer war in den 50er Jahren abgeschafft und die Kirchen auf freiwillige Beiträge ihrer Mitglieder verwiesen worden. Der Anteil der Kirchenmitglieder ging zudem stark zurück und betrug 1990 nur noch etwa 30 % der Bevölkerung – 25 % Protestanten und 5 % Katholiken. Die Absicht, auch in den neuen Bundesländern eine staatlich administrierte Kirchensteuer einzuführen, stieß auf vielfältig motivierten Widerstand. Aber wie in den übrigen Gesellschaftsbereichen setzte sich auch hier das Organisationsmodell der alten Bundesländer durch, und mittlerweile ist auch in dieser Hinsicht wiederum die Stille eingekehrt.

Die Problemlosigkeit der staatskirchenrechtlichen Verhältnisse kann jedoch nicht darüber hinwegtäuschen, dass seit den 60er Jahren in den alten Bundesländern *ein ebenso geräuschloser Prozess zunehmender Entfremdung von den Kirchen* im Gange ist. Er ließe sich durch zahlreiche Statistiken erhärten, ich begnüge mich mit der Skizzierung der Haupttendenzen: Rückgang der Häufigkeit des Gottesdienstbesuches in beiden Konfessionen, insbesondere in der nachwachsenden Generation, und dementsprechend zunehmende Überalterung der Gottesdienstgemeinden. Rückläufige Kirchenbindungen und zunehmende Angleichung der Auffassungen der Kirchenfernen an die Auffassungen derjenigen, die keiner Konfession angehören. Während in den Nachkriegsjahrzehnten deutliche Einstellungsunterschiede zwischen Katholiken und Protestanten auch in nicht-religiösen Fragen feststellbar waren, die Konfession also eine wichtige Erklärungsvariable politischen und sozialen Verhaltens darstellte, spielt heute für die meisten Lebensbereiche nicht mehr die Konfession, sondern das Ausmaß der expliziten Religiosität und Kirchenverbundenheit die entscheidende Rolle. Gläubige Katholiken und Protestanten ähneln sich heute stärker in ihren Einstellungen und ihrem Verhalten als kirchenverbundene Katholiken einerseits und kirchendistanzierte Katholiken andererseits. In beiden Konfessionen wird der Kreis der Kirchenverbundenen jedoch kleiner, insbesondere unter den Jugendlichen. Damit sinken unter den Bedingungen der gegenwärtig praktizierten weltanschaulichen Offenheit der Erziehungsprozesse und verstärkt durch die Bedeutung massenmedialer Kommunikation die Chancen einer wirksamen Glaubensweitergabe überproportional: Je weniger gläubige Altersgenossen ein Jugendlicher in seiner Umgebung findet, desto schwieriger wird es für ihn (oder sie) selbst unter den Bedingungen eines christlichen Elternhauses, diesen Glauben zu stabilisieren.

In dieser Perspektive ist es eher überraschend, dass der Anteil der Kirchenaustritte bis in jüngster Zeit nicht höher gewesen ist. Ob der starke Anstieg seit der Wiedervereinigung durch die Kirchensteuerdiskussion ausgelöst wurde und ein vorübergehendes Phänomen bleibt, oder ob die soziale Selbstverständlichkeit der Konfessionslosigkeit in den neuen Bundesländern auch auf die alten abfärbt, muss die Zukunft zeigen. Ich halte es jedenfalls für keineswegs unwahrscheinlich, dass wir auch in der Bundesrepublik ähnlich wie in den Niederlanden für die Zukunft mit einem politisch und kulturell erheblichen Anteil an Konfessionslosen rechnen müssen, da die soziale Selbstverständlichkeit der Kirchenzugehörigkeit zurückgeht. Wenigstens am Rande sei auch auf die wachsende Bedeutung der Muslime in Deutschland hingewiesen, deren Bevölkerungsanteil derzeit etwa 3 % erreicht.

Bei der *Deutung* der skizzierten Trends ist allerdings Vorsicht am Platze. Wie bereits angedeutet war das religiöse Interesse in den Nachkriegsjahrzehnten besonders hoch, wesentlich höher als in der Weimarer Zeit. Generationsmäßig erscheinen die Jahrgänge von ca. 1920 bis 1935 als besonders kirchlich und religiös. Sie wurden am stärksten durch die Kriegs- und Nachkriegsjahre in ihrer Jugend geprägt, in denen in Deutschland viele Menschen die vielfältig erfahrene Not religiös verarbeiteten. Eine einfache Erklärung – etwa „Not lehrt beten" – für die beobachtbaren Schwankungen religiöser Aktivität in der neuzeitlichen Geschichte Europas gibt es jedoch nicht. Deutlich ist allerdings, dass Volksreligiosität stets auch mit sozialer Kontrolle verbunden ist, die häufig von politischen Einflüssen überlagert wird. So fallen etwa die hohen Kirchenaustrittszahlen bei den deutschen Protestanten in den Jahren 1933 bis 1935 auf. In den meisten Staaten Europas herrschte überdies bis weit in die Neuzeit hinein ein mehr oder weniger ausgeprägtes Staatskirchentum, welches den Kirchenaustritt mit so hohen Nachteilen versah, dass er schon fast eines gewissen Heroismus bedurfte. Mit der allmählichen Durchsetzung der Kultus- und Religionsfreiheit werden die Religionsgemeinschaften stärker auf sich selbst gestellt und sie müssen grundsätzlich selbst für die Anhänglichkeit ihrer Mitglieder sorgen. Eben dies entspricht auch unserem freiheitlichen Verständnis von Religion und beinhaltet natürlich auch die Möglichkeit des ungehinderten Kirchenaustritts.

Was also die gegenwärtige Situation in der Bundesrepublik auszeichnet, oder auch besonders bedenklich – oder zum mindesten bedenkenswert – macht, ist der Umstand, dass unter den Bedingungen der besonderen staatlichen *Begünstigung* des kirchlichen Eigenlebens, wie es der herrschenden staatskirchenrechtlichen Verfassung entspricht, dennoch eine wachsende *Entfremdung* von den Kirchen stattfindet. Lassen Sie mich nur ein besonders augenfälliges Symptom erwähnen, nämlich den publizistischen Erfolg eines so unfundierten und zudem aus Amerika importierten Buches wie der Schrift „Verschlußsache Jesus"[4], die trotz fundierter Kritik aus allen Konfessionen und auch von jüdischer Seite monatelang die Bestsellerlisten beherrschte. Zweierlei ist daran bemerkenswert: Zum einen das Interesse, das ein so abseitiges Thema wie die Qumranrollen überhaupt zu erwecken vermögen, was auf nach wie vor vorhandene Sensibilitäten hinsichtlich religiöser Themen hinweist, und zum anderen eben der Erfolg gerade dieses „Verdächtigungsbuches", das die katholische Theologie und den Vatikan gleichermaßen ins Zwielicht rückt. Mich beeindruckt diese Resonanz gerade deshalb, weil sie nicht auf einer nachhaltigen Propagierung durch die öffentlichen Medien beruhte, sondern offensichtlich auf eine kollektiv verbreitete Bewusstseinslage traf, die gerade solche „Enthüllungen" für interessant befand. Lassen Sie mich diese Beobachtung zuspitzen, indem ich behaupte, dass nach dem Abflauen der Studentenbewegung seit Mitte der 70er Jahre in der Bundesrepublik sich Kirchenkritik kaum mehr artikulierte, sondern wiederum eine grundsätzlich wohlwollende Stimmung gegenüber den Kirchen bis Ende der 80er Jahre vorherrschte, was ja auch im erneuten Absinken der Kirchenaustrittszahlen zum Ausdruck kam. Obwohl seit Beginn der 80er Jahre in der Bundesrepublik ein erneutes öffentliches Interesse an religiösen Fragen zu beobachten ist (beispielsweise stand die Frankfurter Buchmesse von 1982 unter dem Schwerpunktthema „Religion") ist es jedoch den Kirchen – und ich meine die *beiden* großen Volkskirchen – nicht gelungen, dieses religiöse Interesse in eine gesteigerte kirchliche Kommunikation umzumünzen. Auch haben sich keine namhaften christlichen Bewegungen außerhalb der Großkirchen gebildet, die Freikirchen oder z.B. die Charismatiker blieben marginale Erscheinungen.

---

[4] Michael Baigent/Richard Leigh: Verschlußsache Jesus, München 1991.

Das Interesse wählte sich vielmehr Themen wie die asiatischen Religionen, New Age oder neuerdings die Gnosis, ja sogar das mythische Denken wurde wieder zum Programm erhoben. Auch innerhalb der Kirchen wuchs übrigens das Interesse an „alternativen" religiösen Strömungen, die im Laufe der Kirchengeschichte unterdrückt worden waren. Die Häresie erscheint interessanter als die Orthodoxie. Nietzsches Diktum „Es scheint mir, daß zwar der religiöse Instinkt mächtig im Wachsen ist – daß er aber gerade die theistische Befriedigung mit tiefem Mißtrauen ablehnt" trifft zum mindesten wesentliche Teile der neueren Entwicklung. Und wenn schon nicht die theistische, so gerät doch zum mindesten die kirchliche Antwort in die Perspektive des Misstrauens.

Den Hintergrund der skizzierten religiösen Bewusstseinslage bildet eine kulturelle Konstellation, zu deren Kennzeichnung sich seit einem Jahrzehnt das Wort „Postmoderne" eingebürgert hat. Ich möchte Sie von den intellektuellen Debatten verschonen, die seither um die Frage entbrannt sind, ob wir uns noch in der Moderne oder schon jenseits ihrer, nämlich in der Postmoderne befinden. Die epochale Abgrenzung ist ebenso unscharf wie der Begriff selbst. Ich möchte lediglich den Punkt hervorheben, auf den es hier ankommt: Wir leben in einer Zeit, die allen bisherigen Globalerklärungen, allen umfassenden Deutungsansprüchen misstraut. Hierauf macht der Theoretiker der Postmoderne F. Lyotard aufmerksam, wenn er vom Ende aller großen Erzählungen spricht. Das gilt für den posthegelianischen Vernunftglauben ebenso wie für den sozialistischen Planungsglauben und den liberalen Freiheitsglauben. Und es gilt eben auch für die konfessionellen Weltanschauungen, ja sogar für den Glauben an den wissenschaftlichen Fortschritt. Es dominiert ein Bewusstsein der unüberschaubaren Komplexität der Wirklichkeit, welche je nach Temperament als Chance oder als Last erfahren wird. In reflektierterer Form erscheint die Wirklichkeit als durch unterschiedliche Rationalitäten oder „teilsystemische Logiken" geordnet, wobei die Einseitigkeit dieser Logiken und der mit ihnen verbundenen Institutionen – z.B. der Wirtschaft, des Rechts, der Wissenschaft oder auch der Religion – nur noch punktuell durch eine „transversale Vernunft" (W. Welsch) vermittelt werden können.

Versucht man, den weltanschaulichen Bewusstseinsumschlag genauer zu fassen, den das Aufkommen des Begriffes „Postmoderne" anzeigt, so lassen sich im Anschluss an Johannes Berger[5] drei wesentliche Elemente ausmachen:

1. Ausgelöst vor allem durch die Umweltproblematik hat sich ein Bewusstsein von der Endlichkeit aller Ressourcen und von der Beschränktheit der wirtschaftspolitischen Gestaltungsmöglichkeiten durchgesetzt, das auffallend mit dem ökonomischen – bald marktwirtschaftlich, bald keynesianisch fundierten – Fortschrittsoptimismus der Nachkriegszeit kontrastiert.
2. Nicht nur der ökonomische, auch der intellektuelle Fortschrittsoptimismus, der sich zuletzt in der Gesellschaftskritik der Studentenbewegung äußerte, ist zusammengebrochen. Die Intellektuellen üben nunmehr selbst „Kritik am Universalitätsanspruch der Vernunft und dem darin implizierten Rechtfertigungszwang für Handlungen und Institutionen" (Berger). An die Stelle universalistischer Kriterien tritt erneut der auch von der Romantik gegenüber der Aufklärung hervorgehobene Sinn für das Partikuläre, ja streckenweise sogar Traditionelle, wenn es beispielsweise um lokale Traditionen oder um die Begründung eines Wirtschaftsethos geht, um die Bildung kleinräumiger Identitäten zu stützen.
3. Schließlich lässt sich eine Abkehr vom Fortschrittsoptimismus sozialstaatlicher Gesellschaftssteuerung beobachten, wie er zuletzt die Politik der inneren Reformen etwa der Johnson-Administration in den USA und der Regierung Brandt Anfang der 70er Jahre beseelte. Die dominierende Weltsicht betont die Komplexität und Interdependenz der sozialen und politischen Zusammenhänge, die sich weit eher durch Begriffe wie Selbstorganisation oder Vernetzung denn durch Konzepte der Planung und Systemsteuerung begreifen lassen. Eine bloß reaktive, sich auf einigermaßen überschaubare Handlungsketten und schrittweise Verbesserungen beschränkende Politik hat wiederum an Kredit gewonnen gegenüber hochtrabenden Entwürfen umfassender Reformen.

Nimmt man diese drei Ernüchterungen und die daraus folgenden Orientierungen an der Endlichkeit der Welt, der Solidarität kleinerer Lebenskreise und der inkrementalen Politik zusammen, so werden darin Elemente sichtbar, die der im 19. Jahrhundert entwickelten katholischen Weltauffassung keineswegs fremd sind. Die skizzierten Ernüchterungen betreffen auch nicht die Religion, sondern öffnen im Gegenteil erneut Räume für religiöse Erfahrungen

---

[5] Johannes Berger: Modernitätsbegriffe und Modernitätskritik in der Soziologie, in: Soziale Welt 39 (1988) 224–236.

und Deutungen. Wie bereits angedeutet, scheinen sich allerdings die wiedererwachten religiösen Interessen nicht auf die Kirchen zu richten, sondern eher abseitige Angebote zu bevorzugen. Worauf ist das zurückzuführen?

Beim Versuch einer Beantwortung dieser Frage ist zunächst auf eine vierte Entwicklung hinzuweisen, die in den letzten 25 Jahren manifest geworden ist, nämlich eine zunehmende Individualisierungstendenz, verbunden mit einer weitgehenden Entkoppelung von Religion und Familie. Letztere lässt sich verdeutlichen aus den Antworten auf eine Frage, die Mitte der 80er Jahre im Rahmen einer Führungskräftebefragung gestellt wurde: „Wie halten Sie es bezüglich des Glaubens mit Ihren Kindern? Was trifft bei Ihnen persönlich am ehesten zu?“ Nur 5 % der befragten Eltern wählten die Antwortvorgabe „Der Glaube ist etwas, worüber wir nicht frei verfügen können. Deshalb tue ich alles, um meine Kinder zum Glauben zu bringen.“ 34 % wählten die Aussage „Ich versuche, durch Wort und Tat meine Kinder von meinem Glauben zu überzeugen, aber letztlich liegt die Entscheidung bei ihnen.“, während 55 % der Äußerung zustimmten: „Ich habe meine Kinder taufen und in Religion unterrichten lassen, stelle ihnen dann aber frei, wie sie sich zum Glauben verhalten“; 6 % schließlich wählten die Aussage „Ich finde, daß Glaube eine Sache der freien Entscheidung ist, in der ich meine Kinder nicht beeinflussen will; deshalb habe ich sie nicht taufen lassen“.[6] „Ich habe meine Kinder taufen und in Religion unterrichten lassen, stelle ihnen dann aber frei, wie sie sich zum Glauben verhalten“. Dies findet noch größere Zustimmung als Erziehungsmaxime bei denjenigen, die selbst keine Kinder haben. Hierin kommt ein Verhältnis zur Religion zum Ausdruck, dass die religiöse Erziehung zwar nicht ablehnt, aber den Kirchen anheimstellt, die hierfür spezialisiert, zuständig, kompetent erachtet werden, ganz ähnlich wie man die Mediziner für die Gesundheit oder die Juristen für das Recht als kompetent erachtet. Und im Übrigen muss jeder Jugendliche sich selbst entscheiden, wie er es mit der Religion halten will, sie gehört offensichtlich nicht mehr zu dem, was die Mehrheit der Eltern für ihre Kinder als so wesentlich erachtet, dass sie sich selbst dafür einsetzen. Darin kommt allerdings auch ein größerer Aspekt der kindlichen Autonomie zum Ausdruck, was ein Grundmuster des herrschenden Individualisierungstrends zu sein scheint. Die Privatsphäre wird von allen allgemeinen Verbindlichkeiten tendenziell freigesetzt, möglicherweise in Reaktion auf

---

[6] Franz-Xaver Kaufmann/Walter Kerber/Paul M. Zulehner: Ethos und Religion bei Führungskräften. Eine Studie im Auftrag des Arbeitskreises für Führungskräfte in der Wirtschaft, München 1986, 324.

die zunehmend als disziplinierend empfundene Teilhabe am wirtschaftlichen und öffentlichen Leben. Öffentlichkeit und Privatheit treten weit stärker auseinander – und es hat den Anschein, als ob die Kirchen im Wesentlichen der öffentlichen Sphäre zugeordnet würden, gegen die man sich glaubt nur noch durch Distanz behaupten zu können. Dies kommt auch in der verbreiteten Rede von „der Amtskirche“ zum Ausdruck, die in auffallendem Kontrast wenigstens zum katholischen Kirchenverständnis noch meiner Jugend steht. Kirche wird immer weniger als beheimatende Gemeinschaft und damit als örtliche Kirche verstanden, sondern „Kirche“ das sind „die da oben“, die in Rom ein Konzil und Bischofskonferenzen oder in Würzburg eine Synode abgehalten haben. Das unterscheidet sich nicht wesentlich vom Bundestag oder einer Konferenz der europäischen Regierungschefs. Es geht die meisten, nämlich all diejenigen, die nicht im hauptamtlichen kirchlichen Dienst stehen und untereinander ein enges Kommunikationsnetz über kirchliche Fragen aufrechterhalten, nur mehr wenig an. Wollte man den Sachverhalt zuspitzen, so könnte man sagen, Religion sei Privatsache, Kirche jedoch eine öffentliche Angelegenheit geworden, oder soziologischer formuliert: Kirche verselbständigt sich zunehmend als sekundäres System, während die Lebenswelt, die seit jeher der Ort religiöser Erfahrungen gewesen ist, sich hiervon abkoppelt und – mehr oder weniger massenmedial überflutet – zu einer Gestaltungsaufgabe der Individuen und ihrer sozialen Vernetzungen geworden ist.

Auch die religiösen Beziehungen haben sich somit individualisiert, ja manche Religionssoziologen gehen soweit zu behaupten, dass die Individualität oder Identität des Einzelnen selbst zum zentralen religiösen Thema geworden sei.[7] Dieser Aspekt kann hier nicht mehr vertieft werden, vor allem ist es mir auch nicht mehr möglich, die innere Schlüssigkeit dieser Individualisierungstendenzen und des mit ihnen verbundenen „Zwanges zur Häresie“ darzutun.[8] Es spricht jedenfalls vieles dafür, dass sowohl aus theologischen wie aus soziologischen Gründen eine der „postmodernen“ Situation entsprechende Gläubigkeit in den zentralen Motivstrukturen der Persönlichkeit verankert sein muss. Insoweit sie dort die Distanzierung von den das Individuum tendenziell überflutenden und es vereinnahmenden vielfältigen Erwartungen und Zumutungen unserer gesellschaftlichen Verhältnisse ermöglicht

---

[7] Vgl. Franz-Xaver Kaufmann: Selbstreferenz oder Selbstreverenz? Die soziale und religiöse Ambivalenz von Individualisierung. Bochumer Universitätsreden 1993.

[8] Vgl. Peter L. Berger: Der Zwang zur Häresie. Religion in der pluralistischen Gesellschaft, Frankfurt a. M. 1980.

oder doch legitimierend erleichtert, vermag darin wohl auch eine spezifisch zeitgenössische Heilserfahrung zu liegen. Aber es hat nicht den Anschein, als ob das Christentum in seiner hiesigen gesellschaftlichen Verfassung als hoch verrechtlichte und organisatorisch vernetzte Kirchen geeignet sei, für derart qualifizierte Prozesse der Glaubensvermittlung angemessene Sozialisationsbedingungen zu gewährleisten.

Mir will scheinen, dass die gegebene Analyse in besonderer Weise die Entwicklungstendenzen in der Bundesrepublik Deutschland trifft, und zwar grundsätzlich im Hinblick auf beide Kirchen. Gesellschaftlich verfasste Religion und individuelle Religiosität treten auseinander, finden nur noch unter besonders glücklichen Umständen zueinander. Diese Einsicht ist aus protestantischer Sicht weniger beunruhigend als aus der katholischen, wo stets von einem ungebrochenen Verhältnis zwischen kirchlicher fides quae und individueller fides qua her gedacht und gehandelt wurde. Aber die Glaubenstradierung ist für beide Konfessionen in ähnlicher Weise prekär geworden.

Ich kann mich des Eindrucks nicht erwehren, dass diese problematische Konstellation auch mit den gegebenen staatskirchenrechtlichen Verhältnissen im Zusammenhang steht. Schon aufgrund ihrer eigenen Tradition, aber erst recht aufgrund ihrer staatskirchenrechtlichen Anerkennung und Einbindung sind die Kirchen hierzulande zu hoch verrechtlichten und organisatorisch vernetzten Gebilden geworden, in denen die Hauptamtlichen – und zwar unabhängig davon, ob sie Kleriker oder Laien sind – das Sagen haben. Die vielfältigen Strukturen von Bildungs-, Gesundheits- und sonstigen sozialen Einrichtungen, die in direkter oder indirekter kirchlicher Trägerschaft stehen, lassen ja die beiden Kirchen mit zu den größten Arbeitgebern in der Bundesrepublik Deutschland werden. Hier hat sich in langdauernden geschichtlichen Prozessen eine Struktur gebildet, die von denjenigen, die nicht dazugehören, als staatsähnlich angesehen wird. Kirche und Staat haben sich in ihrem wechselseitigen Verhältnis einander angenähert und sie müssen heute ähnliche Erfahrungen der Kirchen-, Politik- oder Parteienverdrossenheit machen. Man könnte die Bedingungen der Entfremdung von Bürgern und Politik in ähnlicher Weise durchdeklinieren, wie ich dies für den Bereich des Religiösen versucht habe. Immerhin ist im politischen Bereich die Spannung selbstverständlich, ja eigentlich bereits im modernen Verfassungsdenken angelegt, das ja eine scharfe Grenze zwischen Staat und „bürgerlicher Gesellschaft“ oder Öffentlichkeit und Privatheit zieht. Man wird diese Verhältnisse für den politischen Bereich weder grundsätzlich ändern können noch wollen. Aber gelten sie auch in gleicher Weise als legitim für den religiösen Bereich?

Wenn die skizzierte Diagnose in etwa die Sachlage trifft, so besteht durchaus Grund, erneut über das Verhältnis von Staat und Kirchen nachzudenken, und zwar vor allem auf Seiten der Kirchen. Die traditionellen Formen der Glaubensüberlieferung scheinen ihre Grundlagen auf breiter Front zu verlieren, was sich auch auf die Bedingungen des Religionsunterrichts nachhaltig auswirkt. Kinder und Jugendliche müssten zuerst für den Glauben gewonnen werden, sie bringen ihn immer weniger von Seiten des Elternhauses mit. Aber was ist an der gegenwärtigen Gestalt der Kirchen in der Bundesrepublik eigentlich anziehend, neugierig machend, gewinnend? Wo erfährt man etwas vom Charisma des Glaubens – außer bei Mutter Theresa und Frère Roger, die mittlerweile auch schon alt geworden sind? Sind diese Kirchen gutbezahlter, beamtenähnlicher Kirchendiener in der Lage, das Abenteuer einer neuerlichen Mission auf sich zu nehmen, diesmal nicht in den rückständigen Gebieten der Welt, sondern im hochgebildeten Europa? Was ist es, das dem Christentum in dieser Konstellation noch heilwirkende Plausibilität verleiht?

Es ist nicht Aufgabe des Soziologen, diese Fragen in inhaltlicher Weise zu beantworten, aber es gibt gute Gründe für den Hinweis, dass wirksame Glaubensvermittlung auf zwischenmenschliche Beziehungen in einer gewissen Intensität angewiesen ist, die heute generell rückläufig sind. In den sogenannten Individualisierungstrends steckt nicht nur die Verheißung einer für manche schon schal werdenden, weil beliebigen Freiheit, sondern auch eine Not, die Not, nicht mehr zu festen mitmenschlichen Bindungen zu finden, obwohl man sie sich wünscht. Die christliche Botschaft müsste sich heute wohl in neuen Lebensweisen und neuen Sozialformen äußern, die auf bestimmte Nöte der Zeit bessere Antworten geben als die herrschenden. Dies war die große Leistung der Orden im Laufe der abendländischen Kirchengeschichte. Aber die Orden sind durch das II. Vatikanische Konzil stiefmütterlich behandelt worden. Sie haben einen Teil ihrer Autonomie eingebüßt und wurden vielerorts domestiziert; sie sind in die flächendeckende Pastoral der Diözesen eingeordnet worden. Das hat ihnen geschadet. Die Überalterung der meisten religiösen Gemeinschaften, insbesondere der Frauengemeinschaften, schlägt sich auch in einer sinkenden Fähigkeit nieder, katholische Einrichtungen des Bildungs-, Gesundheits- und Sozialwesens mit christlichem Geist zu erfüllen. Zwar ist an ihre Stelle eine bemerkenswerte Qualifizierung katholischer Laien getreten, wie es sie so vor dem II. Vatikanischen Konzil nicht gegeben hat. Aber das Verhältnis zwischen Klerus und hauptamtlichen Laienmitarbeitern ist weitgehend ungeklärt. Die hauptamtlichen Mitarbeiter verdrängen zudem die ehrenamtlichen im Rahmen der wenigen Möglichkeiten der Laienrepräsentation im Rahmen der katholischen Kirche. Und man muss gerechterweise sagen, dass auch die Hauptamtlichen für dieses Engagement häufig einen Teil ihrer Freizeit opfern, also in diesem Sinne ebenfalls ehrenamtlich tätig sind. Nicht selten füllen sie auch Lücken, die aus der fehlenden Bereitschaft zum ehrenamtlichen Engagement der „wirklichen" Laien resultieren.

Der Rückgang der Bereitschaft zum ehrenamtlichen Engagement, der ja nicht auf die Kirchen beschränkt ist, sondern wiederum auch die Politik betrifft, hat natürlich mit jener Umstrukturierung der Erwartungen zu tun, wie ich im Vorangehenden skizziert habe. Das aus den staatskirchenrechtlichen Verhältnissen resultierende hohe Kirchensteueraufkommen ermöglicht eben den Kirchen in Deutschland, einen weit größeren Stab an Hauptamtlichen zu beschäftigen als in den Kirchen der übrigen Länder. Da sehen viele die Notwendigkeit des ehrenamtlichen Engagements auch nicht mehr ein. Aus unserem Nachbarland Holland kann ich berichten, dass religionssoziologische Untersuchungen zwar ebenfalls ein Schrumpfen des Anteils der Kirchengebundenen in beiden Konfessionen zeigen, dass aber der Anteil der Kirchengebundenen, die sich im Rahmen ihrer Kirche und von deren Einrichtungen ehrenamtlich engagieren, wesentlich höher als in der Bundesrepublik ist. Mir scheint dies doch auch mit der unterschiedlichen Finanzierungsweise zu tun zu haben.

Aus Zeit- wie aus Kompetenzgründen habe ich zuletzt die kritischen Anmerkungen auf meine eigene Kirche beschränkt, die ja heute auch das 25-jährige Bestehen ihrer Repräsentanz in Rheinland-Pfalz feiert. Ich bitte um Nachsicht, dass meine Überlegungen eher die Nachdenklichkeit als die Feierlichkeit fördern wollten. Ich habe im Übrigen die Veranstalter vorher gewarnt, dass ich nicht zum Festredner tauge. Ich habe auch kein Rezept, wie sich die skizzierten Entwicklungstendenzen verändern lassen. Dass sie sich jedoch auch auf das zukünftige Verhältnis von Kirche und Staat auswirken werden, ist wahrscheinlich. So stellt sich beispielsweise für die Kirchen mehr und mehr die Frage, ob und wie das große personelle und finanzielle Engagement im Bereich der Wohlfahrtseinrichtungen verschiedenster Art in Zukunft noch aufrechterhalten werden kann und soll. Da auf der einen Seite die staatlichen Regulierungen wachsen und auf der anderen Seite die Zahl der Menschen, die die Praxis dieser Einrichtungen aus christlichem Geiste prägen können, augenscheinlich zurückgeht, scheint mir hier eine allmähliche Frontbegradigung unvermeidlich. Auch über die Frage der zukünftigen Kirchenfinanzierung scheint mir trotz der unbezweifelbaren administrativen Zweckmäßigkeit des bestehenden Systems das letzte Wort noch nicht gesprochen.

Die primäre Frage lautet allerdings nicht, wie der gegenwärtige komfortable Rechtsstatus zu verändern sei, sondern wie es den Kirchen gelingen kann, erneut in ein besseres Wechselverhältnis zur Lebenswelt ihrer Mitglieder zu gelangen und missionarische Glaubwürdigkeit zu entfalten. Nur vor dem Hintergrund dieser Fragen rechtfertigt sich auch die Rückfrage an die rechtlichen Verhältnisse.

2001

Für eine lange Zeit hatte die Bundesrepublik Deutschland mit einer sehr übersichtlichen Quantität religiöser Gemeinschaften zu tun. In der Regel handelte es sich dabei um die beiden großen Kirchen, bei denen man von einem geschichtlich gewachsenen Verständnis von Nähe und Ferne zwischen Staat und Kirche und der Erkenntnis, dass die gegebene grundsätzliche Trennung Akzeptanz findet, ausgehen konnte. In den letzten Jahren nun ist ein Pluralismus an religiösen Gruppierungen offenkundig geworden, der neue Fragen aufwirft. Ein besonderes Augenmerk ist dabei auf den Islam zu richten, der mittlerweile die drittgrößte Religion in Deutschland darstellt und in einem grundlegend anderen Verständnis des Miteinanders von Staat und Religion wurzelt.

Der Limburger Bischof analysiert die Gegebenheiten und weist darauf hin, in welcher Weise die Religion(en) zu ihrer Bewältigung beitragen können.

Religion(en) im säkularen Staat

Bischof Franz Kamphaus

Der Empfang hier trägt den Namen des heiligen Martin. Der hat zur Zeit der konstantinischen Wende gelebt. Aufschlussreich ist diese Begebenheit aus seinem Leben: Ein gebildeter spanischer Laie namens Priscillian, der führende Kopf einer streng-asketischen Bewegung, wird 380 auf einer Bischofssynode verurteilt. Erstmalig wird im Fall vermeintlicher Ketzerei das Todesurteil gefällt. Der Kaiser soll es vollstrecken. Martin wendet sich entschieden gegen dieses Urteil und gegen das Vorgehen. Um das Leben des Todgeweihten zu retten, suchte er den Kaiser in Trier auf. Er protestiert gegen die Vermischung von staatlicher und kirchlicher Zuständigkeit. Vergeblich – die Zeiten ändern sich.

I. Christentum und Staat

Die ersten christlichen Jahrhunderte stehen im Zeichen der Verfolgung. Das ist die Ursprungserfahrung der Christen: Wir müssen uns gegen den Staat behaupten. Nach dem Sieg Kaiser Konstantins an der Milvischen Brücke (312) erfolgt 313 das Mailänder Toleranzedikt. Ende des 4. Jahrhunderts ist das Christentum Staatsreligion. Über Nacht ein Paradigmenwechsel: Die Kirche partizipiert an der Gewalt des Staates. Die Symbiose zwischen Kirche und Staat hat im Laufe der Jahrhunderte eine Fülle unterschiedlicher Varianten hervorgebracht, von der Staatskirche bis zum Kirchenstaat, mit allen Konsequenzen. Die negativen Folgen werden immer wieder – nicht selten genüsslich – litaneienartig aufgezählt: gewaltsame Missionierung, Scheiterhaufen, Religionskriege, Kreuzzüge. Die andere Seite wird zumeist verschwiegen: Die Freiheit des Gewissens, das unabhängig bleiben muss von politischem Machtkalkül; die unantastbare Würde der Person, die soziale Verpflichtung der Starken gegenüber den Schwachen sind als christliches Erbgut in den Staat eingegangen. Wer undifferenziert vom „finsteren Mittelalter" redet, zeigt nur, wie wenig er von der Geschichte versteht. Als Zeitgenossen des „aufgeklärten" 20. Jahrhunderts mit seinen Weltkriegen, Gaskammern und Gulags haben wir zudem weit mehr vor der eigenen Tür zu kehren. Das Christentum ist in den vergangenen beiden Jahrhunderten durch die harte Schule der Säkularisierung gegangen: Kirchengüter gehen in Staatsbesitz, Trennung von Staat und Kirche. Jesu Wort ist da bahnbrechend: „Gebt dem Kaiser, was des Kaisers ist, und Gott, was Gottes ist." Wenn man es auch Jahrhunderte anders versucht hat, so steht doch am Ende einer leidvollen und oft leidigen Geschichte die Einsicht: Es ist gut, dass die Kirche von politischer Herrschaft frei ist. Kirche sollte nicht Machthaberin sein, sie soll Gewissen sein. Eine klare Unterscheidung zwischen Glaube und Politik ist nicht nur für den Glauben lebensnotwendig, sondern auch für die Politik. Sie entartet, wenn sie sich mit einem religiösen Nimbus umgibt. Sobald der Staat sich absolut setzt, verfällt er dem Gotteskomplex. Er beansprucht das Ganze (totum) und wird totalitär. Er verspricht paradiesische Zustände und landet in der Hölle des Totalitarismus. Dass Aufklärung und Fortschritt vor solchen Entwicklungen nicht bewahren, lehrt die Erfahrung. Die politischen Ideologien der Neuzeit sind erklärtermaßen gegen die Religion angetreten und haben doch selbst sehr schnell quasi religiöse Züge angenommen.

Politische Herrschaft und Glaube sind zweierlei – wie Staat und Kirche. Weder die Staatskirche noch der Kirchenstaat sind erstrebenswert. Und der politische Messianismus hat für Politik und Glaube gleichermaßen verheerende Folgen.

Bei allem kirchlichen Machtverlust ist die Trennung von Staat und Kirche – erstmals gefordert von protestantischen Freikirchen im 17. Jahrhundert – für beide Seiten ein Freiheitsgewinn: Freisetzung des Staates vom theokratischen Herrschaftsanspruch und zugleich Freisetzung der Kirchen von politischer Bevormundung und Repression. Damit wird der Glaube an Gott nicht weltlos und die Welt nicht gottlos. Der Glaube kann sich nach christlichem Verständnis nicht auf einen Raum privater Innerlichkeit beschränken, er verlangt das öffentliche Bekenntnis und Sich-Einmischen.

II. Islam und Staat

Im Unterschied zum Christentum ist die Ursprungserfahrung des Islam durch aktive Gewalt gekennzeichnet. Um das Jahr 610 tritt Mohammed in Mekka als charismatischer Prophet auf. Er zieht sich den Argwohn der Herrschenden zu und flieht im September 622 nach Medina (Beginn der islamischen Zeitrechnung). Er versteht es, die ständig rivalisierenden Stämme der arabischen

Halbinsel zu einen und sie für den neuen Glauben zu gewinnen, teils durch Verträge, teils durch Krieg. 630 erobert er Mekka. Zwei Jahre später stirbt er.

Mohammed war nicht nur ein tief religiöser Mensch, er war auch ein erfolgreicher Feldherr. Er hat die ewigen Kriege zwischen den arabischen Stämmen beendet. Wer seiner Botschaft folgt, darf keine Bruderkriege führen. Andererseits verpflichtet der Prophet die Gläubigen sehr handgreiflich zum Kampf gegen die Ungläubigen. Dieser Kampf geht nach seinem Tod weiter. Bereits zwei Jahrzehnte später haben seine Nachfolger in einem erstaunlichen Siegeszug das Kerngebiet der islamischen Welt erobert: Vorderasien, Teile Mittelasiens, Ägypten, Teile Nordafrikas. Der Islam ist eine kämpferische, wehrhafte Religion.

Ist die Gewalt für ihn konstitutiv? Es gab und gibt im Islam eine mystische Tradition, die alle kriegerischen Texte des Korans im übertragenen Sinne versteht. Wirkt sich diese Tradition aus? Das Erscheinungsbild des Islam ist durch eine enge Verbindung von Religion, Staat und Recht gekennzeichnet. Das göttliche Gesetz hat höchste Autorität. Die staatliche Gesetzgebung muss sich darauf beziehen, sie hängt daran. Gehört diese Verschmelzung von Staat, Recht und Religion zum Wesen des Islam? Kemal Atatürk hat versucht, die Türkei nach neuzeitlichen Prinzipien umzugestalten: demokratische Strukturen, Gleichberechtigung von Mann und Frau, Trennung von Staat und Religion. Dieser Versuch führte bisher nicht in die Religionsfreiheit; in der Türkei wird die Religion durch den säkularen Staat kontrolliert.

Faktisch fehlt dem Islam die harte Schule der neuzeitlichen Aufklärung, die Säkularisierung. (Die islamische Aufklärung vor der Jahrtausendwende – Mutazila genannt – ist nicht zum Tragen gekommen.) Mancher wird denken: Gott Dank; es ist ihm vieles erspart geblieben. Und die enge Verbindung von Religion, Moral, Kultur und Politik in einem sehr einfachen, scheinbar geschlossenen, von Gott gegebenen System beeindruckt viele, wirkt gerade auf Menschen in den sogenannten Entwicklungsländern faszinierender als ein überreflektiertes und oft genug mit sich selbst im Streit liegendes Christentum.

Ist das wirklich gut, dass dem Islam die Aufklärung bisher erspart geblieben ist, oder soll man sie ihm wünschen? Wird er sich dem Spannungsfeld von technischer Zivilisation und ethischem Freiheitsanspruch, das die Moderne charakterisiert, entziehen können? Mit ihr ist ja nach unserer (christlichen) Erfahrung nicht nur etwas verlorengegangen, es sind wichtige Einsichten neu gewonnen worden: die Entflechtung von Religion und Politik, von Religion und Gewalt, die Entsakralisierung von Recht und Staat – nicht nur um des politischen Friedens willen, sondern auch um des Glaubens willen. Dem Dialog mit dem Islam mangelt es also nicht an Themen. Er sollte mutig aufgenommen werden, ohne Berührungsangst und ohne Unterscheidungsangst. Eigene Maßstäbe zurückzustellen, um Konflikten aus dem Wege zu gehen, ist ebenso unverantwortlich, wie die Bundesgenossenschaft im Dienst am Menschen zu unterlassen.

III. Religion im säkularen Staat

Je weniger Religion nach der Staatsmacht und Gewalt schielt, desto bedeutsamer kann sie in modernen Gesellschaften werden. Wo sie frei von politischer Vereinnahmung und Instrumentalisierung gelebt wird, eröffnen sich ihr neue Chancen. Man muss nicht das Religionsverständnis von Jürgen Habermas teilen, wenn man seine Herausforderung in der Dankesrede zur Verleihung des Friedenspreises des Deutschen Buchhandels in Frankfurt aufgreift. Er rät unserer postsäkularen Gesellschaft, sich der Perspektive von Religion nicht zu verschließen, „aus dem Interesse, im eigenen Haus der schleichenden Entropie der knappen Ressource Sinn entgegen zu wirken". Also käme es darauf an, dass die Religionen sich den modernen Entwicklungen gegenüber weder fundamentalistisch versperren noch sich ihnen unbesehen anpassen, sondern ihr Spezifikum so profiliert wie nur eben möglich öffentlich zur Geltung bringen. Auf drei Punkte möchte ich hinweisen:

1. Die Trennung von Staat und Kirche ist heilsam, sie lebt aber davon, dass beide aufeinander bezogen bleiben. Der totale Säkularismus zerstört letztlich die geistlich-weltliche Gewaltenteilung und gibt dem Kaiser, was Gottes ist. Schließlich ist alles des Kaisers. „Eine vollkommen säkularisierte Moderne, die nur noch ihr glattes Funktionieren für bewahrenswert hält, ist vollkommen wehrlos gegen geistige und seelische Unterwerfung. Sie hat keinen Blick dafür, welche Fahne über ihrem stahlharten Gehäuse weht" (J. Ross).

Es ist vielfach betont worden, dass der Staat von Voraussetzungen lebt, die er selbst nicht schaffen kann, dass er also, wie Heinrich Böll formuliert, „auf fremde Kreide zecht". „Vieles spricht dafür, dass das moralische Programm der Aufklärung bei Abkoppelung von seinen religiösen Ursprüngen auf Dauer nicht tragfähig ist" (F.-X. Kaufmann).

2. Aufklärung und Säkularisierung haben den Menschen in seinem Personsein/Subjektsein, in seiner zwischenmenschlichen Beziehungsfähigkeit nicht nur gestärkt (Identitätsverlust, emotionale Leere, Vereinsamung, Entsolida-

risierung). Immer weniger ist der Mensch noch sein eigenes Gedächtnis, immer mehr nur noch sein eigenes Experiment. Alles wird technisch reproduzierbar und damit austauschbar, am Ende auch der sich selbst produzierende Mensch. Was ist, wenn unter dem hohen Anspruch einer Ethik des Heilens man schließlich nicht nur nach den Schwächen eines Menschen fahndet, sondern nach den Schwachen und dabei über Leichen geht, Behinderte selektiert? Was ist, wenn Embryonen (Menschenleben also) gebraucht und verbraucht, verwertet werden? Verwerten – das heißt doch: Werte gehen vor die Hunde. Die Sprache des Marktes dringt heute in alle Poren ein und banalisiert alle Lebensbereiche.

Kein anderer als Nietzsche hat den Hintergrund für den Tod des Subjektes hellsichtig aufgezeigt: den Tod Gottes. Er kennt das Echo auf den Schrei seines „tollen Menschen": Wohin ist Gott? – Es lautet: Wohin denn der Mensch? Wer dem schleichenden Sterben des Subjektes widerstehen will, wird wohl schließlich und endlich die Aufklärung in den Horizont des Gottesglaubens rücken und den Umkehrschluss zu Nietzsche riskieren müssen: Wer den Menschen in seiner Personenwürde retten will, kann das, wenn es zum Schwure kommt, nur im Namen Gottes.

3. Ich komme zum heiligen Martin zurück. Bekannt gemacht hat ihn die Geschichte mit dem Mantel. Den hat er mit dem Armen geteilt. Er hat ihn nicht zerrissen, sondern das Schwert benutzt, mit dem man sonst Menschen bedroht und umbringt. Das ist nicht etwa nur ein Akt der Wohltätigkeit, sondern eine Symbolhandlung im Sinne des Prophetenwortes „Schwerter zu Pflugscharen".

Wo Religion der Gewalt entsagt und ihr Gut mit den Opfern teilt, wird sie zum Zeichen – in einer Welt, die einen übergroßen Teil der Intelligenz und Mittel in immer perfektere Waffensysteme/Schwerter investiert, statt sie für die Entwicklung armer Völker einzusetzen. Die Armen hungern nicht, weil wir zuviel essen, sondern weil wir zu wenig denken, zu kleinkariert nur an unsere eigene Sicherheit, zu kurzsichtig nur an unsere eigenen Interessen. Man betrachte etwa die geradezu skandalöse Diskrepanz zwischen den Finanzmitteln für den Raketeneinsatz im Kosovo und jenen bescheidenen Mitteln, die nach heftigem Ringen für den Stabilitätspakt und den Wiederaufbau bereitgestellt wurden.

In Sachen ökonomischer und militärischer Globalisierung sind wir Riesen, in Sachen globaler Solidarität sind wir Zwerge. Die Frage ist, wie wir eine gesellschaftliche Entwicklung anstoßen und unterstützen können, die nicht immer nur neue Gewalt hervorbringt, sondern die Herrschaft der Gewalt in den Köpfen und Herzen der Menschen zurückdrängt, nicht zuletzt in unseren eigenen. Oft ist in diesen Wochen von Entschlossenheit, Unnachgiebigkeit und Opferbereitschaft die Rede. Es wäre viel gewonnen, wenn diese Tugenden nicht nur im Blick auf den Militäreinsatz beschworen würden, sondern vor allem im mühsamen Ringen um eine Politik der Gewaltvorbeugung zum Tragen kämen. Gibt es ein Konzept dafür? Die überraschende Einnahme von Kabul offenbart die ganze Ratlosigkeit in dieser Sache. Es kann doch nicht nur darum gehen, Menschen und Völker in die Knie zu zwingen; wir müssen ihnen helfen, dass sie auf die Beine kommen, zum aufrechten Gang. Da ist uneingeschränkte Solidarität gefragt, im Namen Gottes.

E. Europa und Christentum

1985

Die Einheit Europas ist einer der Grundgedanken der Zeit nach 1945. Über die Trümmer des Weltkriegs hinweg reichten sich deshalb die politisch Verantwortlichen vielfach die Hand, suchten Wege und Schritte hin zu einer neuen Einheit. Im Juni 1985, vierzig Jahre nach Kriegsende, vereinbarten verschiedene Staaten im sogenannten Schengener Abkommen den Wegfall von Grenzkontrollen, was dann zehn Jahre später beginnend Wirklichkeit wurde. Zugleich jedoch mehrten sich – auch innerkirchlich – Stimmen, die nach der inneren Verfasstheit Europas, nach ihren Wurzeln und nach einem Bekenntnis der Menschen zu diesen Grundlagen fragten.

In diese Situation hinein skizziert der Kölner Erzbischof von ihm gesehene Notwendigkeiten für die weitere Entwicklung Europas.

Von der Last Europas

Joseph Kardinal Höffner (†)

Die europäischen Christen werden sich mehr und mehr der schweren, weltweiten Verantwortung bewusst, die auf ihnen liegt. Viele Kräfte haben an Europa mitgebaut: die griechische und die römische Antike, die romanischen, germanischen, keltischen und slawischen Völker. Das Christentum jedoch hat wie der Sauerteig im Brotteig gewirkt, Europa mit seinem Geist durchtränkt und als einheitsstiftende Kraft gewirkt.

Europa ist von ungeheurer Sprengkraft erfüllt. Zehn umwälzende Bewegungen sind von Europa ausgegangen und um die ganze Erde gewandert, so dass man von der „Europäisierung der Welt" zu sprechen pflegt. Sie haben Spuren hinterlassen, die noch nach Jahrtausenden erkennbar sein werden. Ich meine folgende zehn Bewegungen:

Erstens: Weltweite Christianisierung
Die Kirche ist gesandt, die Botschaft Christi „bis an die Grenzen der Erde" zu verkündigen (Apg 1,8). Im ersten Jahrtausend wurde das Evangelium von Volk zu Volk in die damals bekannte Welt weitergetragen. Zur Zeit der Entdeckungen nahm das Missionswerk der europäischen Christenheit zum ersten Mal globalen Charakter an. Ganze Erdteile – Amerika und Australien – wurden christlich. Heute zählen wir in allen Teilen der Welt etwa 1½ Milliarden Christen. Von den 840 Millionen Katholiken leben noch 270 Millionen in Europa und 70 Millionen in Nordamerika, die übrigen 500 Millionen in anderen Teilen der Welt.

Zweitens: Technisch-industrielle Revolution
Gestützt auf die Naturwissenschaften und angetrieben durch die freie Konkurrenzwirtschaft bemächtigte sich der europäische Mensch als erster systematisch der Naturkräfte. Er bannte sie in die physikalische, chemische und biologische Technik, die – von Europa ausgehend – überall auf Erden zur Grundlage der Wirtschaft und gleichsam zum Skelett der Weltzivilisation geworden ist. Es wurden gewaltige wirtschaftliche Leistungen vollbracht. Aber zugleich begannen überall dort, wohin die technische Revolution vordrang, die klassenkämpferischen Auseinandersetzungen. Auch wurde der technische

Fortschritt rücksichtslos vorangetrieben, so dass die Biosphäre durch Raubbau und Verschmutzung schwer geschädigt worden ist.

Drittens: Verwissenschaftlichung
In Europa hat sich seit der Aufklärung mehr und mehr die Meinung durchgesetzt, dass die *wissenschaftliche* Aussage die einzig gültige sei und dass alle Lebensbereiche wissenschaftlich bearbeitet werden müssten. Diese Auffassung ist inzwischen um die ganze Erde gewandert. Man spricht von der „Allgegenwärtigkeit der Wissenschaft im gesamten System der Industriekultur“ (Hans Freyer). Das „rechnende Denken“ hat sich weithin auch der Human- und Sozialwissenschaften bemächtigt und die Meinung aufkommen lassen, alles sei beliebig verfügbar. Aber die Wissenschaft ist nicht die einzige Gestalt des Geistigen. Älter als das Denken in Worten ist das Erkennen in Bildern und Symbolen.

Viertens: Kolonialismus
Zu Beginn des 20. Jahrhunderts hatte der europäische Kolonialismus seine Herrschaft auf fast alle schwachen überseeischen Länder ausgedehnt, wobei wirtschaftliche und politische Interessen, Prestigefragen, Entdeckerfreude, zuweilen auch ein irrationales zivilisatorisches Sendungsbewusstsein die Beweggründe waren. Die Auswirkungen des europäischen Kolonialismus dauern auch nach seinem Zusammenbruch fort. Nirgendwo ist eine Rückkehr zu den früheren Zuständen möglich.

Fünftens: Ideologischer Neo-Kolonialismus
Nach dem Zusammenbruch des politischen Kolonialismus beginnt ein ideologischer Kolonialismus in der Gestalt des Marxismus, einer typisch europäischen Ideologie, sich auf der ganzen Welt auszubreiten. Die marxistische Ideologie, die in der europäischen Aufklärung, im deutschen Hegelianismus säkularisierten alttestamentlichen Messianismus wurzelt, wälzt sich als fremde Macht über die einheimischen Kulturen Afrikas und Asiens.

Sechstens: Fortschrittsideologie
Der Glaube, alles sei machbar, der Fortschritt kenne kein Ende, hat sich von Europa aus fast überall auf Erden verbreitet. Man hat die Fortschrittsideologien „gefallene Töchter“ der christlichen Hoffnung genannt. Den Ausdruck „Fortschritt“ hat übrigens erst Christlob Mylius (1722 bis 1754), der Heraus-

geber der Zeitung „Der Freygeist", um das Jahr 1750, also mitten im Zeitalter der Aufklärung in die deutsche Sprache eingeführt.

Das Neue Testament spricht von Fortschritt in einem doppelten Sinn. Fortschritt bedeutet einerseits das uns durch Gottes Erbarmen geschenkte Fortschreiten in Glauben und in der Christusnachfolge (1 Tim 4,15; Phil 1,25), andererseits den Fortschritt der Häresie, die „wie ein Krebsgeschwür" fortschreiten und um sich fressen wird (2 Tim 2,16–17; 3,13).

Inzwischen ist die Fortschrittsideologie erschüttert. Der Mensch stößt überall an Grenzen: an die Grenze des Machens, an die Grenze des Fortschritts, an die Grenze des Überlebens in einer von der Selbstzerstörung bedrohten Welt.

Siebtens: Emanzipation

Zugleich mit der technisch-industriellen Revolution und mit der Fortschrittsideologie ist die gegen die gesellschaftlichen Zwänge und feudalen Systeme gerichtete politisch-soziale Emanzipationsbewegung – von Europa ausgehend – um die ganze Erde gewandert. Sie hat in der Französischen Revolution mit all ihren Grausamkeiten ihre Wurzeln und steht oft genug ihrem Vorbild an Grausamkeit nicht nach. Politisch-soziale Emanzipation gilt als Verwirklichung der Demokratie, der Selbstbestimmung, der Freiheit und der Menschenrechte. Sie ist oft – besonders in der Dritten Welt – mit einem fieberhaften Nationalismus verbunden. Es gibt gewiss eine berechtigte Emanzipation, die den Menschen von Abhängigkeiten, die seiner Würde widersprechen, befreit. Aber hinter einer totalen, alle Geborgenheit und Bindung abwerfenden Emanzipation steht ein böses Menschenbild, das Bild eines Menschen, der sich niemandem zu verdanken hat, der keinen braucht, der auf keinen angewiesen ist, der keinen liebt und von keinem geliebt wird. Emanzipation heißt: „Aus der Hand schlüpfen". Aber wir dürfen nicht aus allen bergenden Händen fliehen, vor allem nicht aus der Hand Gottes, der uns, wie die Heilige Schrift sagt, „in seine Hände geschrieben hat" (Jes 49,16).

Achtens: Säkularismus

Im Deutschen unterscheiden wir drei Begriffe: unter *Säkularisation* verstehen wir die Aufhebung der geistlichen Hoheits- und Eigentumsrechte, wie sie in radikaler Weise durch den Reichsdeputationshauptschluss 1803 erfolgt ist. *Säkularisierung* bedeutet die Anerkennung der relativen Eigenständigkeit der irdischen Kulturbereiche: des Staates, der Wirtschaft, der Wissenschaft, der Kunst usw. Demgegenüber bedeutet *Säkularismus* das Absolutsetzen der irdischen Werte im Sinne einer innerweltlichen Heilshoffnung, mag es nun der Glaube an die technokratisch vorangetriebene Wohlstandssteigerung oder die Hoffnung auf das sozialistische Reich der Freiheit sein. Gott wird gleichsam aus der Schöpfung verdrängt. Der Säkularismus führt überall, wohin er vordringt, zur Krise der Religionen, auch der Stammesreligionen, zur Verunsicherung der sittlichen Werte und zur Erschütterung der Ehe und Familie.

Neuntens: Konsumismus

In Europa haben sich viele Menschen mit fast religiöser Inbrunst der Mehrung materieller Güter zugewandt. Nicht wenige erwarten vom Staat die optimale Befriedigung messbarer materieller Bedürfnisse. Man hat gesagt, eine politische Partei, die nicht verspreche, diese Erwartungen zu erfüllen, verliere die nächste Wahl. Papst Johannes Paul II. wies in seiner Rede vor den Vereinten Nationen am 2. Oktober 1979 darauf hin, dass der Konsumismus „die Sensibilität für die geistige Dimension der menschlichen Existenz" schwäche. Den Studenten der Katholischen Universität Washington rief er am 7. Oktober 1979 zu: Durch ein „auf Besitz, Konsumdenken und zeitliche Güter reduziertes Leben" lasse sich der volle Reichtum des Menschen nicht gewinnen. Der Konsumismus wirkt überall auf Erden ansteckend. Mir haben zwar Politiker in Asien gesagt, dass sie dem Import des Konsumismus gegenüber einen Filter anbringen würden. Ziel dürfe nicht die unaufhörliche wachsende Gütermenge sein, sondern die gesamtmenschliche Integration. Ob dieses Ziel erreicht wird, ist eine andere Frage.

Zehntens: Religiöser Indifferentismus

Das Symposium der europäischen Bischöfe in Rom vom 7. bis 11. Oktober 1985 machte erneut offenbar, dass die religiöse Gleichgültigkeit sich in allen Ländern Europas ausbreitet und auch in anderen Erdteilen mit dem Aufkommen der Industriekultur auftritt. Die religiöse Gleichgültigkeit ist im Zusammenhang mit der Lebenskrise zu sehen, die über die Völker Europas gekommen ist. Ich erinnere an die Abnahme der Geburten, an das nichteheliche Zusammenleben, an die Zerrüttung zahlreicher Ehen und Familien, an die steigende Zahl der Ehescheidungen, an die Billigung der Homosexualität, die Verwirrung in den sittlichen Normen, die Zunahme der Gewalttaten und den Alkohol- und Drogenmissbrauch.

Die Misere der Kirche ist eigentlich keine Krise, die innerkirchlich aus dem Ringen um den rechten Glauben entstanden wäre, wie es etwa bei den christologischen und trinitarischen Auseinandersetzungen der ersten christlichen Jahrhunderte oder im Streit um die Ikonenverehrung oder in dem Ringen um die Rechtfertigung zur Zeit der Reformation der Fall gewesen ist. Die gegenwärtige Krise der Kirche ist vielmehr weithin durch das Hereinholen der säkularisierten Welt in die Kirche bedingt. Das alles hat weithin zu einer Teilidentifikation mit der Kirche geführt. Manche sagen: „Ich glaube an das Wort Gottes, aber nur teilweise, nicht ganz. Ich halte die Gebote Gottes, aber nicht alle. Ich nehme am Gottesdienst der Gemeinde teil, aber nur hin und wieder." Übrigens zeigt sich die Teilidentifikation auch bei politischen Parteien und Gewerkschaften.

Es ist bedenklich, dass der Indifferentismus im deutschen Volk besonders ausgeprägt ist. Während in den Vereinigten Staaten 69 % und in Europa 50 % der Befragten an einen persönlichen Gott glauben, sind es in Deutschland 38 % und bei den 18–24-Jährigen nur 17 %. In den Vereinigten Staaten fühlen sich 90 % der Kinder und Jugendlichen in Übereinstimmung mit den Eltern, in der Bundesrepublik Deutschland nur wenig mehr als 30 %. In Deutschland hat sich der Traditionsbruch Ende der 60er und Anfang der 70er Jahre verhängnisvoll ausgewirkt. Aus der Internationalen Werte-Studie ergibt sich, dass in der Bundesrepublik Deutschland im Jahre 1978 30 % der 16–25-jährigen Männer und 37 % der 16–25-jährigen Frauen die Ehe für überlebt halten. Zur Unauflöslichkeit der Ehe bekannten sich 1979 nur noch 3 % der unter 30-jährigen Frauen (1953: 35 %) und 1 % der gleichaltrigen Männer (1953: 27 %). Die Individualisierung von Glücksansprüchen wird mehr und mehr der Maßstab für das Verhalten vieler Menschen.

Mut zur Zukunft

Was von Europa ausgegangen ist, wirkt sich teils als Segen, teils als Bedrohung, teils als Mahnung aus, sich auf das Eigentliche zu besinnen. Mir scheint, dass wir in der gegenwärtigen Lage folgendes bedenken sollten:

Erstens:
Es gibt kein Einzelrezept, mit dem alle Schwierigkeiten fast schlagartig beseitigt werden könnten. Manche meinen zwar, es genüge ein voluntaristischer Akt der Regierung, der Erlass neuer Gesetze oder das Wort des Bischofs. Das mag notwendig sein, reicht aber nicht aus.

Zweitens:
Ein rein technokratisches, sich nur auf den militärischen oder wirtschaftlichen Opportunismus berufendes Europa hätte keinen Bestand. Die Geschichte Europas ist – unter dem Wirken des christlichen Glaubens – von der Achtung der Würde des Menschen bestimmt. Persönliche Verantwortung, Entscheidungs- und Gestaltungsfreiheit, Ehrfurcht vor dem Leben, Hochschätzung der Ehe und Familie waren die Leitbilder. Das christliche Menschenverhältnis hat die europäische Menschenrechtstradition herausgebildet, die in den neuzeitlichen Verfassungen und in den Menschenrechtserklärungen des Europarates und der UNO ihren Niederschlag gefunden hat. Selbst dort, wo der Glaube „verschüttet oder gar ausgelöscht" ist, so sagte Papst Paul VI., stellen die Spuren des Evangeliums noch heute „ein gemeinsames Erbe" dar (Ansprache vom 26. 1. 1977).

Drittens:
Die schweren Lebenskrisen, unter denen unsere Gesellschaft leidet, bedingen sich gegenseitig. Sie können nur alle zusammen überwunden werden, keine für sich allein. Gläubige Christen werden die heilende und befreiende Botschaft Christi in alle Bereiche unserer Gesellschaft tragen: in den Bereich der Ehe und Familie, in das Schul- und Bildungswesen, in den Bereich der Politik, der Wirtschaft, der Wissenschaft, der Massenmedien. Nirgendwo ist der Rückzug in ein Ghetto gestattet.

Viertens:
Der Christ lebt heute im verwirrenden Pluralismus der permissiven Gesellschaft, gleichsam in einer Wüste. In der Wüste kann man nur in Oasen leben. Entscheidend für die Wiedergesundung ist es deshalb, dass sich Gemeinschaften gläubiger Christen bilden, für die das biblische Bild des Sauerteigs zutrifft. Sie bezeugen einander den Glauben, sind sich gegenseitig Milieu, Schutz und Stärke, verzehren sich nicht in zermürbender Kritik, sondern wirken apostolisch in die Welt hinein.

Fünftens:
Bekenntnis zum unverwechselbar Christlichen. Wir sollten uns ein Beispiel an den Christen der ersten Jahrhunderte nehmen. Im Römischen Reich lebten die Christen in einer moralisch zerrütteten Gesellschaft. Nichteheliches Zusammenleben, Ehescheidungen, Abtreibungen, Umbringen geborener Kinder galten als übliche Verhaltensweisen und hatten im Bewusstsein der Menschen

nichts mehr mit Moral zu tun. Die Christen jedoch besaßen den Mut zum Christsein, das heißt zum Anderssein. Sie sagten nicht: „Wir auch", sondern bekannten sich zum Paulinischen „Wir dagegen". Keuschheit, eheliche Liebe und Treue, Nächstenliebe, Festhalten am Christusglauben bis zum Martyrium bestimmten ihr Leben. Dieses Verhalten der Christen machte auf die Heiden einen ungeheuren Eindruck. Es wirkte missionarisch und führte viele zum christlichen Glauben: Arme und Reiche, Sklaven und Senatoren, bis in die kaiserliche Familie hinein. Ohne den Mut zum unverwechselbar Christlichen ist die Kirche in der Welt von heute apostolisch gelähmt.

Sechstens:
Die Last Europas ist zugleich eine Chance. Die europäische Kolonisation hat in vielen Teilen der Welt: in den Vereinigten Staaten, in Kanada, in Lateinamerika, in Australien, in Neuseeland und Südafrika von der europäischen Kultur geprägte und sich zum Christentum bekennende Völker entstehen lassen. Die nahe Verwandtschaft dieser Völker mit Europa erleichtert die Zusammenarbeit, nicht zuletzt im Dienst der Völkerverständigung und des Friedens.

Es ist tragisch, dass der Bolschewismus gerade die slawischen Völker aus der Christenheit und aus Europa herausreißen will. Papst Johannes Paul II. fordert, dass die slawischen Völker „ohne Hindernisse" und „im Einklang mit ihrem Gewissen" den christlichen Glauben bekennen und leben dürfen (Enzyklika „Slavorum Apostoli").

In der Römischen Campagna sind die Pfeiler der antiken Wasserleitungen nicht selten stehengeblieben, während die Bogen eingestürzt sind: ein Sinnbild des gegenwärtigen Zustands Europas. Es gilt, die verbindenden Bogen wieder herzustellen, damit das lebenspendende Wasser zwischen den Völkern und Kulturen Europas erneut fließen kann.

1998

Das Zusammenwachsen Europas nach 1945 konzentrierte sich zunächst vornehmlich auf wirtschaftlichen Festlegungen. Mit dem fortschreitenden Einigungsprozess in territorialer wie rechtlicher Hinsicht traten dann stärker auch Fragen des Glaubens und seiner Bedeutung in diesem Europa zutage. Dabei ging es nicht zuletzt um die unterschiedliche Gestaltung der jeweils nationalstaatlich geregelten Verhältnisse, um die Frage, wie man die Kirchen und Religionsgemeinschaften in die Gestaltung Europas einbeziehen könne und um das Verhältnis der neu entstehenden europäischen Institutionen zu diesen. Einen Niederschlag fand dies in der Schlussakte zum Amsterdamer Vertrag von 1997. Dem staatlichen Bemühen um ein Miteinander entspricht die kirchliche Wegsuche. Professor Robbers analysiert die Situation und gibt Hinweise zur weiteren Weggestaltung.

Europa und die Kirchen

Gerhard Robbers

Die Kirchen haben Europa entdeckt und Europa die Kirchen. Die wirtschaftliche Union ist fast vollendet, die politische Einigung doch vorangeschritten – es bleiben die Tiefendimensionen der Kultur, der sozialen Integration und eben der religiösen Existenz. Die Europäische Union hat die Religionsgemeinschaften als Partner erkannt und die Kirchen die Bedeutung der europäischen Integration für die Menschen. Ihr öffentliches Engagement muss die europäischen Zusammenhänge aufnehmen, um kompetent und glaubwürdig zu sein; sie selbst als Institutionen sind vielfältig vom Recht der Europäischen Union betroffen. Die politische Union ihrerseits wird nicht gelingen ohne kulturelle Integration.

Für Europa hat die Kirche viel zu bieten. Kirche wie Europa ist Friedensordnung. Kirche wirkt grenzüberschreitend und sie verbindet. Oft wird beklagt, es gäbe keine europäische öffentliche Meinung: Die Kirchen können helfen sie zu entwickeln mit ihren inneren Strukturen und ihren vielfältigen Beziehungen und Bezügen. Noch immer ist europäische Politik primär wirtschaftsorientiert. Kirche kann dieser Schlagseite Gewicht entgegensetzen. Das Wort von Jacques Delors, „Europa eine Seele geben", haben die Kirchen bereitwillig zu ihrer Aufgabe gemacht.

Kirche kann – und sie muss – der Europäischen Union auch ihre Grenzen zeigen: Nicht freilich indem sie etwa ideologische Barrieren gegen den orthodox geprägten Osten aufrichtete. Europa geht weiter als die Basis der lateinisch geprägten Kirchen. Auch im Dialog mit dem Islam können die Kirchen helfen. Grenzen braucht Europa, um es selbst sein zu können. Kirche kann Europa zeigen, dass es mehr und anderes gibt, als wirtschaftliche und politische Existenz. Die Europäische Union darf sich als Lebensordnung nicht absolut setzen, sie muss die Dimension der Transzendenz erkennen und respektieren. Die meisten Präambeln europäischer Verfassungen oder zentrale ihrer Bestimmungen erkennen diese Grenzen an. Frankreich tut dies in seiner Selbstbeschränkung als laizistische Republik, Deutschland mit dem Bekenntnis seiner Verantwortung vor Gott, Irland oder die Schweiz mit ihren unverhüllten Anrufungen Gottes. Dies kann heute nicht mehr als juristische Rhetorik für oder gegen eine konkrete religiöse Ausrichtung gelten. Europa hat hierin eine gemeinsame Verfassungsüberlieferung: Die Anerkennung einer Sphäre der Transzendenz, die Anerkennung der eigenen weltlich-politischen Ordnung als endlich, die Anerkennung, dass es außerhalb staatlicher Existenz Bereiche gibt, die seinem Zugriff entzogen sind. Europa als politische Ordnung ist nicht total. Auch die europäische Einigung muss diese Grenze respektieren. Kirche kann zeigen, dass auch die wirtschaftliche Ordnung nicht totalitär sein darf, dass Marktmacht und Gewinn nicht alles sind.

Die Kirchen besitzen in Europa einen Öffentlichkeitsauftrag und Öffentlichkeitsanspruch. Dieser im deutschen Staatskirchenrecht ausdrücklich und in vielen europäischen Rechtsordnungen deutlich genug ausgesprochene Grundsatz muss auch in das Recht der Europäischen Union getragen werden. Der Öffentlichkeitsauftrag begründet Recht und Pflicht zur Mitsprache im öffentlichen politischen Prozess. Das folgt schon aus dem Bekenntnis der Europäischen Union zur Demokratie – auch die Kirchen sind Beteiligte des demokratischen Prozesses. Es folgt auch aus den von der Europäischen Union als Bestandteil des Gemeinschaftsrechts anerkannten Grundrechten der Europäischen Menschenrechtskonvention und den gemeinsamen Verfassungsüberlieferungen der Mitgliedstaaten: Schon aus der Meinungsfreiheit, besonders aber aus der Religionsfreiheit. Die Kirchen sollten dabei stärker, als das bisher der Fall ist, in formalisierten Bahnen in den Rechtsetzungsprozess der Europäischen Union einbezogen werden.

Der Öffentlichkeitsauftrag besitzt eine zweite Dimension darin, dass Religionsgemeinschaften öffentlich sind: nicht privat, aber auch nicht staatlich. Er bezeichnet eine Ebene des Öffentlichen, die den Staat gegenüber Totalität schützt und das Individuum in seinen religiösen Bedürfnissen vor privatisierender Vereinzelung. Die Kirchen sind auch auf europäischer Ebene nicht lediglich gesellschaftliche Verbände zur Wahrnehmung partikularer Interessen.

Die beiden großen Kirchen in Deutschland haben in einer gemeinsamen Stellungnahme erklärt, dass sie den europäischen Einigungsprozess unterstützen. Sie erkennen, dass europäische Integration wesentlich für Frieden und Wohlstand ist. Diese Zustimmung zum europäischen Einigungsprozess kann aber kein blindes, vorbehaltloses Folgen sein. Sie ist kritische Begleitung eines notwendigen und förderungswürdigen Prozesses.

Den Ländern kommt bei dem Prozess der europäischen Einigung im Blick auf die Kirchen eine herausragende Rolle zu. Sie sind nach dem Grundgesetz für die Angelegenheiten der Kirchen zuständig. Dies gilt auch im Prozess der Überantwortung staatlicher Kompetenzen auf die Europäischen

Gemeinschaften. Soweit kirchliche Angelegenheiten betroffen sind, müssen deshalb ihre Auffassung und ihre Vertretungsbefugnisse nach Maßgabe des Art. 23 GG Berücksichtigung finden.

Bisweilen beobachtet man bei Vertretern der Länder die Besorgnis, das kirchliche Engagement in Europa könnte zu Kompetenzeinbußen der Länder führen. Diese Furcht ist unbegründet. In der Bewahrung regionaler Vielfalt bei der europäischen Einigung sind die Kirchen der natürliche Verbündete der Länder. Nicht ohne Not würde die Hannoversche Landeskirche ihre Verbundenheit mit Hannover, die Bayrische mit München oder die Rheinische Landeskirche ihre Beziehung zu Düsseldorf und Mainz aufgeben zugunsten einer Orientierung zum doch ferneren Brüssel. Nichts anderes gilt für die Diözesen der Katholischen Kirche. Die Katholische Kirche ist ein Musterbeispiel für Einheit in Vielfalt. Sie hält die Spannung zwischen Zentrale und Regionen seit langem aus, ja sie lebt auch aus ihr heraus. Sie kennt die Vielfalt der Systeme im Verhältnis zwischen Staat und Kirche.

Diese Vielfalt in der Europäischen Union ist allerdings sehr groß. Sie birgt Staatskirchen ebenso wie strikte Trennungen von Staat und Kirche und eine große Zahl von Systemen ausdrücklicher Kooperation. Diese Vielfalt beruht auf unterschiedlichen historischen Erfahrungen, und sie lebt aus unterschiedlichen sozialen, kulturellen und religiösen Verhältnissen. Die rechtlich weitgehende Trennung von Staat und Kirche im katholischen Irland begründet eine andere Atmosphäre als die französische Trennung von Staat und Kirche in der Laïcité. Das griechisch-orthodox geprägte Staatskirchentum Griechenlands besitzt andere Implikationen als das Staatskirchentum Finnlands mit der Griechisch-Orthodoxen und der Lutherischen Kirche als zwei nebeneinander bestehenden Staatskirchen. In vielen Aspekten bestehen Übereinstimmungen der Kooperationssysteme Belgiens, Portugals, Italiens, Luxemburgs, Deutschlands und Österreichs, in mindestens ebenso vielen Aspekten weichen sie voneinander ab. Zum Leid- und Reizthema Kirchensteuer: Keineswegs ist sie einzigartig wie oft behauptet. Dänemark kennt sie ebenso wie Schweden und Finnland mit Unterschieden in Höhe, Erhebungsweise und Begünstigten. Italien und Spanien kennen die Kultursteuer, in vielem vergleichbar mit der Kirchensteuer, nur dass sie die Kirchenfinanzierung in den Staatshaushalt einbindet und deshalb eher noch an altes Staatskirchentum erinnert.

Die europäische Integration muss keineswegs eine Vereinheitlichung der religionsrechtlichen Systeme in den Mitgliedstaaten mit sich bringen. Es ist das Beispiel der Mitgliedstaaten selbst, das hier die Zuversicht begründet. Was in den Mitgliedstaaten seit langem kraftvoll lebt, kann auch auf europäischer

Ebene bestehen. Das zentralistisch geprägte Frankreich trägt zwei sehr gegensätzliche Systeme in sich, von den besonderen Verhältnissen der überseeischen Gebiete ganz abgesehen. Der Verfassungsgrundsatz der laizistischen Republik verpflichtet zu strikter Trennung von Staat und Kirche, was wohlwollende Kooperation heute keineswegs ausschließt. In den drei östlichen Départements, in Elsass-Lothringen, wirkt aber das napoleonische Konkordat von 1801 fort. In diesem System gibt es anerkannte Religionsgemeinschaften und die Geistlichen werden vom Staat – schlecht, aber immerhin – bezahlt. Der französische Staatspräsident ernennt die Bischöfe von Straßburg und Metz. Und wollten die Lutherische und die Reformierte Kirche im Elsass nach dem Vorbild der Unierten Landeskirchen in Deutschland eine Union eingehen – es müsste wohl der Präsident der Republik dem zustimmen.

Das Vereinigte Königreich birgt vielfältige Formen des Verhältnisses von Staat und Kirche. Es gibt die Anglikanische Staatskirche in England, die in Wales und Nordirland entstaatlicht ist, in Schottland besteht die offizielle Kirk of Scotland neben der hochkirchlichen Episcopal Church of Scotland. Die Königin ist Oberhaupt der Anglikanischen Kirche in England und gleichzeitig einfaches Mitglied der reformierten Kirche von Schottland. Die komplexen Verhältnisse in Nordirland sind ein wesentlicher Faktor im Friedensprozess und zeigen zugleich die Sprengkraft, die religiösen Fragen innewohnen kann, seien sie verstanden oder missverstanden.

Religiöse Fragen sind sensible Fragen. Wenn ihre Bedeutung für das Zusammenleben der Menschen verkannt wird, kann das fatale Folgen haben. Es wäre verkehrt, den Briten das französische, den Griechen das irische, den Franzosen das deutsche oder den Finnen das spanische System zu oktroyieren, zu emotional empfindlich, zu historisch heikel sind diese Zusammenhänge. Gleichwohl können in langfristiger Entwicklung die Systeme durchaus konvergieren. Länder mit Staatskirchen sehen zum Teil eine Lockerung der Verbindung bis hin zur rechtlichen Entstaatlichung der Kirche wie in Schweden, ursprünglich ausdrückliche Trennungssysteme finden zu wohlwollender Zusammenarbeit. Die Zukunft scheint facettenreicher, vielfältig unterschiedener Kooperation zu gehören. Die Europäische Union tut gut daran, ihre kulturelle Verwurzelung behutsam, respektvoll und im Anknüpfen an die regionale Vielfalt zu suchen, nicht in völliger Neugründung, nicht im Abschneiden gewachsener Strukturen, nicht im Oktroi.

Fast alle Mitgliedstaaten der Europäischen Union regeln ihr Verhältnis zu Kirche und Religion auf Verfassungsebene. Es wäre ein Bruch mit europäischer Rechtstradition, wollte eine so wichtige Rechtsordnung wie die der

Europäischen Union die Kirchen auf Dauer ignorieren. Es wäre auch eine Diskriminierung der Religionsgemeinschaften gegenüber anderen wichtigen Faktoren des europäischen öffentlichen Lebens: die politischen Parteien sind im EG-Vertrag ausdrücklich hervorgehoben, die Sozialpartner – Gewerkschaften und Arbeitgeberverbände – vielfältig einbezogen und andere gesellschaftliche Verbände an hervorgehobenen Stellen berücksichtigt. Bis zum Vertrag von Amsterdam kannte das Vertragswerk der Europäischen Union nur undeutliche Bestimmungen zu Religion und Religionsgemeinschaften. Der Bezug war mittelbar und partiell: Die Referenz zur Europäischen Menschenrechtskonvention mit der Religionsfreiheit und die Garantie der gemeinsamen Verfassungsüberlieferungen der Mitgliedstaaten als Bestandteil des Gemeinschaftsrechts, wobei selbst die Diskussion darüber, welche Regelungen über Religion und Religionsgemeinschaften in den Kreis der gemeinsamen Verfassungsüberlieferungen gehören, noch kaum entfaltet ist. Die Gewährleistung der Subsidiarität ist eine Frucht besonders der katholischen Soziallehre, sie gilt jetzt auch für das Verhältnis der Europäischen Union zu den Religionsgemeinschaften. Schutz der nationalen Identität der Mitgliedstaaten, Demokratie und Rechtsstaatlichkeit betreffen letztlich auch die Kirchen. Grundrechtsähnliche Bestimmungen wie die über die Freizügigkeit verpflichten auch sie. Die Besonderheiten des Berges Athos sind in einer Erklärung verbürgt, die dem Vertrag zum Beitritt Griechenlands beigefügt ist. Immerhin wurde mit dieser Erklärung die Besonderheit bestimmter religiöser Verhältnisse anerkannt und gewährleistet.

Das Sekundärrecht der Europäischen Union kennt in einzelnen Zusammenhängen Bestimmungen zu Religion, Kirche und Religionsgemeinschaften. Die Übertragung von Gottesdiensten darf nach den Richtlinien nicht durch Werbesendungen unterbrochen werden; Werbesendungen müssen auf die religiösen Gefühle der Bevölkerung Rücksicht nehmen. Die Datenschutzrichtlinie lässt die Erhebung religiöser Daten im öffentlichen Interesse zu.

In etwas anderem juristisch-technischem Zusammenhang ist der Religionsunterricht an den Europäischen Schulen im Wesentlichen nach deutschem Muster gewährleistet. Auch diese Tatsache zeigt, wie modern und sinnvoll dieses System ist. Es ist entgegen oft geäußerter Meinung konsequenter Ausdruck der Trennung von Staat und Kirche, Folge staatlicher Neutralität. Der Staat trägt Verantwortung für die umfassende Bildung und Erziehung der jungen Generation. Dies gilt auch für die religiöse Bildung der Persönlichkeit, die Wahrheitsansprüche trägt und mehr ist als bloße indifferente Kenntnisvermittlung von unterschiedlichen Religionsentwürfen. Wollte der

Staat den Religionsunterricht aus der Schule herausdrängen, auf die Nachmittagsstunden oder das Wochenende, würde er Religion gegenüber anderen Bildungsinhalten diskriminieren, damit seine Neutralitätspflicht verletzen und vor allem: er würde auch seinen eigenen umfassenden Bildungsauftrag vernachlässigen. Die Wendung zu einem in Europa sonst weitverbreiteten Privatschulsystem wäre konsequente Folge. Kraft seiner Neutralität kann der Staat solche religiöse Wahrheit aber nicht selbst postulieren – er muss dies den Religionsgemeinschaften überantworten, die deshalb über die Grundsätze des Unterrichts bestimmen.

Noch immer hört man gleichwohl die verwunderte Behauptung, die Europäischen Gemeinschaften hätten mit den Kirchen doch nichts zu tun. In religiösen Fragen gebe es doch für sie keine Zuständigkeiten. Aber schon bestimmt das Gemeinschaftsrecht, dass Hostien für das Abendmahl ein Verfallsdatum tragen müssen. In England steht dann darauf: best before – und nicht jeder findet das nur amüsant.

Das Europäische Parlament hat sich im Rahmen seiner Öffentlichkeitsfunktion mit der Rolle von kleinen Religionsgemeinschaften beschäftigt und einen intensiven Bericht vorgelegt. Der Europäische Gerichtshof hat häufig religiöse Zusammenhänge berührt; er hat über die Altersversorgung eines Prämonstratenserpriesters entschieden und über Milchquoten in einem klösterlichen Betrieb ebenso wie über die Pflicht der europäischen Behörden, religiösen Bindungen ihrer Beamten Rechnung zu tragen. Die Ausweisung eines Bhagwan-Mitgliedes aus den Niederlanden hat er für unzulässig erklärt und den Schutz von Sonn- und Feiertagen in der Zuständigkeit der Mitgliedstaaten belassen, allerdings ausdrücklich nur für den jetzigen Stand der Integration.

Gerade diese Rechtsprechung zeigt, dass das Gemeinschaftsrecht den Bedürfnissen und Strukturen religiöser Existenz nicht immer in der gebotenen Weise Rechnung tragen konnte. Gewiss verdienen die Entscheidungsergebnisse im Einzelfall regelmäßig Zustimmung oder sie sind doch jedenfalls nachvollziehbar. Es bleiben aber Defizite im Grundsätzlichen. Die Gemeinschaftsrechtsordnung ist – historisch wie sachlich verständlich – funktional auf Markt und Marktteilnahme hin strukturiert, sie kennt Arbeitgeber und Arbeitnehmer, Handel und Dienstleistung. Kirche erkennt diese Rechtsordnung als Marktteilnehmer unter Marktteilnehmern oder als Arbeitgeber. Die Nonne erscheint so ausdrücklich als Arbeitnehmerin ihres Ordens; ein Prämonstratenserpriester und Missionar, der von seiner Gemeinde unterhalten wird, findet dagegen seine europarechtliche Einordnung als selbständiger

Unternehmer. Die Kategorie der Dienstgemeinschaft im gemeinsamen Bekenntnis mit ihren wichtigen arbeitsrechtlichen Folgen hat hier – noch – keinen Platz. Wo man die Gewährleistung von Religionsfreiheit erwarten dürfte, ist lediglich von religiösen Interessen die Rede. Lange Zeit herrschte, wenngleich keineswegs Kirchenfeindlichkeit, so doch eine Haltung, die man als wohlwollende Ignoranz gegenüber Kirche und Religion beschreiben könnte. Längst hat sich dabei in europäischer Rechtsetzung, Rechtsprechung und Rechtswirklichkeit ein faktisches Recht über Kirchen und Religionen etabliert, ein freilich öffentlich kaum wahrgenommenes, ein fast unbewusstes, heimliches, ein klandestines Religionsrecht.

Dabei fehlen der Union noch immer die Begriffe und juristischen Grundstrukturen, um religiöses Selbstverständnis auch in seiner Vielfalt und oft Gegensätzlichkeit angemessen aufzunehmen. Es gefährdet aber langfristig die Freiheit in diesem Lebensbereich und umgekehrt letztlich die Tragfähigkeit europäischer Integration, wenn inadequate Rechtsfiguren den Betroffenen übergestülpt werden. Das Recht muss das legitime Selbstverständnis der Regelungsbetroffenen angemessen aufnehmen, sie müssen sich mit ihren Bedürfnissen und Lebensentwürfen in ihm wiederfinden können, sonst ist es fremdes, oktroyiertes Recht.

Es hat auch eine theologische Dimension, wenn, wie unlängst geschehen, die Europäische Kommission die Auffassung äußert, das Zutrittsverbot für Frauen in einem spanischen Kartäuserkloster mit berühmten Kunstschätzen verstoße gegen den Grundsatz der Gleichbehandlung von Mann und Frau, weil wertvolle Kulturgüter, darunter wichtige Gemälde Goyas, in der Kartause „Aula Dei" für Frauen nicht zugänglich seien, während Männer das Kloster besichtigen dürften; lediglich die Kompetenz der Europäischen Kommission wurde verneint, im religiösen Bereich tätig zu werden. Wenig anders dürfte dann für den Berg Athos argumentiert werden, den Frauen nicht betreten dürfen. Wenn solche Fragen zu den inzwischen selbstverständlichen Gegenständen europäisch-parlamentarischer Erörterung und Beurteilung gehören, müssen alle für ihre Beantwortung relevanten Aspekte zum Tragen gebracht werden können, auch Religionsfreiheit, auch Traditionen, auch Lebensentwürfe, die dem Zeitgeist nicht entsprechen. Freiheit, sagt Rosa Luxemburg, Freiheit ist immer auch die Freiheit des Andersdenkenden.

Die Mitgliedstaaten haben der Schlussakte zum Vertrag von Amsterdam, der am 2. Oktober 1997 unterzeichnet worden ist, nunmehr eine gemeinsame Erklärung zu Kirchen und Religionsgemeinschaften beigefügt. Danach achtet die Union den Status, den Kirchen, religiöse Gemeinschaften und Vereinigungen in den Mitgliedstaaten nach deren Rechtsvorschriften genießen, und beeinträchtigt ihn nicht. In gleicher Weise achtet die Union den Status von weltanschaulichen Gemeinschaften. Diese Erklärung ist wesentlich auch den deutschen Ländern zu danken. Mit ihr ist der Begriff Kirche erstmals in das Vertragswerk der Europäischen Union eingeführt. Kirchen, Religions- und Weltanschauungsgemeinschaften werden als Institutionen zur Kenntnis genommen. Die Erklärung verspricht die Wahrung der gewachsenen Strukturen im Verhältnis zwischen Staat und Kirche in den Mitgliedstaaten, damit auch ein wichtiges Stück Föderalismus und Subsidiarität. Sie ist zukunftsgerichtet in ihrer Orientierung auf Kultur und Religion und die Würdigung der Kirchen. Vor diesem Hintergrund kann die Union im Rahmen der bestehenden Kompetenzen nun ihr eigenes Verhältnis zu Religion und Religionsgemeinschaften klarer als bisher aus der Vielfalt regionaler Strukturen heraus entwickeln.

In dem Vertrag zur Gründung der Europäischen Gemeinschaft ist nunmehr mit Art. 13 zudem der Antidiskriminierungsartikel eingefügt. Danach kann die Europäische Gemeinschaft im Rahmen ihrer Kompetenzen Diskriminierungen aus Gründen des Geschlechts, der Rasse, der ethnischen Herkunft, der Religion oder der Weltanschauung, einer Behinderung, des Alters oder der sexuellen Ausrichtung bekämpfen.

Denkbar ist, bestehende Möglichkeiten vertraglicher Beziehungen der Europäischen Gemeinschaft auch für die Ausgestaltung ihres Verhältnisses zu Kirchen fruchtbar zu machen und ein europäisches Staatskirchenvertragsrecht zu schaffen. Gut wäre es, für die Stellung der Kirchen in der Europäischen Union eine Rechtsebene zu finden, die ihrer Bedeutung besser entspricht als eine Erklärung der Mitgliedstaaten. Wir stehen am vorsichtigen Anfang einer neuen Phase und einer neuen Dimension der Vertiefung europäischer Integration. Sie greift weiter als nur auf das institutionelle Verhältnis zu den Religionsgemeinschaften. Sie erfasst Religion und Bildung, Kunst und Kultur, Information und Meinung. In dieser Integration werden die Europäische Union, die Kirchen, Länder und Regionen sich neu aneinander orientieren.

Die Kirchen dürfen sich in Europa nicht in privatisierende Vereinzelung drängen lassen, als Marktteilnehmer marginalisieren und ihrer öffentlichen Funktion entkleiden lassen. Sie sind Begleiter und kritische Begleiter der europäischen Integration. Sie sind dies in erster Linie nicht wegen der christlichen Wurzeln Europas – diese freilich sind unbestreitbar und unübersehbar weiterhin wirksam. Kirchen sind öffentliche Faktoren vielmehr um ihrer aktuellen Bedeutung willen und in eben dem Maße, in dem sie dieser Rolle aus eigener

Kraft Leben geben können. Sie tun dies im Konzert auch mit anderen Religionen und Religionsgemeinschaften. In der Europäischen Union leben gut zwölf Millionen Moslems, etwa eine Million Menschen jüdischen Glaubens und eine große Vielfalt weiterer Religionen, deren historischer und aktueller Beitrag zu europäischer Kultur offenkundig ist. Viele Menschen sind religiöser Erfahrung entfremdet, sie sind gleichermaßen kultureller Faktor. Hier liegt eine Herausforderung für alle, der Politik wie auch der Religionsgemeinschaften selbst. Ein zukünftiges europäisches Religionsrecht muss religiöse und regionale Vielfalt achten und unterschiedliche Kompetenzen wahren. Die legitimen Bedürfnisse aller Religionsgemeinschaften und derjenigen, die ihnen fernstehen, muss es angemessen aufnehmen. Es ginge nicht an, zwölf Millionen moslemische Mitbürger religionsrechtlich zu ghettoisieren.

Ihren Beitrag werden die Kirchen nur in Gemeinsamkeit angemessen leisten können. Wo Konsens besteht, sollte er festgestellt, wo nicht, sollte er gesucht werden. Nicht im Betonen der Unterschiede, sondern im Stärken der Gemeinsamkeiten werden die Kirchen in Europa ernst genommen werden. So sind sie in der europäischen Integration vor allem auf sich selbst zurückgewiesen, auf das, was sie als Kirche sein und tun können.

2003

Die Gestaltung eines gemeinsamen Verfassungswerkes für alle Staaten der Europäischen Union hat den Kontinent rund ein Jahrzehnt beschäftigt, manchmal auch in Atem gehalten. Aus kirchlicher Sicht von besonderer Wichtigkeit hierbei war eine Bezugnahme auf das religiöse Erbe Europas sowie auf Aussagen, die Regelungen im Hinblick auf Kirchen und Religionsgemeinschaften trafen. Sich auf derartiges zu einigen, stellte eine ganz spezifische Herausforderung an die nationalen Regierungen dar, da hierbei in besonderer Weise die je eigene religiöse Situation, eigene Regelungen und Traditionen angefragt waren und zum Tragen kamen.

Der Mainzer Bischof setzt den europäischen Prozess in Beziehung zur Gestaltung der Fragen in Grundgesetz und Landesverfassungen und zur Diskussion um den Gottesbezug in diesen Werken.

Gott in der Europäischen Verfassung? Hintergründe einer aktuellen Diskussion*

Karl Kardinal Lehmann

I.

Über viele Monate hat sich die Diskussion hingezogen, ob in der geplanten Verfassung für Europa – genauer heißt es „Vertrag über eine Verfassung für Europa" – in der Präambel ein Bezug zu Gott oder/und ein stärkerer Hinweis auf die christlichen Wurzeln Europas eingebracht werden sollen. Die Diskussion ist noch nicht zu Ende. Dem Vernehmen nach soll die Präambel erst am Ende der Diskussion um den Verfassungsentwurf beraten werden.

So wichtig das Thema ist, so darf man doch nicht das ganze Werk des Verfassungsentwurfs außer Acht lassen. Denn im Blick auf den gesamten Text muss man zunächst einmal feststellen, dass sich der Entwurf in den vier Teilen sehen lassen kann. So haben nicht wenige Kenner der Materie trotz mancher Einwände den Verfassungsentwurf als einen „großen Wurf" bezeichnet, der auf der einen Seite als zustimmungswürdig und auf der anderen Seite als kompromissfähig gilt. Vielleicht ist dies gerade auch angesichts der skeptischen und etwas missmutigen Europahaltung festzustellen, die dies leicht übersieht. Man darf auch nicht übersehen, dass der Entwurf, wenn er angenommen würde, die Europäische Union viel demokratischer, transparenter und auch effektiver machen würde. Es ist darum auch gar nicht überraschend, dass jetzt noch um nicht wenige Bestimmungen des Vertragsentwurfs hart gerungen wird, und dies manchmal auch wenig zu einem „großen Wurf" passt.

In diesem größeren Zusammenhang nimmt der Entwurf – was auch manchmal übersehen wird – vielfach Bezug auf die Religion, auf die Religionsgemeinschaften und die Kirchen. Nach der Präambel im jetzigen Wortlaut schöpft die Europäische Union „aus den kulturellen, religiösen und humanistischen Überlieferungen Europas, deren Werte in seinem Erbe weiter leben-

---

* Der Text enthält die Ausführungen des Kurzreferates vom Martinsempfang des Katholischen Büros Mainz, ist jedoch wesentlich umfangreicher und geht auf einen Vortrag mit demselben Titel beim Heeresführungskommando der Bundeswehr am 30. Oktober 2003 in Koblenz zurück.

dig sind und die zentrale Stellung des Menschen und die Vorstellung von der Unverletzlichkeit und Unveräußerlichkeit seiner Rechte sowie vom Vorgang des Rechts in der Gesellschaft verankert haben."[1] Diese Anerkennung ist im Vergleich zur Präambel der Grundrechtecharta aus dem Jahr 2000 ein echter Fortschritt. Der jetzige Text betont die Bedeutung des Beitrags der Religion und ihren Wert für das Europa heute und morgen.

Artikel 51 verleiht der Erklärung Nr. 11 im Anhang des Vertrags von Amsterdam Verfassungsrang und gewährleistet damit, dass die Europäische Union den Status achtet, den Kirchen und Religionsgemeinschaften in den Mitgliedsstaaten nach deren Rechtsvorschriften genießen. So heißt es im Artikel 51:

„(1) Die Union achtet den Status, den Kirchen und religiöse Vereinigungen oder Gemeinschaften in den Mitgliedsstaaten nach deren Rechtsvorschriften genießen, und beeinträchtigt ihn nicht.

(2) Die Union achtet den Status von weltanschaulichen Gemeinschaften in gleicher Weise.

(3) Die Union pflegt in Anerkennung der Identität und des besonderen Beitrags dieser Kirchen und Gemeinschaften einen offenen, transparenten und regelmäßigen Dialog mit ihnen."

Dadurch, dass die Grundrechtecharta in dem zweiten Teil des Vertragsentwurfes aufgenommen worden ist, ist auch ausdrücklich die individuelle und die kollektive Religionsfreiheit anerkannt (vgl. Art. II–10). Auch an anderer Stelle werden Grundrechte auf der Ebene der Europäischen Union anerkannt, die eine Bedeutung haben für die Religion, so z. B. im Blick auf das Recht auf Bildung (Art. II–14), auf die Nichtdiskriminierung aus Gründen des religiösen Bekenntnisses (Art. II–21) und die Achtung der Vielfalt der Kulturen, Religionen und Sprachen (Art. II–22). Der Verfassungsentwurf erkennt auch an, dass Kirchen und Religionsgemeinschaften sich von repräsentativen Verbänden und partikulären Interessenvertretungen unterscheiden. Art. 46 Abs. 3 schreibt der Kommission außerdem umfangreiche Anhörungen der Betroffenen vor, um die Kohärenz und die Transparenz des Handelns der Union

[1] Ich zitiere den Entwurf nach der Veröffentlichung des Europäischen Konvents: Entwurf eines Vertrags über eine Verfassung für Europa, dem Europäischen Rat überreicht auf seiner Tagung in Thessaloniki am 20. Juni 2003, Luxemburg 2003. Dabei habe ich auch die englische und französische Fassung zu Hilfe genommen. Der Text hat elf Fassungen in den verschiedenen offiziellen Sprachen.

zu gewährleisten. Darin könnten auch Kirchen und Religionsgemeinschaften einbezogen werden.

II.

Während bei der Beratung des Entwurfs der Grundrechtecharta der Europäischen Union im Jahr 2000 eine ausdrückliche Bezugnahme auf das religiöse Erbe Europas keinen Konsens fand, beruft sich der Verfassungsentwurf vom Juni 2003, wie schon kurz erwähnt, ausdrücklich auf die „kulturellen, religiösen und humanistischen Überlieferungen Europas“. So hat sich in relativ kurzer Zeit die Diskussion über die öffentlich-religiöse Dimension des Lebens in der Gemeinschaft entscheidend fortentwickelt. Dabei findet sich der Begriff „religiöse Überlieferungen“ in allen Amtssprachen, nicht nur in der deutschen Fassung. Dieser Bezug bezieht sich nicht nur, wie man zunächst beim Wort „Überlieferungen/Traditionen“ denken könnte, auf die vergangene Geschichte, sondern betont auf der einen Seite, dass diese „Werte im Erbe Europas weiter lebendig sind“. Damit darf das Wort „Erbe“ nicht nur historistisch verstanden werden, als ob es nur um eine Beschreibung und Umschreibung eines geschichtlichen Tatbestandes, der aber keine gegenwärtige Wirkung mehr besitzt, gehen würde, sondern in Europa selbst sind diese Werte heute noch lebendig. Auf der anderen Seite wird zugleich gesagt, dass „die zentrale Stellung des Menschen und die Vorstellung von der Unverletzlichkeit und Unveräußerlichkeit seiner Rechte sowie vom Vorrang des Rechts in der Gesellschaft“ zu diesem Erbe gehört. Man sollte diese außerordentlich wichtigen Präzisierungen, die freilich vom Standort Europa her inhaltlich gefüllt verstanden werden müssen, nicht übersehen.

Es ist jedoch auch bezeichnend, dass diese Bestimmungen sehr allgemein geblieben sind. Sie könnten auch über Verfassungen außereuropäischer Länder stehen. In diesem hohen Abstraktionsgrad sind sie trotz wertvoller Elemente nicht so recht in der Lage, eine konkrete, besonders auch in der Kultur und Geschichte Europas begründete Identität zu stiften. Insofern wird die geschichtsbildende Eigenart Europas übergangen.

Kurz müssen wir nochmals auf den Art. 51 mit seinen drei Absätzen zurückkommen. Es ist bezeichnend und auch wichtig, dass die Aussagen über die Kirchen zunächst zwar eine allgemeine Achtung formulieren, sofort aber auf ihre Stellung „in den Mitgliedsstaaten nach deren Rechtsvorschriften“ verweisen. Es wird also kein kleinster gemeinsamer Nenner formuliert, der für viele Länder eigentlich nur einen erheblichen Nachteil, nämlich eine Minderung ihres Status, bringen könnte. Immerhin wird dies auch insofern deutlich abgelehnt, weil erklärt wird, dass die Europäische Union diesen Status in den einzelnen Staaten nicht beeinträchtigt. Wenn im Abs. 2 davon die Rede ist, dass die Union „den Status von weltanschaulichen Gemeinschaften in gleicher Weise" achtet, dann bezieht sich dies nicht in erster Linie auf die Kirchen und Religionsgemeinschaften, sondern auf philosophisch und weltanschaulich orientierte Gemeinschaften, wobei besonders an die Freimaurer gedacht ist, die in einzelnen Ländern, wie z. B. in Belgien, eine einflussreiche Stellung besitzen.

Absatz 3 ist vielleicht bisher noch zu wenig gewürdigt worden. Hier werden zunächst, wenn auch in allgemeiner Form, die Identität und der besondere Beitrag der Kirchen und Gemeinschaften angesprochen. Sie sind also eine spezifische Größe und sind darum auch in den Augen des Vertragsentwurfs mehr als bloße Vereine. Daher will die Europäische Kommission besonders mit den Kirchen und Religionsgemeinschaften „einen offenen, transparenten und regelmäßigen Dialog" pflegen. Natürlich bedarf dieser Satz der Konkretion. Man muss dies vor allem auch im Lichte unserer deutschen Erfahrungen sehen. Wir haben ja in den Katholischen und Evangelischen Büros auf der Bundes- und auf der Länderebene wichtige Instrumente, um über einzelne Spitzentreffen hinaus diesen offenen, transparenten und regelmäßigen Dialog zu führen. Wenn dies verwirklicht wird, müsste es auch regelmäßige Konsultationen z. B. über wichtige Verordnungen, Gesetzesvorhaben usw. geben, wie sie z. B. mit den Europäischen Gewerkschaften schon längst im Gange sind. Es wird gewiss noch manche Mühe kosten, um diese wichtige Aussage mit Leben zu erfüllen.

Vor diesem Hintergrund mag es manchmal unverständlich sein, warum die Kirchen – aber nicht nur sie – mit der ganzen Fassung unzufrieden zu sein scheinen, weil kein ausdrücklicher Gottesbezug und keine explizite Nennung der christlichen Wurzeln im Text zu finden ist. Gewiss muss man respektieren, was bei näherem Zusehen eben doch alles an religionsrelevanten Texten zu finden ist. Aber es bleibt eben doch die Frage, warum die Präambel bisher in dieser ungenauen Abstraktion geblieben ist. Diese Frage radikalisiert sich auch dadurch, dass eine Spannung entsteht zwischen dem, was in Art. 51 und an anderer Stelle gesagt ist, und dem sehr blassen Auftakt in der Präambel. Vor allem aber entsteht ein Zweifel, ob das Europa auch von heute, das gewiss sehr stark unter den Bedingungen pluralistischer und säkularer Gesellschaft steht, so von seiner Herkunft abstrahieren darf, dass es diese geradezu verleugnet. Wenn dies der Fall wäre, dann wäre dies eben zunächst einmal historisch unwahr. Denn Europa ist ohne die biblisch-christlichen Ursprünge überhaupt nicht verständlich, auch noch für den, der sich davon vielleicht gerne emanzipieren möchte. Es ist außerdem die Frage, warum Europa seine kulturelle Identität und Herkunft in einem so hohen Maß verbirgt und die offensive Kraft der damit verbundenen Werte gar nicht zur Wirksamkeit bringt. Der Bezug zur Geschichte ist aber auch deswegen so harmlos, weil er in der unbestimmten Art und Weise den Bürgerinnen und Bürgern kaum die Chance einer wirklichen Identifikation mit diesem Europa anbietet. Diese Geschichte der jetzigen Präambel der Formulierung ist so antlitzlos, dass eine wirkliche Identifizierung kaum möglich ist. Die Stärke Europas wird gerade so nicht evident. Man muss freilich den Mut haben, nicht nur eine allgemeine menschheitliche und menschenrechtliche Universalität als Horizont und Hintergrund zu etablieren, sondern eine sehr konkrete, unersetzbare Geschichte, die nicht zuletzt in der produktiven Verschmelzung mehrerer Kulturstränge besteht. Insofern kann man also von der Herkunft Europas eben doch nicht absehen.

III.

In diesem Zusammenhang ist es nun zweifellos reizvoll, Wesen, Funktion und Gehalt einer Präambel genauer zu betrachten. Ich wähle dafür als Beispiel die Präambel unseres Grundgesetzes. Sie ist nach der „Wende“ 1989/90 und in den folgenden Jahren wieder in die Diskussion gekommen.

Diese Diskussion um eine mögliche Revision unserer Verfassung[2] hat den Blick wieder auf die ersten Worte unseres Grundgesetzes gelenkt, das bewusst mit den bedeutungsschweren Worten beginnt:

„Im Bewußtsein seiner Verantwortung vor Gott und den Menschen, von dem Willen beseelt, als gleichberechtigtes Glied in einem vereinten Europa dem Frieden der Welt zu dienen, hat sich das Deutsche Volk kraft seiner verfassungsgebende Gewalt dieses Grundgesetz gegeben.

Die Deutschen in den Ländern Baden-Württemberg, Bayern, Berlin, Brandenburg, Bremen, Hamburg, Hessen, Mecklenburg-Vorpommern, Niedersachsen, Nordrhein-

[2] Der folgende Text beruht auf einem Vortrag, den der Verfasser im Rahmen der Osteiner Gespräche am 10.03.1994 auf Einladung des Befehlshabers im Wehrbereich IV im Osteiner Hof in Mainz gehalten hat.

Westfalen, Rheinland-Pfalz, Saarland, Sachsen, Sachsen-Anhalt, Schleswig-Holstein und Thüringen haben in freier Selbstbestimmung die Einheit und Freiheit Deutschlands vollendet. Damit gilt dieses Grundgesetz für das gesamte Deutsche Volk."

Dies ist der heute geltende Wortlaut der Präambel, die aufgrund des Einigungsvertrages im Jahr 1990 neu gefasst worden ist. Die Diskussion um eine neue Verfassung ist noch in frischer Erinnerung. Schon immer gab es die Frage einer „Totalrevision" des Grundgesetzes. Nun schien sich die Möglichkeit zu ergeben, auch die Präambel zu verändern. Nicht wenige waren der Meinung, jetzt sei die Chance für eine ganz andere Republik gegeben. Das Ergebnis ist bekannt: Die Gemeinsame Verfassungskommission hat es im Rahmen der staatskirchenrechtlichen Debatte abgelehnt, eine Empfehlung abzugeben, „ob in der Präambel im Sinne einer stärkeren Trennung von Kirche und Staat die Bezugnahme auf Gott gestrichen werden soll".[3] In diesem Kontext soll der Sinn der ersten Worte der Präambel erläutert werden. Im Anschluss daran erfolgt eine ergänzende Reflexion vom theologisch-kirchlichen Standort aus.

1. Form und Zielsetzung von Präambeln

Präambeln, besonders bei rechtlich verbindlichen Texten, haben immer schon Probleme hervorgerufen. Rasch entsteht die Frage nach ihrer Verbindlichkeit. Da sie in Sprache und Stil meist nicht umgangssprachlich formuliert sind, stößt ihr feierlicher und pathetischer Ton manche ab. Dennoch gibt es eine bereits lange Geschichte der Präambel. Der so genannte „Gesetzesvorspruch" hat schon eine Geschichte in der Alten Welt. Die Zehn Gebote beginnen mit dem Generalnenner für alle Einzelgebote. „Ich bin der Herr, Dein Gott". Aber auch das Gesetzeswerk des babylonischen Königs Hammurabi, die Lex Salica von ca. 510, die Goldene Bulle von 1356, der Ewige Landfriede von 1495, der Sachsenspiegel und vor allem das Allgemeine Preußische Landrecht aus dem Jahre 1794 hatten eine ausführliche Präambel. Peter Häberle hat die traditionsreiche und differenzierte Geschichte ausführlich beschrieben.[4]

---

[3] Bericht der Gemeinsamen Verfassungskommission, Bundestags-Drucksache 12/6000 vom 05.11.1993,108–110.

[4] Vgl. Peter Häberle: Präambeln in Text und Kontext von Verfassungen, in: Demokratie in Anfechtung und Bewährung. Festschrift für Johannes Broermann, hg. v. Joseph Listl/Herbert Schambeck, Berlin 1982, 211–249; vgl. auch Josef Isensee, in: Josef Isensee/Paul Kirchhof (Hg.): Handbuch des Staatsrechts der Bundesrepublik Deutschland, Band I, Heidelberg 1987, 534, 592 ff.; vgl. auch 219–258 (R. Mußgnug).

Auch die modernen Verfassungen, die ganz verschiedenen Revolutionen ihren Ursprung verdanken, haben faktisch eine feierliche Erklärung am Beginn, ohne dass immer der Ausdruck „Präambel“ gebraucht wird. Zu denken ist an die französische Menschenrechtserklärung von 1789 und die Verfassung der USA von 1787. Auch die Weimarer Reichsverfassung von 1919 beginnt mit einer solchen Präambel. Ebenso bedienen sich die Verfassungsgeber im Europa der Gegenwart noch bis in die jüngste Zeit hinein des Stilmittels der Präambel. Dies gilt auch für das Europa- und Völkerrecht, z. B. für die Europäische Konvention zum Schutz der Menschenrechte und Grundfreiheiten von 1950. Auch im Völkerrecht ist die Präambel eine traditionsreiche Institution. Die Charta der Vereinten Nationen von 1945 und die Satzungen der großen UN-Organisationen erklären ihre Ziele ebenfalls in Präambelform (vgl. z. B. UNESCO, WHO, IAO).

Es ist verständlich, dass nicht nur Juristen mit vielen Präambeln Probleme haben. Sie müssen immer Kompromisse formulieren, was auch leicht zu unlösbaren Gegensätzen führen kann. Es werden unter Umständen Ansprüche an die Verfassung gestellt, die nicht eingelöst werden können. Gerade totalitäre Staaten haben sich überlanger, rhetorischer Floskeln bedient. Das wirkliche Verfassungsrecht ist dadurch nicht selten aufgeweicht, verbogen und unsicher geworden. Die Verfassungen vieler ehemaliger kommunistischer Staaten sind ein Beispiel dafür (vgl. z. B. die Verfassung der UdSSR von 1977). Auf jeden Fall müssen Präambeln sich auf das Notwendige und Wichtige beschränken. Ein Übermaß an allgemeinen Willenserklärungen und Postulaten kann verwirren.

Präambeln knüpfen gerne an Hoffnungen und Wünsche eines Volkes an, besonders aber auch an kulturelle Traditionen. Man nennt diesen Typ von Aussagen „Im-Geiste-Formeln“. Besonders bekannt geworden ist unsere Präambel durch das immer auch umstrittene Wiedervereinigungsgebot. Es hieß früher: „Das gesamte Deutsche Volk bleibt aufgefordert, in freier Selbstbestimmung die Einheit und Freiheit Deutschlands zu vollenden.“ Manche haben dieses Gebot in einem negativen Sinne, andere in einem positiven Sinne für „utopisch“ gehalten. Die Fassung von 1990 konnte nach dem Erreichen der deutschen Einheit den Vollzug der Einheit und Freiheit Deutschlands zur Sprache bringen.

Eine Verfassungspräambel wird auch bei großer Knappheit immer die gesellschaftlich-politische Realität übersteigen und einen überschießenden Charakter haben. Dies kommt auch in der Sprache zum Ausdruck – alltägliche, feierliche, juristisch-technische, bekenntnishafte Sprachformen mischen sich untereinander. Peter Häberle fasst nach seiner umfangreichen Untersuchung zusammen:

„Präambeln sind ein Appell an alle Bürger und eine Weisung für den Juristen. Sie bilden ein Herzstück verfassungsstaatlicher Verfassungen, eine Verfassung (in) der Verfassung. Sie stellen der Theorie und Praxis noch viele Aufgaben. Sie sind aber auch eine große Chance: Weil sie über scheinbar äußerliche Momente der Sprache zu tieferen Inhalten und Funktionen von Verfassungen führen. Präambeln gehören zum Feiertag und Alltag eines Verfassungsstaates. Daß sie der Sprache und dem Verständnis des Bürgers nahe kommen, ist eine oft erfüllte Forderung (...) So führen Präambeln in exemplarischer Weise alle Interpreten einer offenen Gesellschaft zusammen."[5]

Ausführlicher wurde auf die Form und Zielsetzung der Präambeln überhaupt eingegangen, weil die Präambel des Grundgesetzes – unbeschadet einiger Ausnahmen – immer noch ein Stiefkind der Verfassungsinterpretation ist. Dies gilt erst recht für einige Teilaussagen der Präambel. Manche haben verständlicherweise eine große juristische Aufmerksamkeit geweckt, wie z. B. das Wiedervereinigungsgebot. Andere Dimensionen sind eher rasch kommentiert oder sogar übergangen worden. Dies gilt gerade für die ersten Worte: „Im Bewußtsein seiner Verantwortung vor Gott und den Menschen (...)". Der Freiburger Jurist Alexander Hollerbach stellt dazu fest: „Das Thema wird von unserer Wissenschaft eher gemieden, aber man muß sich ihm stellen, wenn man nicht in unredlicher Weise etwas, was einem möglicherweise unangenehm oder etwas sperrig ist, von vornherein ausblenden möchte."[6]

2. Sinnerschließung im Kontext des Entstehungszusammenhangs

Gerade vor diesem Hintergrund ist es nützlich, sich genauer zu fragen, was die ersten Worte in der Präambel unseres Grundgesetzes wirklich bedeuten. Im Parlamentarischen Rat gab es verschiedene Motivationen für unsere Formel. Zunächst geht es um eine Distanzierung vom Nationalsozialismus, indem die Grenzen der verfassunggebenden Gewalt in Erinnerung gebracht werden. Der Staat soll begrenzt sein und nicht mehr über alles verfügen. Das neu geschaffene Staatswesen soll sich dieser Grenzen bewusst bleiben. Es ist darum

[5] P. Häberle: Präambeln in Text und Kontext von Verfassungen, 248 f.

[6] Alexander Hollerbach: Religion – Christentum – Kirche: Die Antwort der Landesverfassung, in: ders. (Hg.): 30 Jahre Verfassung von Baden-Württemberg, München/Zürich 1984, 42–61, hier 44.

nicht erstaunlich, dass vor und nach dem Grundgesetz andere Verfassungen ähnliche Aussagen enthalten (vgl. die Verfassungen von Württemberg-Baden aus dem Jahre 1946, von Württemberg-Hohenzollern aus dem Jahre 1947, Baden aus dem Jahre 1947 und schließlich Baden-Württemberg aus dem Jahre 1953, ferner auch Bayern aus dem Jahre 1946, Rheinland-Pfalz aus dem Jahre 1947 und Nordrhein-Westfalen aus dem Jahre 1950). Die Formel gab den Abgeordneten auch die Möglichkeit, sich aus religiöser Überzeugung zu der neuen freiheitlichen Ordnung des Grundgesetzes zu bekennen. Ursprünglich sollte die Formel auf Vorschlag der Abgeordneten Dr. Süsterhenn (CDU) und Dr. Seebohm (DP) lediglich lauten: „Im Bewußtsein seiner Verantwortung vor Gott (...)". In den Beratungen des Parlamentarischen Rates erhielt sie dann – vor allem durch den Zusatz „und den Menschen" – unter lebhafter Beteiligung des späteren Bundespräsidenten Theodor Heuss die heutige Formulierung.

Im Anschluss an diese Entstehungsgeschichte taucht gerne die Interpretation auf, aus der Formulierung lasse sich nicht sehr viel mehr herauslesen als ein Hinweis auf die damalige Motivation der Verfassungsschöpfer. In diesem Fall wäre es eine weitgehend historische Formulierung, die heute kaum mehr einen bindenden Gehalt zum Ausdruck bringt. Eine solche Deutung mineralisiert den Text zu Unrecht. Gewiss erfolgt hier eine „Absage an den Atheismus als Staatsreligion".[7] Man wird aber die Zurückweisung einer Verabsolutierung der Staatsgewalt nicht nur negativ sehen dürfen. Viele Interpretationen erblicken in der Formel nur eine Distanzierung, vor allem vom Nationalsozialismus, kümmern sich aber nicht um den näheren Gehalt. Hier bedarf es einer weiteren Reflexion.

Andererseits darf diese weitere Bedeutung auch nicht durch maximalistische Interpretationen verstellt werden. Im Ernst wird diese heute ohnehin von kaum jemandem vertreten. Es ist selbstverständlich – schon angesichts des Grundrechtes der Religionsfreiheit in Art. 4 GG –, dass hiermit keine Verpflichtung des Einzelnen auf einen Glauben an Gott, besonders einen persönlichen Gott, ausgesprochen wird. Auch findet keine Identifizierung dieses „Gottes" allein mit dem christlichen Gottesbegriff statt, obgleich man das jüdisch-christliche Gottesverständnis hier keinesfalls ausschließen kann. Auch Charakterisierungen der Bundesrepublik Deutschland im Sinne eines „christlichen Staates" haben hier keine Begründung. Das Grundgesetz ist vom Prinzip der „Nichtidentifikation" des Staates mit einer Religion, einer Kirche oder

---

[7] Vgl. Ingo von Münch: Grundgesetz-Kommentar, Bd. 1, München 1975, 20.

einer Weltanschauung bestimmt. Die Verfassung gewährleistet dem Einzelnen durch das Grundrecht der Religionsfreiheit einen Rechtsraum, in dem jeder sich zu der Lebensform entscheiden kann, die seinen Überzeugungen entspricht. In diesem Sinne ist die Bundesrepublik Deutschland ein konfessionell paritätisches und religiös sowie weltanschaulich neutrales Staatswesen. Es gibt keine Staatskirche, auch keine Identifikation des Staates mit einer bestimmten Konfession. Diese Form der Trennung von Staat und Kirche darf jedoch nicht im Sinne einer laizistischen Staatsideologie verstanden werden. „Diese strikte religiöse Neutralität des Staates bedeutet nicht staatliche religiöse Indifferenz, sondern muss als positive Neutralität mit der Bereitschaft zu einer engen Kooperation zwischen Staat und Kirche interpretiert werden.“[8]

3. Form und Inhalt der Nennung des Gottesbezuges

So bleibt die Frage nach einem näheren Sinn der Eingangsformel. Ein Zeuge der Beratungen, der jede Vorstellung eines „christlichen Staates“ abwehrte, schreibt in seinen „Erinnerungen“:

„Da aber auch in heutiger Zeit die Mehrheit unseres Volkes die Vorstellung hat, daß sich in der Geschichte göttliches Walten manifestiert, angesichts dessen die Menschen zur Verantwortung ihres Tuns vor Gott aufgerufen sind, trug ich keine Bedenken, in die Präambel aufnehmen zu lassen, daß unser Volk sich im Bewußtsein seiner Verantwortung vor Gott und den Menschen dieses Grundgesetz gibt (...) Die meisten Bewohner der Bundesrepublik werden unter diesem Gott, den die Präambel nennt, den Gott verstehen, dessen Gebote ihnen die religiöse Unterweisung im Elternhaus und in der Schule sowie ihr Leben in den Kirchen unseres Landes nahegebracht haben. Für viele wird er identisch sein mit dem Herrn des „Stirb und werde“ unseres Schicksals. Für andere wird er der Weltbaumeister sein, der mit der Schöpfung in sein Werk die Ursachenreihen eingeführt hat, aus denen alles kommt, was durch sich selbst und in der Vermittlung durch unser Tun geschieht; andere wiederum werden einen Gott in allem finden, was dieser Welt eigen ist, das ‚hen kai pan‘, und es gibt, wie das Beispiel des ‚Materialisten‘ Ernst Bloch zeigt, jenes Göttliche auch für den Marxisten, den die Erfahrung gelehrt hat, daß der Mensch nicht vom Brot allein lebt, sondern daß es in seinem Bewußtsein eine übergreifende Transzendenz gibt, die ihre Forderungen stellt, und der, wie Faust, weiß, daß das

---

[8] Vgl. Joseph Listl: Der Name Gottes im Grundgesetz. Der Staat der Bundesrepublik Deutschland und die Religion, in: Dieter Haack u.a. (Hg.): Das Wiedervereinigungsgebot des Grundgesetzes, Köln 1989, 53–66, hier 58.

Gewebe des Da-Seins in Natur und Geschichte in seinem Innersten von einer numinosen Macht zusammengehalten wird."[9]

Es ist dies die klarste Auslegung, die ich finden konnte. Sie zeigt, dass die Formel nicht nur eine lyrische Zutat zu den spezifischen Rechtssätzen ist. Auch hier muss die Einheit der Verfassung und die immer wieder beschworene „praktische Konkordanz" zwischen den Teilen der Verfassung bewahrt und bewährt werden.

Die Nennung des Gottesnamens ist auch keine förmliche „Anrufung" Gottes. Die Verfassung enthält zwar einen Gottesbezug, aber nicht in der Form einer „invocatio Dei". So etwas kennen die Verfassungen der Schweiz, Griechenlands und Irlands. Besonders die Schweiz hat bei ihrer Verfassungsdiskussion ganz bewusst diese Anrufung beibehalten und sie durch den Schriftsteller Adolf Muschg in folgende Form bringen lassen (1977):

„Im Namen Gottes des Allmächtigen! Im Willen, den Bund der Eidgenossen zu erneuern; gewiss, dass frei nur bleibt, wer seine Freiheit gebraucht, und dass die Stärke des Volkes sich misst am Wohl der Schwachen; eingedenk der Grenzen aller staatlichen Macht und der Pflicht, mitzuwirken am Frieden der Welt, haben Volk und Kantone der Schweiz folgende Verfassung beschlossen."

Die griechische Verfassung beginnt sogar mit einer – von der Orthodoxie her begreiflichen – Anrufung des Dreifaltigen Gottes. Die Verfassung spricht kein Bekenntnis im Sinne eines „Credo" aus. Wer sich nicht zu einer Religion bekennen will, wird in keiner Weise genötigt. Es ist jedoch ohne Zweifel erkennbar, dass die Verfassung das Volk selbst in eine Verantwortung stellt. Es tut nicht nur faktisch-historisch etwas, indem es Verfassungsrecht setzt, sondern es übernimmt in Erfüllung dieser Verantwortung auch eine doppelte Beziehung: zu Gott hin und zu den Menschen. Man mag an die Gräuel des Nationalsozialismus erinnern und auch darauf hinweisen, dass man darum die Präambel formuliert hat, aber ihre Tragweite geht über diese rein rückwärts gewandte Perspektive hinaus: Dem Volk ist grundsätzlich keine Selbstgerechtigkeit erlaubt, dem Staat ist jede Verabsolutierung untersagt. Dadurch wird gerade die recht verstandene Weltlichkeit von Staat und Verfassung unterstrichen.

Eine nähere inhaltliche Präzisierung des Gottesnamens wird nicht vorgenommen. Nach demoskopischen Umfragen gibt es auch in der Bundes-

---

[9] Carlo Schmid: Erinnerungen, Bern/München/Wien 1979, 371 f.

republik Deutschland ca. Zweidrittel, die an ein „höheres Wesen“ glauben.[10] Mit „Gott“ ist also an eine religiös orientierte Instanz gedacht, die eine solche Verantwortung ermöglicht und fördert. Damit scheinen mir Absolutheit und Transzendenzcharakter für diesen „Gott“ gefordert zu sein, aber dies kann man gewiss nur mit weiteren Überlegungen überzeugend begründen. Treffend formuliert A. Hollerbach, dass hier

„(...) Gott als Inbegriff für die gegenüber Volk und Staat jenseitige, sie transzendierende Instanz [erscheint], der man Rechenschaft schuldet. Die Berufung auf die Verantwortung vor Gott öffnet für die Verfassung einen Transzendenzbezug als umgreifende Dimension. Es ist dadurch der Blick geöffnet für eine Wirklichkeit, die mehr und etwas anderes ist als dieser Staat in dieser Welt. Es ist ein Hinweis darauf, daß Staat und Verfassung in Beziehung zu Voraussetzungen stehen, die jenseits ihrer juridischen Normativität liegen, und daß dazu insbesondere die Religion gehört, Religion im Sinne der Öffnung der Immanenz auf eine ihr vorausliegende und sie fundierende und bindende Wirklichkeit.“[11]

Angesichts der konkreten Situation, aus der die Verfassung erwachsen ist (vgl. die Äußerungen Carlo Schmids), ist mit „Gott“ gewiss das jüdisch-christliche Gottesverständnis gemeint, zu dem auch die übrigen Gottesvorstellungen monotheistischer Religionen im weitesten Sinne gehören dürften. Kein Christ wird den Gottesbezug der Präambel allein für sich beanspruchen, aber niemand kann es den Christen dieses Staatswesens verwehren, in dem, was hier „Gott“ genannt wird, den Schöpfer von Himmel und Erde und den Vater Jesu Christi zu entdecken und zu benennen. Der Gottesbezug darf in seiner bewussten und auch durchaus sinnvollen Abstraktion nicht so vernebelt werden, dass er nicht mehr konkret identifiziert werden kann.

Schließlich sollte man nicht übersehen, dass das Wort Gott nicht einfach nur einmal in der Präambel des Grundgesetzes genannt wird, sondern dass mehrere Bezugspunkte im Grundgesetz zu finden sind. Ich brauche dies hier nicht erschöpfend zu behandeln.[12] Der Name Gottes steht z.B. auch in Art. 56 und mit Rückverweis auf diesen in Art. 64 GG. Hier geht es um die Festlegung des Amtseides mit der Beteuerungsformel: „So wahr mir Gott helfe“.

---

[10] Vgl. z.B. die gewiss in dieser Hinsicht unverdächtigen Umfragen des Emnid-Institutes im Auftrag des SPIEGEL.

[11] 30 Jahre Verfassung von Baden-Württemberg, 45; zur Sache vgl. auch Verfassung des Landes Baden-Württemberg. Kommentar, hg. v. Paul Feuchte, Stuttgart u.a. 1987, 48–59; im Übrigen vgl. auch den Leserbrief von Alexander Hollerbach: „Gottesbezug ist keine Anrufung“, in: Frankfurter Allgemeine Zeitung vom 28. Januar 1994, Nr. 23, 9.

[12] Vgl. Näheres bei J. Listl: Der Name Gottes im Grundgesetz, 55f.

Das Wort „Gottesdienst“ begegnet in der Bestimmung des Art. 140 GG mit Bezug auf Art. 141 der Weimarer Reichsverfassung. Hier geht es um die Zulassung von Gottesdienst und Seelsorge in Krankenhäusern, Strafanstalten, bei den Streitkräften und in anderen öffentlichen Institutionen. Sehr oft finden sich auch Begriffe wie „Glaube“, „Religion“, „Religiöses Bekenntnis (...) Religionsausübung“, „Religionsunterricht“ usw.[13] Schließlich werden die Freiheit des Glaubens, des Gewissens und des religiösen bzw. weltanschaulichen Bekenntnisses für unverletzlich erklärt. Die Kirchenartikel der Weimarer Reichsverfassung vom 11.8.1919 sind, wie das Bundesverfassungsgericht entschieden hat (1966), „vollgültiges Verfassungsrecht“.[14] Auch diese Verbindung zeigt, dass der Gottesbezug der Präambel nicht nur eine historische Reminiszenz darstellt, sondern in den erwähnten Ausübungsformen von Glaube und Religion für den, der sich dafür entscheidet, in Freiheit verwirklicht werden kann.

4. Motive für eine Streichung des Gottesbezuges

Vor diesem Hintergrund sind gewisse Tendenzen – auch wenn sie abgelehnt worden sind – in der jüngsten Verfassungsdiskussion aufschlussreich. Weniger wichtig scheint mir dabei eine Position zu sein, die die Bezugnahme auf Gott in der Präambel streichen wollte, weil eine „unspezifische Rede von Gott“ in einem staatlichen Verfassungstext „nichts zu suchen habe“.[15] Gefordert wurde offenbar auch „eine Anpassung des Verfassungsrechts an die moderne, polyreligiöse Gesellschaft“, die auch im Interesse der Unabhängigkeit der Kirche selbst sei. Hinter dieser Position steht im Wesentlichen eine theologische Überzeugung, wie sie in einer bestimmten Variante der Rezeption der Theologie Karl Barths vor allem auf dem Boden der früheren DDR entstanden ist und besonders von dem evangelischen Pfarrer und Abgeordneten im Deutschen Bundestag, Dr. Wolfgang Ullmann, vertreten worden ist. Aufschlussreicher ist hingegen, dass hinter den Bemühungen um eine Änderung der Präambel, d. h. der Streichung des Gottesbezugs, Positionen stehen,

[13] Vgl. Nachweise ebd.
[14] Vgl. Näheres ebd., 56, 58 ff.
[15] Vgl. den Bericht der Gemeinsamen Verfassungskommission, 107.

die bewusst eine „Politik ohne Tradition und Transzendenz“ anstrebten.[16] Wenn dies im Namen des „wissenschaftlichen Fortschritts“ gefordert wird, ist leicht zu erkennen, von welchen weltanschaulichen Voraussetzungen aus eine solche Position vertreten wird. So ist es auch nicht erstaunlich, dass ein Alternativentwurf derselben Autorengruppe, nämlich des „Kuratorium für einen demokratisch verfassten Bund deutscher Länder“, einen neuen Präambelentwurf dargeboten hat, der hier jeden Gottesbezug streichen wollte. „Im Bewußtsein seiner Verantwortung vor der deutschen Geschichte und gegenüber künftigen Generationen (...).“[17] Dabei dürfte gerade die deutsche Geschichte, auch wenn nachher kompensierend von den „Opfern deutscher Gewaltherrschaft“ die Rede ist, kein ausreichend geeignetes Kriterium für diese Verantwortung sein.

Damit ist erkennbar geworden, dass es immer wieder Kräfte gibt und geben wird, die eine solche grundlegende Veränderung der Struktur und der Grundinhalte unserer Verfassung anstreben. In der Gemeinsamen Verfassungskommission haben diese Stimmen nur ein ganz geringes Echo gefunden. Man darf jedoch nicht übersehen, dass diese Tendenzen existieren, und dass sie von Seiten der Christen viel größerer Aufmerksamkeit bedürfen.

Im Übrigen sei noch darauf hingewiesen, dass der „Bericht“ der Verfassungskommission die Frage der Streichung der Bezugnahme auf Gott zwar im Kapitel über die Präambel anspricht,[18] die Sache selbst jedoch vorwiegend im 9. Kapitel „Staatskirchenrecht“ behandelt[19]. Es ist nicht im Sinne des Grundgesetzes, den Gottesbezug der Präambel den staatskirchenrechtlichen Einzelthemen gleichsam als partikuläre Spezialität beizuordnen, denn er hat von der Präambel her – wie aus den bisherigen Ausführungen hervorgeht – eine viel grundlegendere Bedeutung. Durch die Anlage des Berichtes wird dies[20] ein Stück weit verwischt.

---

[16] Vgl. z. B. Ulrich Rödel/Günter Frankenberg/Helmut Dubiel: Die demokratische Frage, Frankfurt a. M. 1989, 99 ff., 117 ff., 128 ff., dazu auch die Bemerkungen von Ulrich K. Preuß: Zu einem neuen Verfassungsverständnis, in: Bernd Guggenberger/Tine Stein (Hg.): Die Verfassungsdiskussion im Jahr der deutschen Einheit. Analysen – Hintergründe – Materialien, München 1991, 38–65, bes. 58.

[17] Bernd Guggenberger/Ulrich K. Preuß/Wolfgang Ullmann (Hg.): Eine Verfassung für Deutschland. Manifest – Text – Plädoyers, München 1991, 102.

[18] Vgl. 108.

[19] Vgl. 106 ff.

[20] Trotz der Ausführungen auf 109 und 110 f.

5. Erbe als Auftrag

Bisher wurde versucht, eine Darlegung des wirklichen Sinnes der Präambel und des Gottesbezugs zum Ausdruck zu bringen. Dabei war es unvermeidlich, in der Auseinandersetzung auch im Sinne einer Verteidigungsrede voranzugehen. Hinzu kommt jedoch, dass die Präambel nach allgemeiner Überzeugung eine größere Bedeutung hat, als früher oft angenommen worden ist. Ich brauche hier nur auf die Kommentare zum Grundgesetz zu verweisen.[21] Die Präambel ist nach heutiger Überzeugung Bestandteil der Verfassung und hat über den moralischen Appellcharakter hinaus auch einen unübersehbaren rechtlichen Gehalt.[22] Carlo Schmid sagte bereits im Parlamentarischen Rat, die Präambel enthalte „rechtlich erhebliche Feststellungen, Bewertungen, Rechtsverwahrungen und Ansprüche zugleich".[23] So wird auch ausdrücklich in den Kommentaren vermerkt, dass die Motive der einführenden Formel „auch in Zukunft für das Rechtsleben Wirkung haben".[24]

Vor diesem Hintergrund wird erst recht deutlich, dass die Kirchen – aber nicht nur sie – diese Grundlegung unseres Staatswesens nicht einfach außer Acht lassen dürfen und sich sehr viel mehr um diese Grundfragen kümmern sollten. Dennoch genügt eine weithin apologetische Auseinandersetzung nicht. Die positive Weiterführung der Sache kann im Rahmen dieses Beitrags nicht mehr umfassend geleistet werden. Ich möchte jedoch die Richtung einer solchen weiterführenden und vertiefenden Auseinandersetzung durch einige Thesen wenigstens andeuten.[25]

1. Die Menschen, besonders auch die Verantwortungsträger, sind in der Gestaltung des politischen Gemeinwesens an ihnen vorgegebene Werte – wie vor allem die fundamentalen Grundrechte – gebunden, die sie nicht abschaffen können. Diese sind darum dem Menschen vorgegeben und können auch durch Mehrheitsentscheidungen nicht außer Kraft gesetzt werden. Es gibt also ein überpositives, elementares Recht, das in gewisser Weise der Verfassung selbst vorausliegt. – In diesem Sinne darf man auch den Kampf gegen jeden Totalitarismus nicht verkennen, der nicht nur hinter der nationalsozia-

---

[21] Von Mangold/Klein/Starck, 1985, 10f.; Maunz/Dürig/Herzog, 1987, 4ff.

[22] Vgl. die Nachweise im Einzelnen bei von Mangold/Klein/Starck, 11f.

[23] Vgl. ebd. 11, Anm. 39.

[24] Vgl. ebd. 12, 15f.

[25] Vgl. dazu ausführlicher Karl Lehmann: Glauben bezeugen, Gesellschaft gestalten. Reflexionen und Positionen, Freiburg i.Br./Basel/Wien 1993, 15–39, 101ff., 128ff.

listischen Diktatur steht. Der Gottesbezug bedeutet auch eine Bürgschaft gegen jede Verführung zu einem diktatorischen System.

2. Besonders für die Begründung der fundamentalen Grundrechte und Menschenrechte bedarf es einer überzeugenden Argumentation, dass diese absolut und universal gültig sind, und zwar wirklich in jedem einzelnen Fall. Gewiss gibt es dafür mannigfache Legitimationsversuche, unter denen die Nennung Gottes herausragt. Der Bezug auf „Gott“ und die sittlichen Weisungen der biblischen Tradition gewährleisten auf überzeugende Weise die Menschenwürde und den Schutz der Menschenrechte. Der Gottesbezug ist in dieser Hinsicht ein besonders wichtiger Hüter der Humanität. In diesem Sinne gehören die Verantwortung vor Gott und den Menschen, also beide Dimensionen, zusammen. Diese Doppelpoligkeit bedarf noch genauerer Deutung: Als Verantwortung im Sinne der treuhänderischen Ausübung der Staatsgewalt, aber auch im Sinne der Wahrung der Humanität, und zwar nicht nur für die jetzt lebenden Menschen, sondern für die künftigen Generationen. Theologisch formuliert: Gottesliebe und Nächstenliebe sind zutiefst miteinander verschränkt und unauflösbar aufeinander verwiesen.

3. Die Aufgabe der christlichen Kirchen, das Bewusstsein für diesen Zusammenhang wachzuhalten, wird in einer Welt, in der die grundlegenden Werte ihre Kraft einbüßen, immer wichtiger. Geist und Moral haben einen zu geringen Rang in unserem gesellschaftlichen Leben. „Wenn junge Menschen in einem oft zerrütteten Elternhaus aufwachsen, ohne feste moralische Wertbegriffe, ohne Bindungen, auch ohne Glauben, Zuversicht und Hoffnung, dann ist es kein Wunder, wenn ihr Verhalten unberechenbar wird. Denn die Bindungen innerhalb einer Gesellschaft sind Tradition, Religion, soziale Gewohnheiten. Wo sie fehlen, ist nichts mehr unmöglich. Schon Vierzehn- und Fünfzehnjährige sind heute an den brutalen Überfällen auf Asylantenheime beteiligt.“[26] Die Nagelprobe auf die notwendige Umkehr sind die Einübung und der Gebrauch der Freiheit.

4. Um an dieser Aufgabe voll teilzunehmen, müssen die Kirchen das Evangelium und die sich aus ihm in der Überlieferung ergebenden Weisungen entschieden und überzeugend vertreten, sowohl nach innen als auch nach außen. Wenn sie zutiefst ihr eigenes Ethos vertreten, verteidigen sie auch direkt und indirekt am besten das Menschenbild unseres Grundgesetzes und damit

---

[26] Marion Dönhoff u. a.: Ein Manifest. Weil das Land sich ändern muss, Reinbek bei Hamburg o.J., 104.

auch die Demokratie. Die Kirchen müssen in diesem Sinne offensiver und wehrhafter werden.

Nun wäre es wieder notwendig, zu unserer europäischen Verfassungsproblematik zurückzukehren. Aber es ist nun wohl deutlicher geworden, welchen Platz „Gott" in einer Verfassung hat oder haben könnte. Ich würde auch nicht zögern zu sagen, dass er diesen Platz haben sollte.

So kann die Diskussion in den nächsten Wochen und Monaten weitergehen. Sie muss jedoch vertieft werden, sonst verkennt sie die Chancen, die in ihr stecken. Denn am Ende geht es vor allem auch um das kulturelle Gedächtnis Europas selbst.

2007

Nachdem es auf europäischer Ebene 2005 nicht gelungen war, den Mitgliedsstaaten eine gemeinsame Verfassung zu geben, wurden verschiedene Rettungsaktionen gestartet, um wichtige Elemente der geplanten Verfassung dennoch gemeinsam verbindlich zu machen. Wie bei vorangegangenen Schritten sah sich die Kirche auch jetzt als Unterstützerin des Einigungsprozesses. Der Mainzer Bischof beschreibt die Situation, er bilanziert dabei Erreichtes bzw. nicht Erreichtes und blickt nach vorne.

Was bleibt jetzt in Europa zu tun?
Vom Verfassungsentwurf zum Grundlagenvertrag

Karl Kardinal Lehmann

I.

Am 18. Oktober dieses Jahres haben sich die Staats- und Regierungschefs der Europäischen Union über den zukünftigen „Vertrag von Lissabon", den Reformvertrag zur Änderung der bestehenden Europäischen Verträge, geeinigt. Die öffentliche Reaktion auf diesen neuen Grundlagenvertrag der Europäischen Union ist bislang recht zurückhaltend und nüchtern. Das ist insofern auch verständlich, als Europa in den letzten Jahren bereits an einer Europäischen Verfassung schnuppern konnte, sich jetzt aber mit einer Einarbeitung von strukturellen und inhaltlichen Reformen in die bestehenden Verträge zufriedengeben muss. In den letzten Jahren haben wir hier beim Martinsempfang des Katholischen Büro Mainz immer wieder zur Frage einer Verfassung für Europa gesprochen. Ich darf selbst auf frühere Ausführungen hinweisen.[1] Deshalb möchte ich die heutige Gelegenheit unseres Empfanges nützen, um nun nach der Einigung vom 18. Oktober 2007 und vor der endgültigen Annahme durch die Regierungskonferenz im Dezember dieses Jahres eine vorläufige Zwischenreflexion durchzuführen und ein wenig innezuhalten.

Auch wir bedauern, dass der Verfassungsprozess, der mit den Arbeiten des Konvents und dem Ergebnis der Regierungskonferenz im Jahr 2004 zunächst so erfolgversprechend angelaufen war, bereits ein Jahr später in zwei Verfassungsreferenden an der Ratifikation gescheitert ist. Dennoch besteht kein Anlass, den jetzigen Reformschritt der Europäischen Union gering einzuschätzen.

---

[1] Gott in der Europäischen Verfassung? Hintergründe einer aktuellen Diskussion (in diesem Band, 229–245). Auch in: Gott in der Europäischen Verfassung? – Hintergründe einer aktuellen Diskussion, in: Militärseelsorge, 41 (2003), Dokumentation v. 5.1.2004, Berlin 2004, 127–141. Aktualisiert auch in: Helmut Goerlich/Wolfgang Huber/Karl Lehmann: Verfassung ohne Gottesbezug? Zu einer aktuellen europäischen Kontroverse (= FORUM. Theologische Literaturzeitung, ThLZ.F 14 [2004]), Leipzig 2004, 61–78.

Einerseits ist die Einigung von Lissabon an sich schon ein großer Erfolg, der Europa aus einer langwierigen Verfassungskrise geholt hat. Und wir sind dankbar, dass Deutschland mit seiner EU-Ratspräsidentschaft unter Frau Bundeskanzlerin Dr. Angela Merkel im ersten Halbjahr und der Aushandlung des Mandats für die Regierungskonferenz auf der Zusammenkunft des Europäischen Rats im Juni 2007 einen bedeutenden Beitrag zu dieser Einigung leisten konnte. Denn gerade wir Deutschen haben nicht nur in der Vergangenheit in jeder Hinsicht von der europäischen Einigung profitiert, sondern das Fortschreiten der europäischen Integration ist auch weiterhin ein ureigenes deutsches Interesse. Niemand weiß dies besser als die Menschen in Rheinland-Pfalz, die in den letzten Jahrhunderten in besonderem Maße von den großen europäischen Rivalitäten und kriegerischen Auseinandersetzungen betroffen waren.

Anderseits ist der Vertrag von Lissabon auch inhaltlich ein bedeutender Erfolg. Die meisten – und vor allem die wichtigsten – Änderungen, die mit dem Vertrag über eine Verfassung für Europa hätten eingeführt werden sollen, sind nun in den Reformvertrag hinübergerettet worden. Zwar ist der Verzicht z. B. auf Unionssymbole wie Flagge und Hymne bedauerlich und teilweise auch unverständlich, wenn man gleichzeitig auf eine Stärkung des europäischen Bewusstseins setzt. Dass aber die Übernahme der Strukturentscheidungen bezüglich der Institutionen und Entscheidungsverfahren der Union in den Reformvertrag gelungen ist, gerade angesichts der politischen Lage rund um die Gipfel vom Juni und Oktober 2007, ist ein europäischer Erfolg, der sich nicht verstecken muss.

So wie die Kirche die europäische Einigung stets begleitet und unterstützt hat, so begrüßt sie nun nachdrücklich auch diesen neuen Vertrag, zumal sie sich aktiv und intensiv in den Prozess der Verfassungsgebung eingebracht und ihn öffentlich begleitet hat. Sie hat die Idee und Absicht der Verfassung begrüßt[2] und hat auch nach ihrem Scheitern eine Fortsetzung der institutionellen Reformen angemahnt, nicht zuletzt beim 50. Jahrestag der Unterzeichnung

---

[2] Vgl. die Stellungnahme des Vorsitzenden der Deutschen Bischofskonferenz, Karl Kardinal Lehmann, und des EKD-Ratsvorsitzenden, Bischof Wolfgang Huber, zur Einigung über den europäischen Verfassungsvertrag, Hannover/Bonn, 19.06.2004.

der Römischen Verträge im März dieses Jahres.[3] In der Erklärung der Deutschen Bischofskonferenz zu diesem Jubiläum heißt es beispielsweise: „Damit Europa aber auch seiner Verantwortung in der Zukunft gerecht werden kann, braucht es eine gut funktionierende innere Ordnung, die die Europäische Union auch dann, wenn sie eines Tages wirklich alle europäischen Völker vereint, nach innen und nach außen handlungsfähig macht. Es ist deshalb gut, wenn zum fünfzigsten Jahrestag der Unterzeichnung der Römischen Verträge der europäische Verfassungsprozess neu aufgenommen wird."[4] Mit dem zukünftigen Vertrag von Lissabon hat die Europäische Union nun einen bedeutenden Schritt in Richtung einer solchen funktionierenden Ordnung getan, sodass wir uns über das neue Vertragswerk freuen sollten.

II.

Dabei stellt es einen besonderen Fortschritt dar, dass der zukünftige Vertrag von Lissabon die Werte und Ziele erweitert, denen sich die Union verpflichtet fühlt. Dazu gehört an erster Stelle auch die Menschenwürde, was wir besonders begrüßen – erwächst doch gerade die unverletzliche Würde eines jeden Einzelnen dem christlichen Menschenbild.[5] Einen weiteren Beitrag zur Fortentwicklung der Europäischen Union zu einer Wertegemeinschaft bildet die Charta der Grundrechte, die nach ihrer Proklamation im Dezember 2000 bislang nur rechts*erheblich* war, deren Rechts*verbindlichkeit* nun aber im Reformvertrag festgeschrieben wird. Von besonderem Interesse innerhalb dieser Charta ist für uns die Verankerung der Religionsfreiheit in ihrer individuellen, kollektiven und korporativen Dimension. Beachtlich ist zudem, dass aus der gesamten Präambel des Verfassungsvertrages nur *der* Erwägungspunkt in die überarbeitete Präambel des EU-Vertrages übernommen wurde, in dem u. a. vom religiösen Erbe Europas die Rede ist.

---

[3] Vgl. mein Statement zur Eröffnung beim Ökumenischen Vespergottesdienst anlässlich des 50. Jahrestages der Unterzeichnung der Römischen Verträge in Berlin am 25.03.2007, in: Europa: In Verantwortung vor Gott und den Menschen. Texte zum 50. Jahrestag der Unterzeichnung der Römischen Verträge, hg. v. Sekretariat der Deutschen Bischofskonferenz, Bonn 2007 (= Stimmen der Weltkirche 39), 42–45.

[4] Europa: In Verantwortung vor Gott und den Menschen, 7–15, hier 15.

[5] Vgl. Karl Lehmann: Menschenwürde: Herkunft und Zukunft. Philosophisch-theologische Anmerkungen, in: Günter Seubold (Hg.): Humantechnologie und Menschenbild. Mit einem Blick auf Heidegger, Bonn 2006, 129–149.

Ein besonderes Augenmerk haben wir innerhalb des Verfassungsprozesses auf den Art. I-52, den so genannten Kirchenartikel, gelegt. Zur positiven Bilanz des zukünftigen Vertrags von Lissabon gehört, dass der Kirchenartikel nun als Art. 15 b in den neu benannten Vertrag über die Arbeitsweise der Union, den derzeitigen EG-Vertrag, eingefügt wird. Damit wird der Inhalt der so genannten Kirchenerklärung zur Schlussakte des Amsterdamer Vertrages in das Primärrecht der Europäischen Union übernommen und zur vollen rechtlichen Geltung gebracht. Nach dieser Bestimmung achtet die Union den Status der Kirchen, wie er jeweils in der nationalen Rechtsordnung festgelegt ist. Auch der dritte Absatz des Kirchenartikels, der für die Europäische Verfassung neu entworfen worden war, wird über den zukünftigen Vertrag von Lissabon in Kraft treten. Dieser neue Absatz besagt, dass die Union in Zukunft einen offenen, transparenten und regelmäßigen Dialog mit den Kirchen führt. Die Zukunft wird zeigen, auf welche Weise wir den uns so eröffneten, institutionellen Rahmen mit Leben und Inspiration erfüllen können.[6]

III.

Aber wo Licht ist, da fällt auch Schatten. Wenn wir als Kirche den Vertrag von Lissabon begrüßen und seine verschiedenen Elemente als bedeutende, wichtige und richtige Schritte in der europäischen Entwicklung zu mehr Transparenz, Demokratie und Effizienz würdigen, so gehört es doch ebenso zu einer Gesamtbeurteilung, diejenigen Punkte zu benennen, in denen wir uns ein anderes Ergebnis hätten vorstellen können.

Wir begrüßen die Aufnahme des Kirchenartikels in den Reformvertrag und sind allen dankbar, die sich dafür eingesetzt haben. Es gibt allerdings Stimmen, die den Kirchenartikel lieber als Teil des Vertrags über die Europäische Union gesehen hätten. Ich habe für diese Auffassung nicht nur Verständnis, sondern teile sie, denn schließlich finden sich in diesem Vertrag auch die meisten anderen Artikel des ehemaligen Verfassungskapitels über „Das demokratische Leben der Union", darunter die parallel zum Dialog mit den Kirchen ausgestaltete Verpflichtung der Unionsorgane zum Dialog mit der Zivilgesellschaft. Gleichwohl ist aber festzuhalten, dass beide Verträge,

---

[6] Vgl. Karl Kardinal Lehmann, Zum schiedlich-friedlichen Verhältnis von Staat und Kirche heute, in: Bernhard Nacke (Hg.): Orientierung und Innovation. Beiträge der Kirche für Staat und Gesellschaft. Mit einem Vorwort von Karl Kardinal Lehmann, Freiburg i. Br. 2009, 44–64.

der Vertrag über die Europäische Union und der über ihre Arbeitsweise, Grundlage der Union sind und den gleichen rechtlichen Stellenwert haben. Angesichts dieser Hervorhebung des gleichen rechtlichen Stellenwertes beider Verträge an derart – im Vergleich zu früheren Entwürfen des Reformvertrags – prominenter Stelle sowie vor dem Hintergrund der Berichte und Zusicherungen, die uns von Beobachtern und Teilnehmern der Regierungskonferenz erreichten, gehen wir fest davon aus, dass die rechtliche Bedeutung des Kirchenartikels in seiner Verortung im Vertrag über die Arbeitsweise der Europäischen Union nicht nur kurz-, sondern auch langfristig ungeschmälert zum Tragen kommen wird. Hieran werden wir auch festhalten und den konkreten Verlauf des zukünftigen Vorgehens sorgfältig begleiten. Zweifellos bedeutet die Einordnung unter die „Arbeitsweisen" bei aller genannten formellen Sicherung auch die Versuchung zu einer pragmatischen Interpretation, die ja ohnehin zur Leitlinie des jetzigen Textes geworden ist.

Die Grundrechtecharta ist nicht in das zukünftige Vertragswerk aufgenommen worden. Dies kann man bedauern, denn es hätte nicht nur Symbolcharakter gehabt, wenn die Grundrechtecharta – wie beim Verfassungsvertrag vorgesehen – in den Vertrag über die Europäische Union inkorporiert worden wäre. Allerdings bestimmt Artikel 6 des zukünftigen Vertrages über die Europäische Union, dass „die Union (...) die Rechte, Freiheiten und Grundsätze anerkennt, die in der Charta der Grundrechte (...) niedergelegt sind; die Charta der Grundrechte hat dieselbe Rechtsverbindlichkeit wie die Verträge."

Ein Wermutstropfen ist, dass sich einzelne Mitgliedsstaaten eine Option bezüglich der Geltung der Grundrechtecharta vorbehalten haben. Inwieweit die Inanspruchnahme dieser so genannten „Opt-outs" der Glaubwürdigkeit Europas als Wertegemeinschaft dient, wird die Zukunft zeigen. Anlass zur Zuversicht geben die vorsichtigen Andeutungen jedenfalls unserer polnischen Nachbarn, diese Option nicht in Anspruch zu nehmen und die Geltung der Grundrechtecharta anzuerkennen.

Die katholische Kirche bedauert insbesondere, dass es nicht gelungen ist, in der Präambel des zukünftigen Vertrags über die Europäische Union eine Formulierung zu finden, die der Geschichte Europas gerecht wird und die das Christentum als die wohl bedeutendste religiöse Wurzel des Kontinents anerkennt. Das „kulturelle, religiöse und humanistische Erbe Europas", von dem die Präambel nun spricht, ist ohne den Beitrag des Christentums unvorstellbar. Es erscheint uns deshalb unverständlich, warum man das religiöse Erbe Europas dann nicht mit einem Hinweis auf das Christentum präzisiert. Darüber hinaus hätten wir uns einen Gottesbezug in der Präambel gewünscht. Dies zeigt die bleibende Schwäche auch dieses Versuchs.

Ich weiß, dass viele dieses Anliegen unterstützt haben. Ein solcher Gottesbezug, wie wir ihn auch in Deutschland kennen, hätte die Begrenztheit menschlichen und politischen Handelns verdeutlicht und hätte auch dem europäischen Staatenverbund gut angestanden. Einen noch deutlicheren Gottesbezug als das Grundgesetz der Bundesrepublik weist übrigens die rheinland-pfälzische Landesverfassung auf, die mit den Worten beginnt: „Im Bewußtsein der Verantwortung vor Gott, dem Urgrund des Rechts und Schöpfer aller menschlichen Gemeinschaft ..." Dass der zukünftige Vertrag über die Europäische Union hingegen in keiner Form Bezug auf Gott nimmt, ist und bleibt für uns enttäuschend.[7]

IV.

Uns ist aber auch bewusst, dass der Reformvertrag nur ein weiteres Glied in einer Kette zahlreicher europäischer Vertragsrevisionen bildet, dessen Ende und letztes Glied noch nicht erreicht ist. Selbst wenn es vielleicht länger dauern wird als bei den letzten Vertragsüberarbeitungen, wird auch dieser Reform der Verträge eine weitere folgen. Wir sind von der Zeitlosigkeit und der Berechtigung unserer Anliegen überzeugt. Insofern werden wir unsere Vorschläge nicht beiseite legen, sondern die nächsten Jahre nutzen, um in Europa weiter für eine Unterstützung in diesen Fragen zu werben. Die Kirche wird den europäischen Einigungsprozess also auch in Zukunft kritisch, vor allem aber konstruktiv begleiten. Gerade weil uns die europäische Integration am Herzen liegt, werden wir im Rahmen unseres Auftrags und unserer Möglichkeiten den Auf- und Ausbau des gemeinsamen europäischen Hauses weiter unterstützten. Auf europäischer Ebene gibt uns dazu der Dialog Gelegenheit, zu dem der zukünftige Vertrag von Lissabon die europäischen Institutionen verpflichtet.

Dies ist insofern wichtig, als die Stimme der Kirchen umso nötiger wird, als auch der Wirkungsbereich der Europäischen Union zunimmt. Wenn auf europäischer Ebene z.B. über die Förderung der Stammzellforschung ent-

---

[7] Vgl. dazu Manuel Strunz: Der Gottesbezug in dem Vertrag über die Europäische Union – Ein Lösungsvorschlag –, in: Bayerische Verwaltungsblätter 138 (2007), Nr. 21, 1.11.2007, 648–651.

schieden wird, wenn die soziale Dimension der Union an Bedeutung gewinnt[8] oder wenn die EU als Element einer globalen Friedensordnung agieren will[9], dann sind die Kirchen gefordert, ihre Stimme und ihre Mahnungen in diese öffentlichen europäischen Diskussionen mit einzubringen.

Doch der schwierigste Schritt ist immer der nächste, dies hat sich in der europäischen Politik immer wieder bewahrheitet. Deshalb gilt es nun, den Blick auf die Ratifikation des zukünftigen Vertrags von Lissabon zu richten. Dass dieser Vertrag in relativ kurzer Zeit in Kraft treten wird, ist zwar wahrscheinlich, aber nicht sicher. Das Inkrafttreten des Vertrages kann durch das Scheitern des Ratifikationsprozesses in einem einzigen der 27 Mitgliedstaaten verhindert werden. Nicht allein ein Referendum über den zukünftigen Vertrag von Lissabon, wie dies jedenfalls in Irland Voraussetzung für den Ratifikationsprozess sein wird, kann im Falle seines negativen Ausgangs den Ratifikationsprozess stoppen, sondern auch die Verweigerung der Zustimmung zu diesem Vertrag durch ein einziges nationales Parlament.

Die Kirchen haben in den Mitgliedstaaten der Europäischen Union bereits für eine Ratifikation des Verfassungsvertrages geworben. Wir werden auch jetzt nicht nachlassen, uns für das Inkrafttreten des zukünftigen Vertrags von Lissabon einzusetzen. So berechtigt die eine oder andere Kritik an den konkreten Schritten der europäischen Einigung auch sein mag, so sind wir nun gehalten, die Perspektiven des neuen Reformvertrages für die EU darzustellen: Möge die Europäische Union hierdurch eine bessere werden als sie es bereits ist.[10]

---

[8] Vgl. Einführungsreferat Karl Kardinal Lehmann, Vorsitzender der Deutschen Bischofskonferenz, im Rahmen der Veranstaltung „Europa eine soziale Gestalt geben“ in der Vertretung des Landes Nordrhein-Westfalen bei der Europäischen Union am 10. Mai 2007, in: Europa eine soziale Gestalt geben. Dokumentation der Fachtagung am 10. Mai 2007, hg. v. Ministerium für Arbeit, Gesundheit und Soziales des Landes Nordrhein-Westfalen, o.O. [Düsseldorf/Brüssel], o.J. [2008], 4–18.

[9] Vgl. Karl Lehmann: Europa zwischen Ideologie, Rhetorik und konkreter Hoffnung. Anmerkungen zur Perspektive einer Gemeinsamen Außen- und Sicherheitspolitik der Europäischen Union; Vortrag in der Vertretung des Landes Baden-Württemberg in Brüssel am 15. Mai 2007 – Manuskript (10 Seiten).

[10] Vgl. zum Beleg meine Ausführungen in: Das neue Europa als Herausforderung für die Christen, Festvortrag zum 1000-jährigen Bestehen des Bistums Bamberg, in: Dokumentation über den Neujahrsempfang 2007 des Erzbischofs von Bamberg, Bamberg 2007, 13–31; auch in: Cartell Rupert Mayer, Mitteilungen März 2007, Fürth 2007, 9–23. Europa – ein Ort der Kirche. Festvortrag in der Residenz am 6. Juni 2007, in: Verordnungsblatt der Erzdiözese Salzburg. Sondernummer anlässlich des 10. Jahrestages der Bischofsweihe und des 70. Geburtstages von Erzbischof Dr. Alois Kothgasser SDB, Nr. 6/2 vom Juni 2007, Salzburg, 103–119; auch in: KNA Dokumente, 8/August 2007, 17–27.

F. Politik und Religion

1986

Die Aufklärung ist eine in ihren Errungenschaften bis heute unangefochtene Epoche der europäischen Geistesgeschichte, die u. a. zur dauerhaften Klärung des Verhältnisses zwischen Staat und Kirche geführt hat. Daneben aber hat sie in expliziter Weise die Fortschritts- und Wissenschaftsgläubigkeit des Menschen befördert und als gleichsam neues Weltbild etabliert. Dieses jedoch stand spätestens nach dem Reaktorunfall von Tschernobyl zur Disposition. Ohne Weltbild und ohne religiöse Orientierung erwachsen Ängste und Orientierungsnot, entstehen Fundamentalismen und zugleich Gefährdungen für die Demokratie. Der Trierer Bischof greift solche Gedanken auf und geht der Frage nach, welchen Beitrag der Glaube in dieser Situation beisteuern kann.

Religion nach der Aufklärung

Bischof Hermann Josef Spital (†)

Ich möchte anknüpfen an ein kürzlich erschienenes Buch des Züricher Philosophen Hermann Lübbe, welches den Titel trägt: „Religion nach der Aufklärung“. Man könnte sagen, dass Lübbe der Frage nachgeht, was die Aufklärung eigentlich mit der Religion gemacht hat. Einerseits kann man eine Fülle von Zitaten aufgeklärter Denker anführen, die ein Verschwinden der Religion prophezeit haben, sobald nur der Aufklärungsprozess vollendet sei. Andererseits lässt sich nicht leugnen, dass gerade durch den Aufklärungsprozess die soziale Sicherung, um nicht zu sagen: Erzwingung religiösen Verhaltens seitens der staatlichen Gewalt abgebaut worden ist. Wenn wir daran denken, dass man durch die unseligen Religionskriege der Nachreformationszeit sich kaum anders zu helfen wusste als durch die Anwendung der Regel: „cuius regio – eius religio“, dann können wir nach der Aufklärungsepoche lebenden Menschen uns kaum noch vorstellen, wie so etwas denkbar gewesen ist. Das Fürstbistum Osnabrück wurde abwechselnd von einem katholischen Bischof und von einem evangelischen Landesherrn, welch letzterer sich dann eines Weihbischofs für religiöse Verrichtungen bediente, regiert. Und der norddeutsche Ort Twistringen ist inmitten einer evangelischen Landschaft deshalb katholisch geblieben, weil sein Landesherr ihn zur Begleichung von Trinkschulden an den katholischen Bischof abtrat. All das mutet uns heute schon als unvorstellbar an. Die Aufklärung hat zu einer Gestaltung des Verhältnisses von Staat und Kirche geführt, in dem beide einander die Freiheit staatlichen bzw. kirchlichen Handelns einräumen und zugestehen. Das ist ein Fortschritt, den wohl niemand von uns missen möchte.

Heute wird niemand vom Staat benachteiligt, wenn er aus der Kirche austritt oder auch wenn er überzeugtes Glied einer Kirche ist. Insoweit ist die Aufklärung an eines ihrer Ziele gelangt. Man kann sogar noch einen Schritt weitergehen und hinzufügen, dass auch der gesellschaftliche Druck zu religiöser Praxis weitgehend verschwunden ist. Trotzdem aber – und das muss man im Rückblick auf die genannten Prophezeiungen bedeutender Denker der Aufklärungsepoche staunend feststellen – schickt sich die Religion keineswegs an abzusterben. Zwar stellen wir weithin ein Zurückgehen der kirchlichen Praxis fest; die Zahl der Kirchenaustritte aber verläuft keineswegs im gleichen Verhältnis dazu. In den USA, die ja auch zur westlichen aufgeklärten Gesellschaft gehören, ist eher ein Wachstum kirchlicher Praxis festzustellen. Was also hat die Aufklärung mit der Religion gemacht? Das ist unsere Frage. Ich möchte auf diese Fragen in drei Thesen antworten:

1. Die Aufklärung hat das biblische Weltbild zerstört, um ein wissenschaftliches Weltbild an seine Stelle zu setzen. Es wird berichtet, dass die Frau des anglikanischen Bischofs von Worcester ausgerufen haben soll, als sie die Evolutionstheorie Darwins zu Gesicht bekam: „Mein Gott, lasst uns beten, dass es nicht wahr ist, und wenn doch, dass es nicht weiter bekannt wird." Diese religiöse Frau sah mit Recht ihr biblisches Weltbild gefährdet durch die neu aufkommende Evolutionstheorie. Wir Heutigen fragen uns angesichts einer solchen Äußerung nur noch verblüfft: Wie kann man denn zu Gott, dem Schöpfer dieser Erde, beten, dass etwas, das man wissenschaftlich erforscht hat, nicht wahr sein soll, oder dass es nicht bekannt werde, wenn es tatsächlich wahr sei. Wir können das nur verstehen, wenn wir uns vergegenwärtigen, dass das Weltbild zur damaligen Zeit weitgehend von den Vorstellungen der Bibel bestimmt war. Wir wissen heute, dass es ein biblisches Weltbild in Konkurrenz zu einem wissenschaftlichen Weltbild gar nicht gibt und auch nicht geben kann. Beide bewegen sich auf verschiedenen Ebenen. Das hat Papst Johannes Paul II. bei seiner Ansprache vor den Wissenschaftlern im Kölner Dom klar herausgestellt. Die Kirche hat sich geirrt, als sie von ihrer Glaubenssicht her Galileo Galilei kritisiert hat. Und sie hat daraus ihre Konsequenzen gezogen.

Aber nicht nur die Kirche hat sich geirrt, sondern auch die damaligen Wissenschaftler irrten sich. Sie wollten ein wissenschaftlich begründetes Weltbild an die Stelle des kirchlichen Weltbildes setzen und glaubten, das auch zu können, weil sie davon überzeugt waren, dass der menschliche Verstand fähig sei, die Welt im Ganzen zu überschauen.

Zwar hat der Mensch die Welt als Ganze noch niemals durchschaut. Aber seit dem Aufbruch des kritischen Denkens in der griechischen Philosophie hat er in dem Glauben gelebt, dass er das grundsätzlich könne. Nach dem Aufkommen schließlich der experimentellen Naturwissenschaften und ihrer unbestreitbaren Erfolge ist diese Überzeugung zum allgemeinen Bewusstsein geworden. Die Fortschritts- und Wissenschaftsgläubigkeit war seit der Aufklärung verbindende Überzeugung und Motivationskraft der prägenden Eliten in der westlichen Welt. Spätestens seit dem Erscheinen des Berichtes des Club of Rome ist diese verbindende und motivierende Fortschritts- und

Wissenschaftsgläubigkeit dahin. Und damit komme ich zu meiner zweiten These.

2. Der Aufklärungsprozess hat den Menschen in einer vorher nicht gekannten Weise auf sich selbst zurückgeworfen und in Orientierungsnot gebracht.

Aufklärerisches Denken ist immer analytisches, d.h. Zusammenhänge auflösendes Denken. Während der Mensch sich ursprünglich einfach hinnahm als einer, der in die Welt mit all ihren Kräften und Strömungen eingebunden war, begann die griechische Philosophie danach zu fragen, wie die Welt denn eigentlich ist. Man nahm nicht mehr hinter jedem Baum und Strauch eine mythisch-göttliche Gewalt wahr und verzichtete darauf, Feuer und Meer, Wind und Wasser als von Göttern beseelte Elemente zu verstehen. In stetem Vorantreiben der Kritik und der Analyse ist der Mensch letztlich bei sich selbst angekommen. Nachdem die Grundfrage der Philosophie seit den Griechen gelautet hatte: „Wie ist die Welt eigentlich?" – also was steht hinter den Erscheinungen, die wir wahrnehmen –, lautet die Leitfrage seit Schopenhauer und Nietzsche viel radikaler: „Was ist die Welt wert?" Die Wertfrage ist aber immer eine subjektive Frage, denn ein und dieselbe Sache kann zugleich für den einen wertvoll und für den anderen weniger wertig sein. Wer so fragt, fragt in einer ganz neuen Radikalität nach sich selbst. Und das ist auch ein Ergebnis der Aufklärung: Der Mensch ist sich selbst zur Frage geworden. Er schaut voller Ratlosigkeit um sich und sucht nach Anhaltspunkten, an denen er sich orientieren kann.

Wie eben schon aufgezeigt, leistet die Wissenschaft eine Beantwortung dieser Frage nicht. Darum stehen wir vor dem erstaunlichen Phänomen – und darauf macht wiederum Professor Lübbe aufmerksam –, dass heute sich als wissenschaftlich begründete Weltanschauungen ausgebende Hochideologien, wie etwa der Marxismus-Leninismus, Ansprüche erheben, wie es die Kirchen nicht mehr tun. In Moskau z.B. entscheidet die Partei darüber, was man wissenschaftlich über die Welt denken darf und was nicht. Angesichts dieser Situation stellt Lübbe die mich sehr bewegende Frage, ob der Mensch überhaupt ohne ein „wissenschaftlich begründetes Weltbild" leben könne oder nicht. Er stellt also im Grunde die Frage danach, ob die Aufklärung, die uns gerade aus den schrecklichen Religionskriegen der beginnenden Neuzeit herausgeführt hat, mit Notwendigkeit in die ideologischen Kriege hineinführen müsse, welche zur Zeit unsere Welt erschüttern – einfach deshalb, weil der Mensch nicht ohne ein, sei es glaubensmäßig, sei es ideologisch begründetes, „festes" Weltbild leben könne.

Auch noch von einer ganz anderen Seite her sehen wir uns heute bedrängend vor diese Frage gestellt. In einem Artikel mit der Überschrift „Der anthropologische Schock“ hat Ulrich Beck in der Zeitschrift *Merkur*[1] über die Folgen der Katastrophe von Tschernobyl und über die Konturen einer Risikogesellschaft geschrieben. Er sieht diesen anthropologischen Schock wesentlich aus einer „meta-physischen Erfahrung“ besonderer Art herrühren. Was wir durch Tschernobyl erfahren haben, kleidet er in den lapidaren Satz: „Vor dieser Gefahr versagen unsere Sinne.“ Man könnte sagen, dass unsere Sinne entmächtigt, enteignet, entwertet worden seien, weil die Welt hinter der Welt, die uns unvorstellbar bedroht, diesen unseren Sinnen unzugänglich bleibt. Der Verfasser verdeutlicht das in einer sehr anschaulichen Art, wenn er schreibt: „Ebenso wie der Salat (grün, frisch und knackig wie immer), der verseucht ist oder als verseucht gilt (dieser Unterschied wird unerheblich), in den Händen seines Besitzers ökonomisch und sozial verdorrt ist, ebenso sind unsere Sinne im Angesicht der atomaren Gefahr nutz- und funktionslos geworden.“

Als Folge stellt sich ein ungeheures Gefühl des Ausgeliefertseins ein, das wir bei vielen Menschen wahrnehmen. Auch die Experten haben weithin das Vertrauen der Menschen verloren. In dieser Situation bemerkt Ulrich Beck, dass „mit dem Anwachsen der Gefahren völlig neue Herausforderungen an die Demokratie“ – also an unser menschliches Zusammenleben, so möchte ich ergänzen – entstanden sind. Ähnlich formuliert Ulrich Hausmann in der Zeitschrift *Freibeuter*[2], wenn er schreibt: „Dann könnte die Lehre aus dem Reaktorunfall in Tschernobyl – vielleicht – die sein: Das am stärksten durch die Atomindustrie bedrohte ökologische Gut ist nicht die Natur, sondern die Demokratie.“ Die Formen unseres menschlichen Miteinanders stehen auf dem Prüfstand.

3. Und damit komme ich zu meiner dritten und letzten These, welche besagt, dass unsere liberale politische Ordnung, welche ein wesentliches Moment dessen ist, was wir Aufklärung nennen, der Religion bedarf, um politisch erhalten werden zu können. Und das möchte ich – immer im Anschluss an das zitierte Buch von Lübbe – so begründen: Wir wissen heute, dass niemand den Fortschritt der Wissenschaft aufhalten kann und dass man immer gewärtigen muss, dass die Wissenschaft zu ganz neuen Erkenntnissen und neuen Folge-

---

[1] Deutsche Zeitschrift für europäisches Denken, 8/1986.

[2] Vierteljahreszeitschrift für Kultur und Politik, H. 28.

rungen führt. Sie vermittelt uns eben kein unwandelbares wissenschaftlich gesichertes Weltbild. Gerade das führt zu der beschriebenen Orientierungsnot des Menschen. Das führt zu einer so bisher nicht gekannten Beanspruchung des Menschen: Er muss es nämlich aushalten, ohne ein unbezweifelbares Weltbild zu leben. Er muss lernen, dass er nicht, wie er wähnte, über einer Welt steht, deren Fortschritt er letztlich selber wissenschaftlich und technisch betreibt, sondern dass er in einer sich entwickelnden Welt steht, ohne den Gang der Dinge zu überschauen und einen Blick in die Zukunft tun zu können. Das zwingt ihn zu einer neuen Grundeinstellung, zu einem neuen Selbstverständnis und auch zu einer neuen Orientierungsweise.

Dieser Änderungszwang macht dem Menschen naturgemäß Angst und erklärt die Versuchung zu fundamentalistischen Lösungen, die wir an vielen Stellen beobachten können. Von Khomeiny und der islamischen Welt will ich gar nicht sprechen; wenn man aber einmal analysiert, was Jugendliche und junge Erwachsene in die sogenannten Jugendsekten oder in die Ashrams der Bhagwan-Bewegung treibt, dann stoßen wir auf solche Tendenzen. Auch der uns allen bekannte Versuch, etwa aus der Bergpredigt und dem Neuen Testament allzu kurzschlüssig unmittelbare Anleitungen zu politischem Handeln zu entnehmen, hat in diesem Zwang zu einer Neuorientierung seine Wurzel.

Weisen die gerade genannten Phänomene nicht doch darauf hin, dass der Mensch eben nicht ohne ein „festes Weltbild" leben kann? Lübbe verneint diese Frage, obwohl er die Orientierungsnot des Menschen nicht übersieht. Er weist daraufhin, dass durch die mit dem Aufklärungsprozess entstandene Orientierungsnot dem religiösen Glauben eine ganz neue Funktion zugespielt werde. Er sieht den Glauben als eine Kraft, die den Menschen in besonderer Weise dazu befähigt, es auszuhalten, dass die wissenschaftliche Wahrheit über die Welt und das daraus herrührende Weltbild immer wieder einmal anders, aber nicht so ist, wie man es gern ein für allemal hätte. Seiner Meinung nach hätte religiöse Lebensorientierung so die Bedeutung, „wirklichkeitsfähiger zu machen und resistent gegen ideologische Besetzungen des Bewußtseins, nicht, weil man in religiöser Lebensorientierung über den Lauf von Natur und Geschichte stets schon hinreichend informiert wäre, vielmehr wegen der Unabhängigkeit religiös begründeter Daseinsverfassung von Inhalt und Verfügbarkeit solcher Informationen"[3]. Viele Beobachter unseres staatlichen und gesellschaftlichen Lebens fürchten, dass wir auf dem Weg zu einer Un-

[3] Hermann Lübbe: Religion nach der Aufklärung, Graz/Wien/Köln 1986, 63.

regierbarkeit unseres Staatswesens seien. Von gewaltfreien Bürgerinitiativen und Demonstrationen, die unsere Verfassung selbstverständlich zulässt und zulassen muss, über illegale Haus- und Fabrikbesetzungen bis hin zu terroristischen Taten sieht sich die Staatsgewalt Kräften und Einflussnahmen gegenüber, die das Regieren mindestens erschweren. Wir alle sind uns einig darüber, dass es keine Alternative zu unserer Verfassung gibt. Wir müssen aber neu die besondere seelische und personale Beanspruchung, die nach der Aufklärung auf den Menschen zukommt, sehen und nach Mitteln und Wegen suchen, den Druck an der Stelle aufzuarbeiten, an welcher er entsteht. Selbstverständlich hat die Religion nicht darin ihren Sinn, dieses zu tun; in der Religion geht es zuerst um die Anbetung Gottes und zu zweit um das Heil des Menschen, welcher Gottes Geschöpf ist. Gleichwohl aber kann religiöse Lebensorientierung als Nebenfolge den geschilderten psychischen Druck lindern und so einen Beitrag leisten zu einem friedlichen Miteinander aller Bürger in unserem Staat. In einer Situation wie der unseren ist es ungleich schwerer als zuvor, wirklich tolerant zu sein. Da die wissenschaftliche Erkenntnis keinen gemeinsamen Boden mehr bietet, muss man mit Menschen friedlich zusammenleben, welche andere Auffassungen haben und vertreten als man selbst, ohne dass man sie deswegen als weniger kompetent bezeichnen könnte. Man muss es aushalten, so mit seiner eigenen Auffassung ständig in Frage gestellt zu sein. Religiöse Lebensorientierung kann zu der hier geforderten Toleranz Kraft und Stütze geben.

1990

Genau ein Jahr nach dem Mauerfall und wenige Wochen nach dem vollzogenen Beitritt der neuen Bundesländer zum Geltungsbereich des Grundgesetzes – kurzum, nach der Wiedervereinigung. Ganz Deutschland befindet sich noch im Jubel der Ereignisse und in der Freude über die wieder gewonnene Freiheit. Auch die Kirche stimmt in diese Freude ein. Zugleich aber sind viele Punkte absehbar, die zur Bearbeitung anstehen, beispielsweise die – auch wirtschaftliche – Bewältigung des Alltags, die (Neu-) Verkündigung des Wortes Gottes, der Umgang mit Schuld und die Frage von Vergebung, die innere Wiedergewinnung von Moral. Auf diesem Hintergrund skizziert der Erfurter Bischof das christliche Menschenbild als Ausgangspunkt für den Aufbau einer freiheitlichen Ordnung.

Christliches Menschenbild und politische „Wende“

Bischof Joachim Wanke

Es gehört zu den eigentümlichen Erfahrungen der letzten Monate, dass bestimmte Bibelworte durch die jüngsten politischen Ereignisse im Osten Europas und auch im Osten unseres deutschen Vaterlandes einen überraschend neuen Kontext erhielten. „Selig, die keine Gewalt anwenden; denn sie werden das Land erben“ (Mt 5,5). „(Gott) stürzt die Mächtigen vom Thron und erhöht die Niedrigen“ (Lk 1,52). Oder aus Psalm 18, Vers 30: „Mit dir erstürme ich Wälle, mit meinem Gott überspringe ich Mauern!“ Manchmal muss ich beim Breviergebet oder der Schriftlesung lächeln, wenn mir die aktuellen Bezüge zu den alten Schriftworten in den Sinn kommen.

Beinahe genau ein Jahr trennt uns nun von der Erfahrung einer neuen Freizügigkeit für die Menschen in Deutschland Ost, der alten DDR. Es ist üblich geworden, dass nach den ersten Bekundungen der Freude und des Dankes nach dem Fall der Mauer eine gewisse Griesgrämigkeit und Verdrossenheit in die Berichterstattung über die politische Entwicklung unseres nun geeinten Vaterlandes eingedrungen ist. Wir Deutschen haben offensichtlich die Gabe, auch in der besten und nahrhaftesten Suppe immer genau das Haar zu finden, das den Appetit verdirbt. Auch bei uns Seelsorgern findet sich manchmal ein Stirnrunzeln angesichts der neuen Freiheit, die uns im Osten nun geschenkt ist. In der Tat, es gibt manche unerfreuliche Nebenerscheinungen der neuen gesellschaftlichen Entwicklung, die besorgt machen können. Der politische Satiriker Jerzy Lec̆ hat das einmal in einem Aphorismus so ausgedrückt: „Mensch, was rennst du dauernd mit dem Kopf vor die Wand? Was willst du denn in der Nachbarzelle?“

Ohne Zweifel besteht die Gefahr, dass sich manche Menschen bei uns aus alten Zwängen in neue, nicht minder lebensgefährdende und lebensverengende Zwänge hineinmanövrieren. Ich denke nur an die Drogengefahr und die zunehmende Kriminalität in den neuen Bundesländern.

Dennoch muss das nicht nur einmal, sondern immer wieder gesagt und im Bewusstsein gehalten werden: Das vergangene Jahr hat uns im Osten Deutschlands und den Völkern in Osteuropa eine unendlich kostbare Gabe geschenkt: die Freiheit der politischen Selbstbestimmung und uns Deutschen dazu das Geschenk der staatlichen Einheit. Wir haben in Erfurt am 3. Oktober dieses Jahres mit Freude die Glocken von den Erfurter Domtürmen erschallen lassen, um daran zu erinnern: Das Gebet hat die politische Wende in unserem Land begleitet, das Gebet soll nun auch den neuen Anfang in der Geschichte unseres Volkes begleiten, damit aus dem Neubeginn Segen für uns Deutsche und unsere Nachbarvölker erwachse.

Auch aus der Perspektive des Seelsorgers und Bischofs möchte ich ein volles und frohgemutes Ja zu den nun eröffneten neuen politischen und gesellschaftlichen Freiheiten für die Menschen sagen. Lange genug haben wir um die Freiheit gebetet. Ich versuche, dieses Ja auch unseren Pfarrern und kirchlichen Mitarbeitern in Thüringen, im Eichsfeld und in der Rhön zu vermitteln. Gott ist der Urheber menschlicher Freiheit. Er will nicht den Hallelujagesang per Knopfdruck und auf Kommando, sondern er freut sich an der freien Zuwendung seiner Geschöpfe zu ihm, dem Ursprung des Lebens und dem Vollender unseres Heils. Darum begrüße ich auch als Seelsorger die politische und gesellschaftliche Freiheit in unserem Land, selbst wenn diese jetzt für uns so manche Turbulenz mit sich bringt. In einem Zuchthaus, in dem jeder ordentlich in seiner Zelle sitzt, geht es in der Tat meist sehr geordnet und verlässlich zu. Jeder weiß, womit er rechnen kann! Aber dennoch ist das Zuchthaus nicht der dem Menschen gemäße Ort, sich selbst und seine letzte Bestimmung zu verwirklichen. Ich habe noch keinen Menschen bei uns getroffen, der die alten Verhältnisse wiederhergestellt sehen wollte.

Damit sind wir schon bei dem, was letztlich das sozialistische Gesellschaftsmodell im Osten scheitern ließ. Vordergründig könnte man natürlich sagen: Es scheiterte an der wirtschaftlichen Ineffizienz, an der Unfähigkeit zu technischen und kulturellen Innovationen, an der ökologischen und geistigen Verwüstung, die dieses System allenthalben produzierte und die uns jetzt so zu schaffen macht. Doch hinter all dem stand letztlich – so meine These – ein verkehrtes Menschenbild. Das Gesellschaftsmodell des Staatssozialismus konnte keine Zukunft haben, weil es grundlegende Dimensionen unseres Menschseins ausblendete bzw. nicht zur Geltung brachte: etwa die Sehnsucht nach Freiheit, Gespür für Wahrhaftigkeit, das Verlangen der Menschen, sich schöpferisch entfalten zu können und manches andere mehr. Das eigentliche Wunder der sogenannten Wende in unserem Land ist meiner Ansicht nach, dass sich hier der Mensch gegen das System durchgesetzt hat, der Mensch in seinen Sehnsüchten und Hoffnungen, die stärker waren als ein ausgeklügelter Macht- und Sicherheitsapparat.

Eine der wichtigen Aufgaben für die nun vor uns liegende Zeit wäre es, die Konsequenzen aus dem Scheitern der marxistischen Gesellschaftsutopie für den Ausbau und Weiterbau unserer freiheitlichen gesellschaftlichen Ordnung zu ziehen. Ich versuche nur einige Andeutungen zu machen, in welche Richtung ich mir solche Konsequenzen vorstelle. Ich gehe dabei aus von den Grunddaten des christlichen Menschenbildes, nämlich der Geschöpflichkeit des Menschen, seiner Gottebenbildlichkeit und schließlich seiner gnadenhaften Berufung und Erlösung.

1. *Geschöpflichkeit des Menschen* besagt zunächst einmal, dass unser Leben eine gute und kostbare Gabe ist. In einer Zeit, in der menschliches Leben etwa in den Massenmedien bevorzugt als niedrig und erbärmlich dargestellt wird, in der Menschen aus Langeweile oder Verzweiflung über die Sinnleere ihres Lebens bereit sind, sich und andere an Leib und Leben zu gefährden, in der mehr und mehr menschenverachtende Gewalt in Form von Geiselnahme, Terror und Folter zum normalen Mittel politischen Handelns wird, da braucht es die eindringliche Erinnerung: Leben ist eine kostbare Gabe. Es lohnt sich zu leben und es ist gut – trotz allem! – ein Mensch zu sein. Christlicher Schöpfungsglaube weiß natürlich auch um die Erbärmlichkeiten und Grenzen menschlichen Lebens. Die Psalmen als anthropologisches Lesebuch sind voll von den Grenzerfahrungen des Daseins, an denen auch wir heutige Menschen hinreichend Anteil haben. Ja, „was ist der Mensch, daß du (Gott) an ihn denkst, des Menschen Kind, daß du dich seiner annimmst?“ und doch: „Du hast ihn mit Herrlichkeit und Ehre gekrönt, du hast ihn als Herrscher eingesetzt über das Werk deiner Hände“ (Ps 8,5 f).

Die östliche und die westliche Welt müssen sich in gleicher Weise sagen lassen: Es gibt eine aller Machbarkeit vorgegebene Lebensqualität. Bei allem Wissen um die Abgründe menschlichen Daseins braucht unsere Zeit eine grundlegende, aus dem Schöpfungsglauben heraus gestärkte Zustimmung zum Leben. Kühe bestehen nicht nur aus Euter, und Kinder sind nicht nur potentielle Ingenieure. Wer sich nur ein wenig Gespür für Gottes reiche und wunderbare Schöpfung bewahrt hat, wird mir zustimmen: Diese Welt und unser Leben entspringen nicht einem rechnerischen Kalkül, sondern sie sind Hinweis auf eine Überschwänglichkeit und spielerische Freiheit, die nicht in Kategorien der Effizienz, sondern in denen der Liebe denkt.

Auch für unsere Gesellschaft, die so sehr auf die wirtschaftliche Prosperität und die sich steigernden Konsummöglichkeiten setzt, wird dieses Wissen wichtig sein: Das Leben erhält seinen Glanz vom Unverfügbaren und nicht Produzierbaren. Darum wagen wir auch noch am Krankenlager von der Würde des Menschen zu reden und am Grab das österliche Halleluja zu singen. Unser Volk braucht neu dieses Wissen, dass unser aller Leben aus der Hand Gottes kommt und kostbare, verheißungsvolle Gabe ist. Vergessen wir über den politischen, wirtschaftlichen und auch kirchlichen Alltagsgeschäften nicht, dass wir immer – gerade auch gegenwärtig – Grund zum Danken haben.

2. Gott hat den Menschen nach seinem Bild erschaffen, so sagt der christliche Glaube. Im älteren Schöpfungsbericht der Bibel (Genesis 2) wird die Erschaffung des Menschen deutlich von der Erschaffung der anderen Lebewesen abgesetzt. Der Mensch wird in die Mitte der Schöpfung gerückt. Der adām ist von der adamā (Erde) genommen, aber Gott bläst dem Adam den Lebensodem unmittelbar in seine Nase. Im jüngeren Schöpfungsbericht (Genesis 1) ist die Erschaffung des Menschen zwar in das göttliche Sieben-Tage-Werk eingereiht, aber sie ist deutlicher Höhepunkt des Schöpfungshandelns Gottes. In Gen 1,26 f wird das Besondere des Menschen gegenüber der sonstigen Schöpfung mit dem Gedanken der *Gottebenbildlichkeit* zum Ausdruck gebracht. „Dann sprach Gott: Laßt uns Menschen machen als unser Abbild, uns ähnlich. Sie sollen herrschen über die Fische des Meeres, über die Vögel des Himmels, über das Vieh, über die ganze Erde und über alle Kriechtiere auf dem Land. Gott schuf also den Menschen als sein Abbild, als Abbild Gottes schuf er ihn. Als Mann und Frau schuf er sie."

Es ist zu fragen, was mit dieser Gottebenbildlichkeit des Menschen gemeint ist. Ist gemeint die Berufung des Menschen zur Herrschaft über die andere Kreatur? Ist es seine Überlegenheit über sie durch Verstand und freien Willen? Ist es seine Geistseele, die ihn aus der übrigen Schöpfung heraushebt?

Die Schrift deutet das alles an. Alle diese Antworten enthalten auch Momente, die zu dieser Gottebenbildlichkeit hinzugehören. Doch ist das Zentrum der biblischen Aussage wohl dieses: Der Mensch ist Abbild Gottes, insofern er Partner Gottes ist. Er kann Gott hören und ihm in Freiheit antworten. Er ist berufen zur Gemeinschaft mit Gott. Er wird erst zutiefst Mensch in der Hinwendung zu Gott, in der freien Hingabe an ihn, die die eigene Freiheit nicht einengt (so der Dauervorwurf des aufgeklärten Denkens gegenüber dem christlichen Glauben), sondern die diese Freiheit erst eigentlich ermöglicht und vollendet. Im Lobpreis und in der Verherrlichung Gottes, in der bleibenden Gemeinschaft mit ihm findet der Mensch nach biblischer Aussage paradoxerweise sich selbst und darin auch Antwort auf alle Rätsel seines Lebens.

Das im Osten Europas überwundene Gesellschaftssystem wollte die Zukunft ohne Gott bauen. Religion galt als verkehrtes Denken, und christlicher Glaube wurde den jungen Menschen nur als Zerrbild vermittelt. Der „verordnete Atheismus“ hat in unserer DDR-Gesellschaft sicherlich mancherlei Wirkung gezeigt. Die jüngste Allensbach-Untersuchung über Glaube und Religion in der DDR vom Mai 1990 rechnet hoch, dass 69 % der 16–29-Jährigen auf Befragen antworten, nicht an Gott zu glauben.

Ich bin mit der Auswertung solcher Zahlen vorsichtig. In unserer östlichen Hälfte Deutschlands mag zwar verfasster kirchlicher Glaube immer noch im Schwinden sein, es mag auch der Gott abgelehnt werden, wie ihn sich ein marxistisch indoktrinierter Schüler oder Student vorstellen mag. Aber wie erklärt man sich die Tatsache, dass bestimmte Werte und Grundhaltungen aus christlicher Glaubenstradition so breite Anerkennung in unserer Bevölkerung gefunden haben? Ich weise hin auf das erstaunliche Phänomen der Gewaltlosigkeit bei den Ereignissen im Herbst 1989, und das in einem Land, in dem von Kindesbeinen an marxistische Klassenkampftheorien das Bild von Geschichte verzerrt haben. Ich weise hin auf das in jüngster Zeit schon beinahe an die Schmerzgrenze gehende Pathos der Wahrhaftigkeit. Die Menschen sind der Verstellung und der Doppelbödigkeit ihres Lebens müde. Sie wollen ganzheitlich, wahrhaftig leben, und sie verlangen solche Wahrhaftigkeit auch von der Biographie ihrer Politiker. Ich weise hin auf die Welle der Solidarität in unseren Städten und Gemeinden, etwa vor zwei Jahren mit den Erdbebenopfern in Armenien, jetzt mit den rumänischen Kindern. Selbst die Angst vor dem sogenannten „Manchesterkapitalismus“, den das alte System den Menschen eingeredet hat, lebt noch von der hohen Anerkennung zwischenmenschlicher Solidarität zu den Nächsten und zu den Fernsten. Das alles sind meines Erachtens „Spurenelemente“ des Evangeliums. Es gibt eine Bereitschaft der Menschen, sich diesen und anderen Werten, die das Evangelium Christi vermitteln will, zu öffnen.

Der Anruf Gottes hat für viele Menschen heute vielleicht keine unmittelbar religiöse oder kirchliche Klangfarbe. Aber dieser Anruf zur Partnerschaft des freien Menschen mit seinem Gott wird dennoch gehört und vielgestaltig beantwortet. Zugegeben: manchmal verworren, manchmal mit Irrtümern und Lächerlichkeiten vermischt. Dennoch sind Stichworte wie Friede, Gerechtigkeit, Bewahrung der Schöpfung für viele, besonders junge Menschen Fixpunkte für die eigene Lebensorientierung, Metaphern für das Unbedingte, dem sie sich verpflichtet und hingegeben wissen. Es wird an uns Kirchen liegen, dieses Unbedingte in einer neuen, verständlichen Sprache so aufzuschließen, dass dahinter das Angesicht unseres Gottes erkannt werden kann. Das ist für unsere Verkündigung eine große Herausforderung. Wir brauchen freilich auch eine Gesellschaft, die dem Menschen ermöglicht, inmitten der vielen Anforderungen ihres Lebens die große Einladung Gottes zu hören und zu beantworten. Menschen sind nicht Material in der Hand von Politikern und Wirtschaftsstrategen, sondern sind Gottes Abbild, berufen zur Partnerschaft mit ihrem Schöpfer – nicht erst in der Ewigkeit, sondern schon hier auf der Erde.

3. Schließlich sei an dieser Stelle daran erinnert, dass zum christlichen Menschenbild das *Wissen um Schuld und Erlösung* gehört, um das in der Geschichte und in jedem einzelnen Menschenleben sich gestaltende Heilsdrama von schuldhaftem Versagen und gnadenhafter Rettung. Vielleicht gehört das zu den gravierendsten Mängeln des marxistischen Menschenbildes, dass dort das Wissen um Vergebung ausgeblendet bleibt und damit auch das Wissen um Schuld.

Sie werden sagen: Was hat dieses innerste Geheimnis des religiösen Glaubens mit dem politischen Alltagsgeschäft zu tun? Sollte man nicht gerade hier politisches Handeln und religiöses Bekenntnis säuberlich trennen? Zugegeben: Der christliche Glaube kennt keine unmittelbaren politischen Handlungsanweisungen, und aus dem christlichen Menschenbild ist nicht unmittelbar ein Gesellschaftsmodell zu entwickeln. Dennoch bleibt es wichtig zu beachten, dass christlicher Glaube, hier speziell unser Wissen um Schuld und Vergebung, auch die Dimension des Politischen einschließt.

Das Wissen um Schuld und Vergebung muss dort mitsprechen, wo es um die Aufarbeitung der Vergangenheit geht. In einem Brief an die Gemeinden im Frühjahr dieses Jahres hatte ich geschrieben: „Richtig ist, daß Unrecht beim Namen genannt und wenn möglich auch gesühnt wird. Doch müssen wir als Christen zur Versöhnung beitragen. Wir wollen nicht mit Fingern auf andere zeigen und uns gegenseitig die Schuld aufrechnen. Gottes Barmherzigkeit schließt niemanden aus. So müssen wir auch denen eine Chance zur Umkehr geben, die an uns und an diesem Land schuldig geworden sind. Wir Christen sollten nicht zu denen gehören, die lautstark nach Rache rufen und Emotionen anheizen." Und ich hatte dann an die Bitte des Vater Unser erinnert: „Vergib uns unsere Schuld, wie auch wir vergeben unseren Schuldigern". Es ist offensichtlich, welcher Konfliktstoff in den nächsten Jahren in unserem Land noch zu bewältigen ist. Es ist gut, wenn Politiker dann diese Dimension des christlichen Menschenbildes nicht vergessen. Auch der schuldig Gewordene bedarf der Chance des Neuanfangs.

Ich bin sehr froh, dass in den neuen Bundesländern eine erstaunlich große Zahl christlicher, auch katholischer Frauen und Männer in der Kommunal- und Landespolitik Verantwortung übernommen haben. Sie sind ja nicht von uns Bischöfen delegiert worden, sondern in freier Wahl demokratisch in ihre Funktion berufen worden. Ich meine, dass sie nicht zuletzt aufgrund ihres christlichen Glaubens den Mut gefunden haben, jetzt in die undankbare Aufgabe eines politischen Neuanfangs in unseren Kommunen, Parlamenten und Landesregierungen einzusteigen. (Für mich übrigens ein Hinweis darauf, dass wir in unseren katholischen Pfarrgemeinden vielleicht doch nicht nur binnenkirchlich gedacht und agiert haben!) Doch wiederhole ich auch an dieser Stelle gern das, was ich jüngst zusammen mit dem evangelischen Bischof Thüringens, Werner Leich, den Abgeordneten des Thüringer Landtages geschrieben habe: Die Männer und Frauen, die an führender Stelle das alte System gestützt haben, sollten unbedingt aus ihren Positionen in Politik, Wirtschaft, Verwaltung und Justiz entfernt werden. Lieber mit „Laienspielern“ (denen ja rheinland-pfälzische Berater gut souffllieren können!) einen wirklichen Neuanfang wagen, als mit denen weiterarbeiten, die noch nicht einmal die Schuldhaftigkeit ihres Handelns eingesehen haben!

Und eben dies wäre eine weitere Forderung, die auch für die künftige Entwicklung unserer Gesellschaft von Bedeutung ist: Wir brauchen in Politik und Wirtschaft, im Bereich der Medienarbeit und der Kultur, in Bildung und Wissenschaft eine neue öffentliche Anerkennung des Moralischen als Grundkategorie menschlichen Seins und Handelns. Es gibt, gerade hier in der westlichen Gesellschaft, eine geradezu mythische Angst vor der Verletzung der physischen Integrität des Menschen. Jede Strahlenbelastung in Lebensmitteln wird sorgfältig gemessen, jede Wasserverschmutzung in ihrer Ursache dingfest gemacht. Das ist sicher gut und richtig. Aber ob unsere Gesellschaft nicht in gleicher Weise und noch mehr wieder auf die moralische Integrität des Menschen Wert legen müsste? Wir im Osten sind gebrannte Kinder. Wir verstehen, dass hier im Westen die Sorge groß ist, die Freiheitsrechte des Menschen nicht zu beschneiden. Aber ist uns die moralische Integrität unserer heranwachsenden Generation weniger wert als deren physische? Es muss auch in einer freiheitlichen Gesellschaft möglich sein, ein moralisch begründetes „Nicht dürfen“ gesetzlich zu verankern und gegen Geldgier und Profitsucht auch durchzusetzen. Aber damit schneide ich ein weites Problemfeld an, auf welchem viele Fußangeln ausliegen. Ich möchte nur soviel sagen: Ich stehe zu einer Kirche, die unentwegt vielfach gegen die öffentliche Meinung die Moralität als grundlegende Handlungsnorm des Menschlichen einklagt. Unsere Kirche müsste sich freilich in ihrer Grundintention noch besser verständlich machen und zeigen, dass sie damit letztlich das Humanum in unserer Gesellschaft schützen will. Hier haben sicherlich auch die Politiker und noch mehr die Erzieher und Lehrer unserer Jugend eine wichtige Mitverantwortung zu tragen. Für unser Land Thüringen zumindest haben wir uns als Kirche vorgenommen, nach Kräften jene Werte zum Leuchten zu bringen, die unser Leben letztlich menschlich machen: Wahrhaftigkeit, gegenseitige Treue und Verlässlichkeit, Solidarität mit den Schwachen und Hilflosen und nicht zuletzt die Kraft der Vergebung, aus der mit Gottes Hilfe immer wieder ein neuer Anfang gewagt werden kann.

Der bevorstehende Festtag des heiligen Martin verbindet unsere Stadt Erfurt mit Mainz. Der mantelteilende Martin hat auch in der Zeit, da unsere Stadt unter dem Zeichen von Hammer und Sichel stand, seine geheime Anziehungskraft für die Menschen nicht verloren. Am kommenden Samstag werden wieder tausende Menschen auf dem Erfurter Domplatz am traditionellen Martinszug der Kinder teilnehmen. Es ist gut, dass wir Heilige haben, die uns handfest und konkret durch ihre eigene Biographie zeigen, was es heißt, Christ und Mensch zu sein.

Wir in Erfurt und Thüringen haben unserer Partnerstadt Mainz und dem Land Rheinland-Pfalz für manches Teilen zu danken. Ich tue dies hier einmal ausdrücklich nicht nur für unsere Kirche, sondern für alle Menschen bei uns, die von Ihrer Bereitschaft zum Teilen profitieren. Es ist gut zu wissen, dass West und Ost durch den heiligen Martin verbunden sind. Mantelteiler und Bettler sollen wir ja im gewissen Sinne jeder sein. Wir drüben in Thüringen müssen freilich mit dem Teilen noch etwas warten. Oder vielleicht doch nicht?

1995

Deutschland ist noch dabei, seine eigene Wiedervereinigung zu bewältigen, es sucht seine eigene Identität – und schon ergeben sich neue Anforderungen, die diese Aufgaben nicht zu erleichtern scheinen. Bürgerkriegsflüchtlinge kommen aus dem ehemaligen Jugoslawien, Asylbewerber aus vielen Teilen der Welt. Es geht um die Mittel, die man staatlicherseits zur Verfügung stellen kann und möchte, es geht um Ängste, sie könnten bleiben und Deutschland „überfremden". Hinzu kommen ehemalige Gastarbeiter, die nun schon länger hier leben als in ihrer ursprünglichen, ihrer angestammten Heimat, die ihre Familien bei sich in Deutschland haben, deren Kinder hier aufgewachsen sind – und die nun zunehmend bleiben wollen. Es geht um ihre Staatsbürgerschaft. Deutschland tut sich schwer mit den Fremden, mit den von ihnen mitgebrachten Kulturen. Der Limburger Bischof skizziert in diese Situation hinein eine universale Perspektive und zugleich, wie ein Ausgehen vom christlichen Glauben her den Blick auf das Gemeinsame ermöglicht.

Option für die Fremden als Chance für die Gesellschaft

Bischof Franz Kamphaus

I.

Für die Manager der Kommunikationsindustrie ist unsere Welt längst zum „globalen Dorf" geworden. Auf den Daten-Highways sind Grenzen und unterschiedliche Kulturen keine unüberwindlichen Schranken mehr. Alle können mit allen kommunizieren. Wirklich? Das Surfen in den Datennetzen allein bringt es nicht. Wie es im globalen Dorf aussieht, zeigt sich überdeutlich mitten in Europa. In Sarajevo, einer europäischen Hauptstadt, endet derzeit das globale Dorf oft schon auf der anderen Straßenseite. Zwischen den Muslimen hier und den Serben dort gibt es kaum eine Kommunikation. Mehr noch: Schwer bewaffnete Soldaten aus allen Teilen Europas und der USA müssen darüber wachen, dass die Vereinbarungen von Dayton eingehalten werden. Und das in einer Stadt, die wie kaum eine andere Erfahrungen hat im friedlichen Zusammenleben verschiedener Volksgruppen und Kulturen. Wer vom neuen Europa spricht, muss Sarajevo im Blick haben. Er darf den Bruchstellen des globalen Dorfes nicht ausweichen.

Und nicht nur dort zeigen sich Hindernisse und Gräben zwischen Menschen verschiedener Kulturen. Sie beginnen vor der eigenen Tür. Deutschland ist weltoffen – offen vor allem für die Welt der Märkte und Produkte. Mit Menschen anderer Kulturen, soweit sie nicht nur auf Geschäftsreisen sind, tun wir uns sehr viel schwerer. Der Umgang mit Flüchtlingen beweist es. Wo die Integration nicht reibungslos klappt und Konfrontation droht, sortieren wir sie lieber wieder ein: Bosnische Flüchtlinge so schnell wie möglich nach Bosnien, Nigerianer am besten gar nicht nach Deutschland, Kurden nach Ostanatolien. Ist das die Vorbereitung auf eine Zukunft, in der nationale Grenzen an Bedeutung verlieren und sich im friedlichen Neben- und Miteinander der Kulturen die Zukunftsfähigkeit unserer Gesellschaft erweist?

Wie soll die „Stammbevölkerung" in ihrem sozialen Selbstverständnis mit den anderen umgehen? Christliches Denken öffnet die Augen, durch das Anderssein des anderen hindurchzusehen auf das Gemeinsame. Die anderen sind Ebenbild Gottes wie wir. Trotz aller Unterschiede gehören wir zusammen. Die universale Perspektive verpflichtet uns. – In letzter Zeit ist ein anderer Gesichtspunkt nach vorn gerückt, der zunächst wie ein Kontrapunkt wirkt. Gerade die Mitglieder der anderen Kulturen selbst weisen uns darauf hin, dass sie nicht nur als gleiche respektiert werden möchten, sondern ausdrücklich auch als andere. Sie möchten in unserer Gesellschaft ihre andere Auffassung vom Leben verwirklichen, ihre anderen Lebensformen wahren: Muezzinruf neben Glockenläuten, Ramadan neben Fastenzeit oder Schlankheitskur, Koranunterricht in der Schule. Traditionelle Stadtviertel bekommen ein exotisches Gepräge. Das alles führt zu beträchtlichen Schwierigkeiten im alltäglichen Leben, und es hat erhebliche Konsequenzen für unsere Vorstellungen vom Zusammenleben in ein und derselben Gesellschaft. Ist es denn nicht ein Widerspruch, die Fremden als Gleiche zu sehen und sie zudem als Andere zu achten?

Wir sind in dieser Sache nicht nur herausgefordert, Fremde aufzunehmen, sondern darüber hinaus die anderen gerade in ihrem Anderssein anzunehmen. Minderheiten fühlen sich in den meisten Gesellschaften dem Druck ausgesetzt, als Preis der Akzeptanz durch die Mehrheit auf ihre kulturellen Eigenheiten zu verzichten – zumindest auf solche, die der Mehrheit nicht gefallen. Die Eingesessenen vermitteln den Neuankömmlingen direkt oder indirekt, dass sie erst einen gleichberechtigten Platz in der Gesellschaft einnehmen dürfen, wenn sie sich angleichen und kulturell integrieren lassen. Die Alternative: Anpassung oder Ausweisung findet dann schnell eine breite Zustimmung, selbst bei denen, die sich als aufgeklärt und fremdenfreundlich geben.

II.

Warum, so wird gefragt, soll eine Mehrheit, die schon lange hier lebt und ihre eigene kulturelle Tradition entwickelt hat, warum soll sie einwandernden Minderheiten ein Recht auf Entfaltung ihrer eigenen Kultur einräumen?

Zunächst ist darauf hinzuweisen, dass Einheimische sich anderswo auch in der Situation einer Minderheit befinden und doch Wert darauf legen, die eigene Kultur leben zu können. Der Autoaufkleber sitzt: „Wir sind alle Ausländer, fast überall.“ Was man für sich beansprucht, sollte man anderen nicht verweigern.

Aber es gibt noch ein gewichtigeres Argument. Unsere eigene Tradition verpflichtet uns, die anderen als solche zu respektieren. Gerade wer sich auf das Christentum beruft und in der Tradition des neuzeitlichen Humanismus stehen will, ist zur Toleranz gegenüber den anderen und zur Anerkennung ihrer Eigenart verpflichtet. Zugespitzt formuliert: die Wurzeln unserer eigenen Kultur führen uns dazu, anderen Kulturen bei uns Freiraum zu schaffen.

Das heißt nicht, wir sollten die eigene Tradition verleugnen und alle Kulturen in einem „melting pot" zum Einheitsbrei zusammenrühren. Nicht der Schmelztiegel sollte das gesellschaftliche Leitmotiv sein, sondern eher der bunte Blumenstrauß. Es geht nicht um Gleichmacherei, sondern um das Miteinander von Verschiedenen im Rahmen einer staatlichen Verfassung.

In der Debatte um Multikulturalität gerät das Recht auf eigene Kultur nur allzu oft aus dem Blick. Zudem wird vergessen, dass man zum Eigenen stehen muss, wenn Vielfalt gedeihen soll. Und schließlich: Wie soll jemand die Identität eines anderen respektieren, wenn er selbst nie zur eigenen gefunden hat? Das gilt nicht nur für einzelne Personen, sondern auch für Völker.

III.

Weshalb wird dieses Recht auf Anderssein so betont? Wäre es nicht viel besser oder zumindest erfreulich einfacher, alle würden zunehmend gleicher? Und ist das nicht gerade ein Zug der globalen Entwicklung: In der immer mehr zusammenwachsenden, technologisch durchdrungenen Einen Welt werden die Menschen sich immer ähnlicher?! Coca Cola und McDonald's sind die meist genannten, aber beileibe nicht die einzigen Indizien für diesen Trend.

Wer das Recht anderer Gruppen auf ihre kulturelle Eigenart betont, dessen Ideal besteht gerade nicht darin, dass alle Menschen zu bindungslosflatterhaften Großstadtyuppies werden, die in jede Identität schlüpfen können, weil sie keine eigene haben. Er widersetzt sich den Vereinheitlichungstendenzen der Weltzivilisation ebenso wie jenem grenzenlosen Individualismus, der sich der letzten Bindungen an Gemeinschaften entledigt. Ihm ist gerade die Stärkung von Zugehörigkeiten wichtig. Er wird dafür eintreten, dass die kulturellen Identitäten nicht in ein angepasstes Allgemeines aufgelöst, sondern als konkrete Verschiedenheit anerkannt werden. Losgebunden von den eigenen Wurzeln wächst Desorientierung, wächst Beliebigkeit, nicht aber universale Solidarität. Die kommt aus der Kraft der eigenen Identität, nicht aus einem abstrakt Allgemeinen. Universales Denken und Handeln verdanken sich konkreten Wertvorstellungen und kulturellen Identitäten, nicht dem Leben in einem Intercontinental. Universalität und Partikularität schließen sich nicht aus, sie sind fundamental aufeinander bezogen.

Wer das Anderssein der anderen betont, setzt zugleich auf die Bedeutung von Gemeinschaften, mit denen die Menschen sich identifizieren und in denen sie ihre spezifische Identität aufbauen können. Identität setzt Bindungen voraus. Der Staat – so sehen es die Kommunitaristen – ist eine „Gemeinschaft von Gemeinschaften". Ihre Bedeutung ist umso größer, je mehr sich die vereinzelten Einzelnen schutzlos in die kalte Marktgesellschaft geworfen fühlen.

IV.

Die jüdisch-christliche Tradition und die durch sie geprägte okzidentale Kultur denken vom Ansatz her universal. Dem verdanken wir letztlich die weltweite Vernetzung, die aus dem Globus ein Dorf gemacht hat und die Mitverantwortung des Teiles für das Ganze unmittelbar erfahrbar werden lässt. Dem verdanken wir die allgemeinen Menschenrechte, die der Person als Rechtssubjekt psychische und leibliche Integrität garantieren und den Anspruch auf Mündigkeit, Selbstbestimmung und gesellschaftliche Mitbestimmung festschreiben. Dem verdanken wir nicht zuletzt den Schutz der Schwachen, der Armen und der Wehrlosen.

Diese universale Perspektive trägt der Erfahrung Rechnung, dass es bei allen kulturellen Unterschieden immer strukturell Benachteiligte gibt, die unter den gegebenen Verhältnissen zu leiden haben. Wenn diese Benachteiligten Unterstützung von Menschen außerhalb ihrer eigenen Kultur erwarten, dann muss es eine Art gemeinsamen Mindeststandard menschlichen Lebens geben, auf den sie sich beziehen können. Dieser Schutz der Schwachen ist eine wesentliche Begründung für den Universalismus und die allgemeinen Menschenrechte.

Zum universalistischen Erbe gehören aber auch lange Schatten: der Imperialismus, der Kolonialismus und schließlich Entwicklungspolitik, soweit sie als westlicher Modernisierungsexport betrieben wird. Ganze Völker und Kulturen wurden am Maßstab der eigenen Kultur gemessen und als minderwertig disqualifiziert, nach Art einer Bemerkung von Saul Bellow: „Wenn die Zulus einen Tolstoi hervorbringen, werden wir ihn lesen." – Es darf auch nicht verschwiegen werden, dass die christliche Mission ihren universalen

Auftrag nicht selten missverstanden hat: Sie hat andere Religionen verteufelt und andere Kulturen überfremdet, sie hat sich leider auch vom europäischen Imperialismus instrumentalisieren lassen.

Auf dem Hintergrund solcher Erfahrungen ist der Verdacht zu verstehen, das universalistische Denken sei nur eine moderne Variante, in der Europa seinen Anspruch auf eine globale Vormachtstellung aufrechterhalten will. Wo die Beschreibung des Gemeinsamen ganz allgemein bleibt, bestimmt der Einflussreichste die konkrete Ausprägung, und das ist der Westen. Universalismus als Tarnkappe des altbekannten Imperialismus, als eine Spielart des totalitären Einheitsdenkens westlicher Prägung.

Offensichtlich handelt es sich bei alldem nicht nur um einen gelegentlichen Missgriff, sondern um eine fortwährende Gefahr, die mit der Verallgemeinerung gegeben ist. Eigene partikuläre Erfahrungen werden auf alle anderen projiziert oder machtpolitisch aufoktroyiert. Es bedarf der ständigen Ernüchterung und einer Entmythisierung der eigenen Kultur durch die Fremden. Indem sie sich weigern, sich dem zu fügen, was wir für allgemein gültig halten, sind sie eine immer neue Herausforderung zur Selbstaufklärung und Selbsteinschränkung.

Betroffen durch unsere Universalisierungen sind nicht allein die fremden Personen, sondern die Völker, die Kulturgemeinschaften. Ihre Eigenart bedarf des Schutzes der internationalen Völkergemeinschaft. In diesem Sinn wird heute in der sogenannten Dritten Welt von „Menschen- und Völkerrechten“ gesprochen. Die Afrikanische Charta der „Menschen- und Volksrechte“ von 1981 formuliert in Artikel 19f., „daß kein Volk das Recht hat, ein anderes zu dominieren; daß kolonisierte und unterdrückte Völker das Recht haben, sich zu befreien und dabei unterstützt werden dürfen.“

Allerdings gibt es auch in dieser Richtung Missverständnisse. Es gibt eine romantische Verabsolutierung von Kulturen, die ihre Grenzen übersieht und ihre Lern- und Veränderungsfähigkeit überschätzt. Es gibt fundamentalistische und nationalistische Abschottungstendenzen, die die gute Nachbarschaft zu anderen aufkündigen. Die Partikularismen unterliegen denselben Selbsttäuschungen wie ein allzu ungebrochener Universalismus.

Je liberaler eine Gesellschaft ist, desto leichter denkt sie „unmäßig“ universalistisch. Deshalb liegt bei uns sogenannten Aufgeschlossenen genau dort die Gefahr. Wir „integrieren“ die Fremden, was wohl meint: Wir erwarten von Ihnen, dass sich kulturelle Gemeinschaften mit ihren Vorstellungen vom „way of life“ in unsere, eher weitmaschigen Vorstellungen nahtlos einfügen. Das ist bestenfalls Kulturromantik, der man oft genug auf Kosten der eigenen kulturellen Identität nachträumt. Demgegenüber bleibt die anspruchsvolle Herausforderung, Universalität und Partikularität menschenwürdig zusammenzubinden. Unsere Verfassung garantiert und begrenzt zugleich den Fremden den Raum, ihre kulturelle Eigenheit und Selbstbestimmung zu leben. Solche Räume eigener Kulturhoheit sind nicht konfliktfrei. Aber sie haben sich oft genug für eine Gesellschaft als fruchtbar und dynamisierend erwiesen.

2006

Der Islam hält die Welt in Atem. Viele der großen bewaffneten Konflikte der vergangenen Jahre und Jahrzehnte sind angesiedelt in einem Spannungsverhältnis zwischen muslimischer und ‚westlicher' Kultur, zwischen Christentum und Islam. Daneben gibt es auch im kleineren Rahmen Aufregungen: Durch Mohammed-Karikaturen in europäischen Zeitschriften, durch Übergriffe gegen Christen in der muslimischen Welt. So kommt einer Rede Papst Benedikt XVI. in Regensburg besondere Bedeutung zu. Das Unvorstellbare geschieht: Der Text ist an einer Stelle missverständlich und wird doch zugleich Ausgangspunkt eines Dialoges zwischen Christen und Muslimen. Der Limburger Bischof klärt Ausgangsbedingungen für einen solchen Dialog und spricht über notwendige Klärungen für ein Hineinwachsen der Muslime auch in die westliche Welt.

Religionsgespräch mit dem Islam

Bischof Franz Kamphaus

Selten hat eine Vorlesung in aller Welt so viel Aufmerksamkeit gefunden wie die des Papstes am 12. September dieses Jahres in Regensburg. Genau einen Monat später haben 38 muslimische Führer Benedikt XVI. in einem offenen Brief geantwortet. Sie sprechen für einen gewichtigen Teil des Islam, und sie sprechen zur Sache. Sie halten sich nicht bei unverbindlichen Höflichkeiten auf und scheuen bei allem Respekt vor dem Papst nicht Widerspruch und Kritik. Sie erinnern sehr zu Recht an die globale Verantwortung, die Christen und Muslimen schon auf Grund ihres Anteils an der Weltbevölkerung zuwächst. Ihr können beide nur gerecht werden, wenn sie sich zumuten, über das zu sprechen, was sie religiös bewegt, in gesellschaftlicher Verantwortung. Ich möchte das in vier Schritten versuchen.

1. Die Auslegung der Heiligen Schriften

Niemand soll denken, es handle sich bei dieser Frage nur um eine innertheologische Spitzfindigkeit. Es geht um das Fundament – und um den Fundamentalismus.

Nicht zufällig sagen die Muslime sehr anerkennend von Juden und Christen, sie seien wie sie selbst „Leute der Schrift". Diese Charakterisierung ist nicht falsch, doch sie bedarf aus christlicher Sicht einer wichtigen Einschränkung: Zwar verstehen Christen die Bibel als Wort Gottes. Dennoch steht im Zentrum des Glaubens nicht die Heilige Schrift, sondern die Person Jesu Christi. Das Christentum ist darum erst in zweiter Linie eine Schriftreligion. *Die* Offenbarung Gottes ist Jesus Christus, die Bibel enthält die Antwort der maßgebenden Glaubenszeugen darauf. Sie ist für Christen Gottes Wort in Menschenwort, während Muslime den Koran als direkte, von menschlichem Einfluss freie Offenbarung Gottes glauben. Was für sie der Koran ist, ist für Christen eher Jesus Christus als die Bibel.

Die menschliche Ausdrucksform des göttlichen Wortes darf nicht mit diesem selbst gleichgesetzt werden. Dieser Vorbehalt erlaubt es, den geschichtlichen Zusammenhang der Bibel ernst zu nehmen, ohne ihr spezifisches

Gewicht als Glaubensurkunde aufzugeben. Er ermöglicht es, zwischen dem bleibend verbindlichen Gehalt und der zeitbedingten Ausdrucksform zu unterscheiden, biblische Texte und Aussagen der Tradition von ihren Entstehungsbedingungen her historisch-kritisch zu analysieren und dadurch neu zu verstehen. Darin liegt ein Schlüssel zur Reformfähigkeit und zur Eröffnung eines Religionsgespräches.

Aufschlussreich ist in diesem Zusammenhang die Entstehung des Begriffs Fundamentalismus. Er ist zunächst nicht, wie man denken könnte, zur Charakterisierung bestimmter gesellschaftspolitischer Richtungen im Islam geprägt worden. Man hat damit zu Anfang des vergangenen Jahrhunderts bestimmte Kreise innerhalb des Protestantismus in Nordamerika bezeichnet, die auf einem wortwörtlichen, zeitenthobenen Verständnis der Bibel bestanden. Im Schrift- und Traditionsverständnis werden die Weichen gestellt, ob man dem Eingehen des Wortes Gottes in die Geschichte – der Inkarnation – gerecht wird oder nicht. Hier entscheidet sich die Vereinbarkeit von Religion und moderner Kultur, die Möglichkeit einer Inkulturation. Ohne Klärung dieser hermeneutischen Grundfragen wird den Religionen eine Auseinandersetzung mit den Herausforderungen der modernen Welt nicht gelingen.

Von innen wie von außen ist der Islam gefragt, ob er eine historisch-kritische Betrachtung des Korans zulassen kann. Christen, speziell Katholiken, wissen sehr genau, dass das nicht einfach ist. Sie haben einen langen, leidvollen Weg zurückgelegt, bis die historisch-kritische Methode zur Auslegung der Bibel offiziell akzeptiert wurde. Die Erfahrung hat gezeigt, dass das Säurebad historischer Kritik die Heiligen Schriften nicht zerfressen muss, sondern den Zugang zu ihrem Verständnis reinigen kann. Die Muslime, die dieses Wagnis nicht scheuen, sind noch in der Minderheit und brauchen Ermutigung. Sie gehen einen beschwerlichen Weg, der keiner Religion erspart wird und den auch Christen längst nicht ausgeschritten haben. So lange man sich gegen ihn sperrt, wird man weiterhin mit einzelnen aus dem Zusammenhang der Heiligen Schriften gerissenen Schlagwörtern aufeinander einschlagen oder Befreiungsschläge versuchen.

Im offenen Brief der 38 muslimischen Gelehrten an Papst Benedikt wird im ersten Abschnitt („Kein Zwang in der Religion“) die Sure 18,29 zitiert: „Und sag: Die Wahrheit ist von eurem Herrn, also wer will, so soll er glauben, und wer will, so soll er den Glauben verweigern.“ – So weit, so gut! Der nächste Vers lautet (in der Übersetzung von A. Khoury): „Wir haben denen, die Unrecht tun, ein Feuer bereitet, dessen Zeltdecke sie umschließt. Und wenn sie um Hilfe rufen, wird ihnen mit Wasser gleich geschmolzenem Erz geholfen, das die Gesichter verbrennt. Welch schlimmer Trank und welch schlechter Lagerplatz!" Wie soll man das zusammenbringen?

2. Die Menschenrechte

Muslime stehen im Verdacht, im Namen des göttlichen Rechts die Menschenrechte nicht anzuerkennen. Das ruft in der westlichen Welt Unverständnis und Sorge hervor. Nicht ohne Grund! Auch Christen haben die Idee der Menschenrechte zunächst bekämpft. Obwohl sie auch historisch gesehen im christlichen Menschenbild wurzelt, hat das Lehramt der katholischen Kirche sie lange Zeit zu den unseligen Irrtümern der Moderne gezählt. Es verteufelte nicht wenige Theologen, die Kirche und Moderne auszusöhnen versuchten, als „Modernisten" und entzog ihnen die Lehrerlaubnis. Katholiken haben also keinen Grund, die muslimische Position heute mitleidig zu belächeln. Es dauerte immerhin bis zum Vatikanum II, dass die katholische Kirche ihre Ablehnung des Menschenrechtsdenkens grundsätzlich und verbindlich revidierte. Seither ist sie zu einer entschiedenen Befürworterin und Verteidigerin der Menschenrechte geworden, zumal durch Papst Johannes Paul II.

Nicht wenige Katholiken empfanden diese Kehrtwende als Verrat an der überlieferten Lehre und warfen dem Konzil vor, sich dem Diktat des modernen Ungeistes unterworfen zu haben. Ihre Vorwürfe gleichen denen aus der islamischen Welt. Manches spricht dafür, dass sie auf ähnlichen Denkstrukturen beruhen.

Die Anerkennung der Menschenrechte bedeutet nicht, sie über das göttliche Recht zu setzen. Der vom Konzil vollzogene Positionswechsel in dieser Sache erwuchs aus einer Neubesinnung auf die christliche Botschaft und unter dem Eindruck der Zeichen der Zeit (der säkularen Kultur). Man erkannte, dass die Menschenrechte nicht einfach nur menschliches Recht sind. Gott selbst hat sie dem Menschen eingestiftet. Deshalb vor allem verdienen sie unbedingten Respekt sowohl von Seiten des Staates wie auch von Seiten der Kirche. Menschenrechte und göttliches Recht lassen sich nicht gegeneinander ausspielen. Die Menschenrechte bilden eine Mindestnorm, die die Würde des Menschen als Gottes Geschöpf schützt. Sie anzuerkennen und zu achten, bedeutet also nichts anderes als Gehorsam gegenüber dem Willen Gottes. Nur mangelnde Einsicht kann befürchten lassen, Glaube und Menschenrechtsethos stünden im Widerspruch zueinander. Umgekehrt ist ernsthaft zu fragen, ob sich der unbedingte Geltungsanspruch der Menschenrechte ohne religiöse Verankerung durchhalten lässt.

Wenn Christen sich heute in aller Welt für die Achtung der Menschenrechte einsetzen und auch von den Muslimen ihre uneingeschränkte Anerkennung erwarten, dann nicht, um sie ihrer eigenen Kultur zu entfremden und sie zu verwestlichen. Sie tun das, weil sie dem Islam den gleichen Lernprozess zutrauen, den sie selbst leidvoll durchgemacht haben. Das Wort „Islam“ bedeutet bekanntlich „Hingabe an den Willen Gottes“. Wenn die Menschenrechte dem göttlichen Willen entsprechen, dann verpflichtet der Islam selbst dazu, sie gemeinsam mit allen Menschen guten Willens anzuerkennen.

3. Das Staatsverständnis

Im christlich-islamischen Religionsdialog spielt die Frage nach dem rechten Verhältnis zwischen Religion und Staat eine wichtige Rolle. Dem Islam wird weithin die Fähigkeit abgesprochen, beide Bereiche zu trennen. Umgekehrt ist die Trennung ein ganz wesentliches Kennzeichen der westlichen Moderne und wird (wie die Menschenrechte) als ein enormer zivilisatorischer Fortschritt gewertet, der auf keinen Fall preisgegeben werden darf. Wir haben aus bitteren Erfahrungen gelernt: aus den Konfessionskriegen nach der Reformation und nicht zuletzt aus den totalitären Diktaturen des 20. Jahrhunderts. Beide Kontexte liegen zeitlich weit auseinander, sie berühren sich aber in sachlicher Hinsicht: Einmal werden der Religion Grenzen gesetzt, zum anderen dem Staat. Das geschieht aus der Überzeugung, dass diese wechselseitige Begrenzung beiden Seiten nutzt und dem friedlichen Zusammenleben der Menschen dient. Der Versuch, christliche Staaten zu errichten (Staatskirche, Kirchenstaat), ist unter hohen Kosten gescheitert. Nichts spricht dafür, dass es islamischen Staaten besser ergeht.

Der springende Punkt dabei ist einmal mehr das Verständnis der Menschenrechte. Es kann aus christlicher Perspektive nicht nachdrücklich genug betont werden, dass weder Kirche noch Staat die Menschenrechte gewähren. Es handelt sich um angeborene und unveräußerliche Rechte der menschlichen Person, wie zu Beginn aller Menschenrechtserklärungen und -konventionen immer wieder betont wird. Die Anerkennung der Religions-, Gewissens- und Meinungsfreiheit meint deshalb mehr als die Duldung Andersgläubiger durch einen religiösen Staat. Der religiös und weltanschaulich neutrale Rechtsstaat hat die Freiheitsrechte aller Menschen nicht nur zu tolerieren, sondern zu achten und zu schützen. Er gewährt allen Weltanschauungen und Religionen Raum, ist aber selbst weltanschaulich nicht gebunden.

Von daher ist es zumindest ungenau, wenn es im Koalitionsvertrag vom November 2005 heißt, „ein interreligiöser und interkultureller Dialog" sei für die Bundesregierung ein wichtiger Bestandteil der Integrationspolitik. Der interkulturelle Dialog ist Sache des Staates, nicht aber der interreligiöse. Der ist Sache der Religionen. Und wenn diese ihn nicht wahrnehmen, mag man sie wachrütteln und ihnen ins Gewissen rufen, was die Stunde geschlagen hat. Der moderne Staat jedenfalls vertritt als solcher keine religiöse Überzeugung. Ist die Trennung von Staat und Religion im Grundsatz klar, dann sind beide frei zur Kooperation im Dienste an den Menschen.

Es ist zu unterscheiden zwischen der Gesellschaft, die mehr oder minder stark religiös geprägt ist, und dem Staat, der für alle Menschen da ist und darum nicht an eine bestimmte Religion gebunden ist. Er kann den interreligiösen Dialog fordern und fördern, er kann und muss mit den Religionen sprechen und Absprachen treffen. Er selbst ist aber nicht Partner im interreligiösen Dialog. Es bleibt zu hoffen, dass die soeben installierte Islam-Konferenz diese Grenzziehung beachtet. Die religiöse Neutralität schützt den Staat vor pseudoreligiöser Selbstüberschätzung und die Religionen davor, die staatliche Gewalt zu ihren Gunsten zu missbrauchen. Es sind diese beiden Gefahren, die der Islamismus heraufbeschwört.

Christen wollen, dass Muslime sich in den westlichen Staaten heimisch fühlen können. Das erwarten wir aber auch für uns selbst, wir möchten in keinem Staat Bürger zweiter Klasse sein, was wir in nicht wenigen islamischen Staaten derzeit leider immer noch sind, auch in der Türkei. Deswegen widersetzen wir uns den islamistischen und allen gleichartigen fundamentalistischen Staatsvorstellungen. Wir hoffen auf einen Islam, der den modernen Staat bejaht und ihn nicht nur als Übergangsphase zu einem islamischen Staat betrachtet. In dieser Sache müssen die Muslime Farbe bekennen. Die Islamisten unter ihnen tun es auf ihre Weise ohnehin.

4. Gewalt im Namen der Religion

Die Stellung zur Gewalt ist in der Weltgesellschaft zur Gretchenfrage für alle Religionen geworden. Zu Recht. Denn es trifft zu, was Hans Küng seit Jahren unermüdlich anmahnt: „Kein Weltfriede ohne Religionsfrieden". Muslime klagen immer wieder darüber, der Islam stünde ständig am Pranger und unter Generalverdacht. Das hat seinen Grund. Es ist leider so, dass die Seuche terroristischer Gewaltakte seit langem zum weitaus überwiegenden Teil von islamischen Gruppen ausgeht. Es sind islamische Staaten, in denen Christen benachteiligt oder gar verfolgt werden, nicht christlich geprägte Länder, die Muslime daran hindern, ihre Religion auch öffentlich zu gestalten. Der islamistische Terror fordert freilich die mit Abstand meisten Opfer unter den Muslimen und richtet sich auch gegen islamische Staaten. Darum wehren sich Muslime zu Recht gegen die Gleichsetzung von Islam und Terror. Doch es bleibt da ein Problem, das bereits angedeutet wurde: Wie bewerten sie den islamistischen Griff nach der Staatsmacht? Verwerfen sie nur die Wahl der (terroristischen) Mittel, billigen aber das Ziel?

Christen können solche Fragen nicht redlich stellen, ohne sich der eigenen Gewaltgeschichte zu erinnern. Die Unterdrückung, Verfolgung und Ermordung von Juden bleibt auf immer ein Schandfleck. Auf andere Weise belastet vergangene Gewalt auch die Beziehung zwischen Christen und Muslimen. Oft scheint es, als präge die traumatische Erfahrung der Kreuzzüge bis heute unauslöschlich die muslimische Identität. Und selbst im Westen gelten sie vielen als Symptom für die Gewaltträchtigkeit des Christentums. Nun gibt es an den Kreuzzügen nichts zu beschönigen, aber sie betrafen auch slawische Völker, jüdische Gemeinden und christliche Abweichler. Mit einem grundsätzlich antimuslimischen Hass hatten sie wenig zu tun. Die Muslime sollten nicht vergessen, dass lange vor dem ersten Kreuzzug arabisch-muslimische Heere jenes Land erobert hatten, das Christen heilig war und ist. Damals fiel ihnen auch die Heilige Stadt Jerusalem mit ihren heiligen Stätten in die Hände. Die Frage muss erlaubt sein, wie Muslime damals und heute auf die Einnahme Mekkas durch Christen reagieren würden. Wenn wir einen ehrlichen Dialog wollen, müssen wir uns an die Fakten halten und aufhören, sie mit zweierlei Maß zu messen. Man kann nicht das eigene ideale Selbstbild mit der wenig idealen Wirklichkeit der anderen Religion vergleichen. Man kann nicht die Kreuzzüge verdammen und die Heiligen Kriege glorifizieren.

Der interreligiöse Dialog wird nicht von abstrakten Wesen geführt, sondern von Menschen und Gemeinschaften, die einander oft ein Übermaß an Leid zugefügt haben. Keine Religion kann sich davon freisprechen, dass in ihrem Namen Gewalt ausgeübt wurde oder wird. Die dadurch entstehende Erblast erledigt sich nicht von selbst. Es gibt Vergangenheiten, die nicht vergehen wollen, schon gar nicht ohne den gemeinsamen Willen zu historischer Wahrhaftigkeit. Dazu gehört mehr, als sich über die Tatsachen zu verständigen, so schwer das oft auch ist. Auf der Tagesordnung aller Religionen steht die Aufgabe, in Anbetracht der Geschichte ihr Verhältnis zur Gewalt in der Gegenwart für die Zukunft zu klären. Sie reicht weit über die Problematik des Heiligen Krieges hinaus. Wie geht eine Religion mit den Menschen um, die sich von ihr abwenden? Wie mit denen, die den Glauben verfälschen oder verspotten? Im christlichen Abendland wurden jahrhundertelang Apostasie, Ketzertum und Blasphemie mit dem Tode bedroht und geahndet. Das ist vorbei, hoffentlich für immer. Denn der wichtige Grundsatz, niemand dürfe zum Glauben gezwungen werden (vgl. Sure 2,256), kommt erst dann ganz zum Tragen, wenn er auch die Freiheit garantiert, den Glauben aufzugeben, ihn anders zu verstehen oder gar zu verachten. Es ist allein Gottes Sache, das Gewicht eines solchen Verhaltens zu beurteilen. Nur ER vermag in die Herzen der Menschen zu schauen. Wir sollten uns darum hüten, SEIN Gericht vorwegnehmen zu wollen. Tatsächlich gibt es für wahrhaft Fromme keine wichtigere Sache auf der Welt als die Religion. Was sie freilich von religiösen Fanatikern trennt, ist die Tugend der Demut. Die Ehrfurcht gegenüber Gott untersagt es kategorisch, sich seine Rolle anzumaßen. ER allein ist Herr über Leben und Tod, niemand sonst. Religion besteht darin, Gott zu verehren, nicht darin, Gott zu spielen. Das sollten nicht zuletzt auch Regierungen beherzigen, die es sich zugute halten, einer Religion nahe zu stehen. Wer Gott wirklich die Ehre gibt, dem steht der Sinn weder nach Heiligen Kriegen noch nach Kreuzzügen – schon gar nicht in ihrer modernen Variante. Das Ziel einer verantwortungsbewussten Politik kann nicht sein, Menschen in die Knie zu zwingen; sie muss daran arbeiten, dass sie auf die Beine kommen. Damit kommt das weite Feld der Entwicklungszusammenarbeit in den Blick. Hier näher darauf einzugehen, würde den Rahmen dieser Ausführungen übersteigen.

Der Dialog zwischen Christen und Muslimen steht erst am Anfang. Die sich ihm stellen, brauchen Vertrauen zueinander und einen langen Atem. Um des Friedens willen gibt es keine Alternative zu ihm, auch nicht um des Glaubens willen. Man könnte fast meinen, wir seien zum Dialog verdammt. Doch das wäre nicht einmal die halbe Wahrheit. Wir sind es zuerst und vor allem uns selbst und unserem Glauben schuldig, trotz aller bedrückenden Erfahrungen miteinander zu sprechen. Das ist es, was Gott uns zumutet, der Gott, den wir gemeinsam mit den Muslimen den Barmherzigen, den Gerechten, den Liebenden und Sanftmütigen nennen. Den Autoren des offenen Briefes an Benedikt XVI. und nicht zuletzt dem Papst selbst gebührt Dank, eine neue Etappe im Religionsgespräch zwischen Muslimen und Christen eröffnet zu haben.

G. Handeln an der Schnittstelle

2009

Viele Dinge gibt es zwischen Staat und Kirche zu besprechen, zu regeln. Ausgehend von der betroffenen Ebene – ob Kommune, Land oder Bund – stellt sich der Politik die Frage des richtigen Ansprechpartners. Ist diese bei den Kommunen noch relativ einfach zu beantworten, denn jede Kommune fällt in die Zuständigkeit eines bestimmten Bischofs, so finden sich auf Landesebene bereits mehrere Zuständigkeiten – in Rheinland-Pfalz haben beispielsweise allein fünf Bischöfe Gebietsanteile im Land. Hinzu kommen komplexer werdende Regelungsmaterien. Entsprechendes gilt dann für die Bundesebene. Im Sinne leichter zu gestaltender Abläufe kam es bereits vor Jahrzehnten zur Einrichtung Katholischer Büros als gemeinsamer Verbindungsstellen der jeweiligen Bischöfe zu den politischen Ebenen in den Ländern wie im Bund. Auf dem Hintergrund der Gründung des Katholischen Büros Mainz im Jahr 1968 zeichnet Kardinal Lehmann die Entstehung dieser zentralen Einrichtungen nach und beschreibt deren Aufgabenstellungen sowie Wirken.

Zur Bedeutung der Katholischen Büros

Karl Kardinal Lehmann

Die Evangelischen und Katholischen Büros in unserem Land sind in vieler Hinsicht ganz selbstverständlich geworden. Dies gilt aber nur für die Perspektive innerhalb der Bundesrepublik Deutschland. Denn in weltkirchlicher Hinsicht gilt dies nicht. Es handelt sich bei uns um eine einzigartige Institution. Deswegen bekommen wir immer wieder auch Besuche anderer Kirchen, etwa aus Italien, bei denen man sich nach der Entstehung, der Zielsetzung und der Struktur dieser kirchlichen Büros erkundigt. Deshalb mag es gut sein, im Zusammenhang des Entstehens des Katholischen Büros Mainz, am 1. Dezember 1968 errichtet, kurz der Bedeutung dieser wichtigen Einrichtung zwischen Staat und Kirche etwas nachzugehen.

Dafür muss man in der Geschichte unseres Landes zurückgehen bis zur Gründung der Bundesrepublik Deutschland vor 60 Jahren. Am 28. Oktober 1948 teilte der Kölner Erzbischof und Vorsitzende der damaligen so genannten Fuldaer Bischofskonferenz, Joseph Kardinal Frings, dem Präsidenten des Parlamentarischen Rates, der unser Grundgesetz ausarbeitete – es war der spätere Bundeskanzler Konrad Adenauer –, in einem Brief mit, der Kölner Domkapitular Wilhelm Böhler sei beauftragt, in Verbindung mit Vertretern anderer Diözesen die eventuell notwendigen mündlichen Verhandlungen zunächst mit den katholischen Parlamentariern zu führen. Dieses Dokument ist praktisch die Geburtsurkunde eines im engeren Sinn institutionalisierten Kontaktes zwischen der katholischen Kirche und staatlich-politischen Instanzen.

Ich sehe hier davon ab, dass ein erster Schritt zur Gründung einer solchen Einrichtung bereits 1937 erfolgte, als der damalige Vorsitzende der Fuldaer Bischofskonferenz, Adolf Kardinal Bertram (Breslau), in Berlin ein solches Büro errichtet und dessen Leitung Bischof Heinrich Wienken übertragen hat. Das Ergebnis war negativ.

Prälat Böhler hat zwischen Oktober 1948 und dem 23. Mai 1949, dem Tag des Inkrafttretens des Grundgesetzes, also in der Zeit der Beratungen des Parlamentarischen Rates, durch zahlreiche, man wird auch sagen dürfen: kluge und qualitätsvolle Initiativen eine erfolgreiche Tätigkeit ausgeübt. Nach der Gründung der Bundesrepublik und der Bildung der ersten Bundesregierung errichteten die deutschen Bischöfe eine kirchliche Verbindungsstelle zu den Bundesbehörden und vertrauten sie Prälat Wilhelm Böhler an. Diese Einrichtung erhielt die Bezeichnung „Katholisches Büro Bonn", später nannte man sie „Kommissariat der deutschen Bischöfe". Die frühere Bezeichnung Katholisches Büro wurde mit diesem Titel auch nach dem Umzug im Jahre 2000 in Berlin beibehalten. Während in diesen ersten Jahren die Verbindungsstelle sehr stark auf die Person von Prälat Wilhelm Böhler ausgerichtet und gleichsam eine Kölner Initiative war, haben die deutschen Bischöfe nach dem Tod von Prälat Böhler (1958) das Katholische Büro Bonn als eine von Personen unabhängige Institution fortzuführen beschlossen.

Der Rat der Evangelischen Kirche in Deutschland hatte etwa zeitgleich am 29/30. November 1949, also ziemlich genau vor 60 Jahren, eine vergleichbare Institution geschaffen, nämlich das Amt des Bevollmächtigten des Rates der Evangelischen Kirche in Deutschland am Sitz der Bundesrepublik Deutschland. Später (im Jahr 1992) wurde dann, übrigens ähnlich wie auf katholischer Seite, die Bevollmächtigung auf die Europäische Gemeinschaft ausgedehnt. Bis zum heutigen Tag existiert zwischen den Evangelischen und Katholischen Büros in Bonn bzw. Berlin eine ausgezeichnete Zusammenarbeit.

In den meisten Landeshauptstädten führte die Entwicklung dazu, dass solche Beauftragte der Landeskirche oder eben Leiter entsprechender Büros der Diözesen bei den Landesregierungen errichtet worden sind. Dies gilt z. B. für Nordrhein-Westfalen und Hessen bereits in den Jahren 1958 und 1959. Es folgte Niedersachsen im Jahr 1964 und das Katholische Büro Mainz am 1. Dezember 1968. Die an Hessen beteiligten Landeskirchen von Kurhessen-Waldeck, Hessen und Nassau und die Evangelische Kirche im Rheinland haben 1972 eine solche Institution in Wiesbaden geschaffen, nur wenige Monate später und noch im selben Jahr (1. Oktober 1972) die Evangelischen Kirchen der Pfalz, in Hessen und Nassau und im Rheinland eine parallele in Mainz. Es ist also erstaunlich, wie diese an der Spitze der Bundesrepublik stehende Einrichtung rasch auch eine jeweilige entsprechende Verwirklichung in den einzelnen Bundesländern gefunden hat. Dies hing sicher auch mit den ersten Leitern zusammen, die durch ihre große Persönlichkeit jeweils ein sehr hohes Ansehen gewonnen haben, Prälat Wilhelm Böhler und der viele Jahrzehnte wirkende evangelische Bischof Dr. Hermann Kunst.

Auch wenn die Protokolle der frühen Zeit relativ knapp ausfallen – man hatte ja noch keine Erfahrung –, so ergibt sich doch rasch eine Vorstellung von dem, was man mit solchen Einrichtungen beabsichtigte. Gewiss spielten von Anfang an verschiedene Motive mit: Es gab eine Notwendigkeit der

Abstimmung im Blick auf die entscheidenden Prinzipien und Kulturen des gesellschaftlichen und politischen Lebens im Lande. Es zeigte sich natürlich auch bald, dass es in der neuen Demokratie übermächtige Interessensverbände gab, die sich zügig wirkungsvoll organisierten. Die beiden großen Kirchen in Deutschland vertraten demgegenüber zwar wohl auch ihre eigenen Anliegen und Bedürfnisse, aber sie vertraten keine spezifischen Gruppeninteressen, besonders keine wirtschaftlichen. Ähnlich wie der Staat sind die Kirchen über die einzelnen Gruppen hinweg in den Fragen und Problemen des Gemeinwohls dem Ganzen verpflichtet. So standen also von Anfang an vor allem die Fragen nach den staatstragenden Werten im Vordergrund. Bekannt ist die vor der Erfahrung des Nationalsozialismus besonders verständliche Aufgabe, dass die Kirchen bei der Erhaltung und Stärkung entscheidender Grundwerte ein „Hüter- und Wächteramt" innehaben. In diesem Zusammenhang sahen die Kirchen gerade in der Gründungsphase der Bundesrepublik Deutschland die Aufgabe, Anwalt der Schwachen und Hilfsbedürftigen zu sein, die sich in unserer Gesellschaft aus verschiedenen Gründen schwer behaupten konnten. Auf einigen Gebieten, die enger mit der Sendung der Kirche zu tun haben, hat sich dieser Auftrag stärker herausgebildet, nämlich im Bereich der sozial-caritativen Tätigkeit, des Bildungswesens und der Kultur. Dabei darf man von Anfang an nicht übersehen, dass der deutsche Laienkatholizismus, besonders präsent und wirksam im neu erstarkten Zentralkomitee der deutschen Katholiken, mit dieser Einflussnahme auf das politische Geschehen eng verbunden war.

Eine wichtige Bündelung von Aufgaben für die Evangelischen und Katholischen Büros erfolgte auch im Blick auf die klassischen Beziehungen zwischen Staat und Kirche. Dieser Bereich ist gerade eben hinsichtlich der Kultur, der Schulen, der Caritas, der so genannten „gemischten Angelegenheiten" („res mixtae") ein Feld zahlreicher Absprachen und Regelungen, nicht zuletzt auch in völkerrechtlichen Vereinbarungen, wie den Konkordaten und ähnlichen Verträgen. Neue Vereinbarungen kamen immer mehr dazu, wie z. B. die Seelsorge in Gefängnissen oder bei der Bundeswehr. Die Büros kümmerten sich intensiver um diese früher oft etwas zerstreuten Aufgaben. Sie erwiesen sich dafür auch als sehr geeignet. Im Lauf der Jahre hat sich diese Aufgabe der Büros professionell entfaltet und noch stärker an Konturen gewonnen. Insgesamt haben die Geschäftsordnungen jedoch eine große Kontinuität. Sie sind auch zwischen Ländern und Bund in hohem Maß ähnlich. So werden die Büros tätig (auf Bundesebene) gegenüber den Organen des Bundes, in gemeinsamen Einrichtungen der Bundesländer, den Landesvertretungen beim Bund, den

Parteien und den auf Bundesebene tätigen gesellschaftlichen Kräften sowie im Zusammenhang damit auch gegenüber übernationalen Stellen, besonders im Blick auf die europäische Gemeinschaft.

So muss man auch die Aufgaben verstehen, die sich auf Bundes- und Länderebene ähnlich sind:

- Die Beobachtung der gesamten Entwicklung des politisch-gesellschaftlichen Bereiches und der Gesetzgebungsvorhaben im Bund und in den Ländern.
- Die sachkundige Begleitung bei der Vorbereitung von Gesetzen und politischen Entscheidungen.
- Die Abgabe von Stellungnahmen zu Gesetzgebungsvorhaben des Bundes und der Länder.
- Die Durchführung von Beschlüssen der Organe der Deutschen Bischofskonferenz und im Besonderen auch der Bischöfe innerhalb der einzelnen Katholischen Büros.

Das Katholische Büro richtet sich auf Länderebene natürlich besonders an den Landtag, die Landesregierung und die sonstigen Landesbehörden sowie die politischen Parteien, die gesellschaftlichen Gruppen und die Verbände auf Landesebene. Hinzu kommt die Vertretung der Interessen katholischer Einrichtungen, Träger, Arbeitsgemeinschaften und Verbände nach Maßgabe der Einzelfälle. Zur Erhaltung des Kontaktes zwischen dem Büro und den einzelnen Diözesen ist z. B. oft ein Verwaltungsrat eingesetzt. Die Generalvikare können sich auch unabhängig davon mit den Fragen des Katholischen Büros beschäftigen.

Für das Funktionieren der Büros sind einige Strukturen, Prinzipien und Erfahrungen wichtig, die hier ohne Anspruch auf Vollständigkeit genannt werden sollen:

- Ein großer Vorteil der Arbeit der Büros liegt auf der so genannten „Arbeitsebene". Die Mitarbeiter begleiten das Entstehen vor allem der Gesetzesvorhaben, die „gemischte Angelegenheiten" betreffen oder eben das Wirken der kirchlichen Institutionen. Dies geschieht in allen Phasen. Wichtig ist der sachliche Austausch über verschiedene Fragen mit den zuständigen Abteilungsleitern und Referenten in den Ministerien und Landesbehörden. Dabei geht es nicht primär um die Einlösung vor allem kirchlicher Interessensansprüche, gleichsam im Binnenraum der Kirche, sondern um die Frage der bestmöglichen Erfüllung politischer und gesellschaftlicher Aufgaben, soweit die Kirche hier eine Nähe hat, z. B. Schulen, Krankenhäuser,

Altenheime, Kindergärten. Der sachliche Austausch auf professioneller Ebene ist von außerordentlichem Wert und stützt z.B. die Begegnungen und Verhandlungen auf der höheren Ebene, vor allem zwischen den Bischöfen eines Landes und der Landesregierung.

- Man muss vor allem aber auch die ganze Breite der Arbeit sehen. Sie erstreckt sich auch auf die Fraktionen im Landtag (Regierung und Opposition), auf die Parteien, auf die Landesbehörden, auf die großen Verbände, wie z.B. Arbeitgeber, Gewerkschaften, Handwerk. Begegnungen dieser Art haben einen recht verschiedenen Rhythmus.
- Betrachtet man die Statuten und Satzungen der Katholischen Büros auf Bundes- und Länderebene, so fällt auf, dass die Bestimmungen etwas allgemeiner sind und von keiner großen Ausführlichkeit geprägt werden.[1] Dies hängt gewiss mit der beweglichen Aufgabenstellung zusammen. Hier liegt ein Proprium der Katholischen Büros, in dem diese sich z.B. vom Sekretariat einer Bischofskonferenz oder einem Ordinariat/Generalvikariat unterscheiden. Ich habe es immer wieder gerne so formuliert, dass die Katholischen Büros natürlich auch an die Vorgaben der Bischöfe gebunden sind, aber doch im Unterschied zu den mehr „exekutiv" ausgerichteten Organen wie Bischofskonferenz und Ordinariat einen mehr „exploratorischen" Grundcharakter haben, indem sie die Situation erkunden, die Chancen für Initiativen bedenken und abschätzen, Vorschläge und Stellungnahmen ausarbeiten.

Ich glaube, dass man guten Gewissens die Meinung vertreten kann, dass sich die Einrichtung der Katholischen Büros (entsprechend der Evangelischen Büros) in den 60 Jahren der Existenz unseres Staates ausgezeichnet bewährt hat. Natürlich ist das Gewicht der einzelnen Büros verschieden. Dies hängt auch von den Aufgaben ab, die den Büros jeweils aufgegeben sind. So sind z.B. unterschiedliche Traditionen, verschiedene Stile, aber auch jeweils eigene staatskirchenrechtliche Profile maßgeblich. Das Katholische Büro Bayern hat z.B. auch im Blick auf die gemeinsam von den bayerischen Bistümern getragenen Institutionen eine umfassendere Bedeutung.

So sind m. E. die kirchlichen Büros im Wandel der Jahrzehnte und der Regierungen sowie auch der Parteien ein wichtiges kontinuierliches Element

[1] Die Satzung bei der Gründung des Katholischen Büros Mainz aus dem Jahr 1968 hat z.B. nur knapp zwei Seiten mit sechs Paragrafen. Die gegenwärtig gültige Satzung vom 10.11.1993 hat zweieinhalb Seiten mit neun Artikeln.

geworden und geblieben. Dies soll nicht heißen, dass sich die Fragestellungen nicht gewandelt hätten. Darauf brauche ich in diesem Zusammenhang nicht näher einzugehen. Aber ich möchte einige Perspektiven der Arbeit hervorheben:

1. Zwar ist das Spektrum der behandelten Themen – die wir uns ja nicht aussuchen – sehr breit geblieben und wird durch die Gesetzgebungspraxis immer auch ganz unabhängig von uns ähnlich bleiben, aber es gibt im Lauf der Jahre doch eine starke Konzentration auf ethische Grundfragen, z. B. am Anfang und am Ende des Lebens, im Blick auf biotechnologische und bioethische Grundfragen, aber auch auf den gesamten Problemkreis Ehe und Familie. Wir haben uns aber auch intensiver befasst mit den Fragen des Staat-Religion-Verhältnisses im Zusammenhang der Integration, mit dem Verfassungsentwurf zum Grundlagenvertrag in Europa („Gott in der europäischen Verfassung").

2. Es ist, so vermute ich, eine Besonderheit des Katholischen Büros Mainz, dass es sich sehr um die Argumentation unserer Werteüberzeugungen in der gesellschaftlichen und politischen Öffentlichkeit bemüht hat. Dies hängt gewiss mit Herrn Direktor Nacke und seinen Erfahrungen zusammen, die er vor seinem Dienstantritt hier sammeln konnte, nicht zuletzt auf dem Gebiet der Erwachsenenbildung und besonders der Katholischen Soziallehre. Daran haben wir Bischöfe uns von Anfang an beteiligt, indem wir von Jahr zu Jahr abwechselnd ein Kurzreferat hier gehalten haben.[2]

Aus diesem Bemühen resultiert eine größere Zahl von Schriften, die zu diesen Themen veröffentlicht worden sind, alle unter der Herausgeberschaft von Bernhard Nacke: Kirche in Staat und Gesellschaft, Mainz 1998; Für eine gerechte Förderung der Familie – Ein Auftrag für die ganze Gesellschaft, Mainz 1999; Gott in der europäischen Verfassung? Mainz 2004; Familie – Grundlage einer starken Gesellschaft, Freiburg i. Br. 2007; Was bleibt jetzt in Europa zu tun? Vom Verfassungsentwurf zum Grundlagenvertrag, Erkelenz 2008; Für morgen lernen aus dem Heute. Anmerkungen über Hintergründe des Staat-Religion-Verhältnisses im Bereich der Integration, Erkelenz 2008. Noch andere Texte wären zu nennen.

---

[2] Vgl. z. B. Kirche und Gesellschaft. Ansprachen rheinland-pfälzischer Bischöfe beim St. Martins-Jahresempfang 1984 bis 1988, Mainz 1988, vgl. das Vorwort von Prälat F. Hammes, 3 f. sowie der vorliegende Band.

3. Zu unserem heutigen Geburtstag des Katholischen Büros hat Herr Ordinariatsdirektor Bernhard Nacke einen großen zusammenfassenden Band herausgegeben, der teilweise Texte aus der Arbeit des Katholischen Büros, aber auch wichtige Grundlagenartikel namhafter Wissenschaftler enthält: Orientierung und Innovation. Beiträge der Kirche für Staat und Gesellschaft, Freiburg i. Br. 2009. Sie können aus diesem Band am besten die Vielfalt der Themen, aber auch die Gründlichkeit sehen, mit der sie angegangen werden. Auch wenn Sie den Band schon kennen, darf ich stellvertretend für alle, Ihnen, Herr Ministerpräsident Kurt Beck, an diesem Tag zusammen mit Herrn Bernhard Nacke diesen Band übergeben. Er ist ein richtiges Handbuch für das Gespräch zwischen Kirche, Politik und Gesellschaft heute geworden.

Es bleibt ein großer Dank. Ich möchte zuerst allen Ministerpräsidenten des Landes Rheinland-Pfalz, ganz besonders Ihnen, Herr Ministerpräsident Beck, und mit Ihnen den Damen und Herren Mitgliedern der Landesregierung für die hervorragende Zusammenarbeit über vier Jahrzehnte herzlich danken. Ich denke dabei auch an die Präsidenten und Mitglieder des Präsidiums des Landtages, ganz besonders aber auch an die Verantwortlichen sowie die Mitarbeiter der einzelnen Ministerien und der Landesbehörden, besonders auch an die Fraktionsvorsitzenden. Sie haben wesentlich zum Gelingen der Institution Katholisches Büro beigetragen. Ich danke Ihnen für die Kooperationsbereitschaft, für Ihre Fähigkeit zum Dialog und besonders auch für die Geduld in zahlreichen Verhandlungen. Ich glaube, dass uns dies in Rheinland-Pfalz, auch vom Stil her, besonders gelungen ist.

Ich möchte aber auch von Herzen allen Mitarbeiterinnen und Mitarbeitern des Katholischen Büros in diesen 40 Jahren danken, namentlich den Leitern: Herrn Prälat Roland Ries (1968–1982), Herrn Prälat Gerhard Fischer (1982–1986), Herrn Prälat Friedhelm Hammes (1986–1991), und – von nun ab Laien – Herrn Mario Junglas (1991–1995), Herrn Peter Schuh (interimistisch, 1995/96) und seit 1. April 1996 Herrn Ordinariatsdirektor Bernhard Nacke. Ich denke aber auch an alle Referenten und die geschätzten Mitarbeiterinnen im Sekretariat. Sie haben durch ihre Freundlichkeit, Kompetenz und Kooperationsfähigkeit einen großen Anteil am Gelingen dieses Experimentes „Katholisches Büro“. Hervorheben möchte ich auch die gute Zusammenarbeit mit dem Beauftragten der Evangelischen Kirchen in Rheinland-Pfalz, schon seit längerer Zeit mit Ihnen, Herr Kirchenrat Dr. Jochen Buchter. Wir haben damit auch Grund nicht nur zur Dankbarkeit, sondern dass sich dieses gemeinsame Tun auch mit Zuversicht fortsetzen lässt.